KB214864

### 복 있는 사람

오직 여호와의 율법을 즐거워하여 그 율법을 주야로 묵상하는 자로다.
저는 시냇가에 심은 나무가 시절을 좇아 과실을 맺으며 그 잎사귀가 마르지 아니함 같으니
그 행사가 다 형통하리로다.(시편 1:2-3)

# 시대를 읽다,
# 성경을 살다

시대를 읽다, 성경을 살다

2023년 5월 25일 초판 1쇄 발행
2023년 9월 26일 초판 4쇄 발행

지은이 박영호
펴낸이 박종현

(주) 복 있는 사람
주소 서울특별시 마포구 연남동 246-21(성미산로23길 26-6)
전화 02-723-7183(편집), 7734(영업·마케팅)
팩스 02-723-7184
이메일 hismessage@naver.com
등록 1998년 1월 19일 제1-2280호

ISBN 979-11-92675-89-3 03230

# 시대를 읽다、
# 성경을 살다

박영호 지음

복있는 사람

차례

시작하는 말 6

나가는 말 343

주 350

1 모든 지도는 낡은 지도다 14

2 AI 시대의 영성 40

3 행복숭배 시대의 기쁨 61

4 긱 경제 시대의 자기경영 79

5 비정규직 800만 시대의 직장문화 100

6 힐링 시대의 신앙 127

7 혼밥 시대의 품위 153

8 엔터테인먼트 시대의 예배 176

9 피로 시대의 쉼 196

10 불안 시대의 위안 226

11 시민주권 시대의 참여 258

12 포스트크리스텐덤 시대의 선교 286

13 냉소 시대의 열정 312

# 시작하는 말

우리의 삶은 늘 교차로에 있습니다. '외길 인생'이라는 말도 있지만, 지나고 보니 그렇다는 말이지 우리는 매일, 매 순간 다른 길을 마주합니다. 저는 "한 방향으로의 오랜 순종"이라는 유진 피터슨의 말을 좋아합니다. 처음에는 이 말을 그저 어떤 길에 들어설 때 인내를 가지고 나아가기만 하면 된다는 말로 받아들였습니다. 이럴 경우 중요한 것은 꺾이지 않는 마음뿐일 것입니다. 그런데 이제 보니 '하나의 길'이 아닌 '한 방향'을 말하고 있다는 사실이 눈에 들어옵니다. 광야에서 한 방향으로 걷다 보면, 때로 높고 험한 골짜기에 막히기도 하고 건너기 힘든 강을 마주하기도 합니다. 넘어야 할 때도 있지만 돌아가야 할 때도 있고, 홍수로 불어난 물이 줄어들기를 무작정 기다려야 할 때도 있습니다. 통과하기 힘든 적대적인 마을을 만나면 여행을 포기하고 싶은 마음이 들기도 할 것입니다.

포기의 유혹은 그 반대편에도 있습니다. 계속 머무르고 싶을 만큼 매력적인 도시를 만날 경우입니다.

그래서 우리는 길을 잃기 쉽습니다. 그러하기에 오랜 순종에는 인내뿐 아니라 용기와 지혜가 필요합니다. 하나님께 헌신하는 마음만으로 부족합니다. 분별력이 함께 요구됩니다. 모든 구도자는 길을 잃고 방황할 수 있는 사람들입니다.

오랫동안 목회자는 예언자라고 생각했습니다. 신학교 다닐 때 "이곳이 선지동산"이라고 바람을 불어넣은 분들의 탓도 있습니다. 어떤 학위과정을 마치면 '선지자'가 될 수 있다고 생각했던 것이 부끄럽습니다. 하나님의 이름으로 선포되는 말씀에 대한 부담도 없고, 하나님의 뜻을 구하는 목마름도 없으면서 신학교를 졸업했기에 예언자임을 자부했던 때를 생각하면 얼굴이 달아오릅니다. 존 스토트는 『설교자란 무엇인가』에서 설교자는 선지자가 아니라고 힘주어 말합니다.[1] 랍비 조너선 색스는 아브라함이 평화의 아버지가 될 수 있었던 이유에 대해 예언자라는 의식이 없었기 때문이라고 말합니다.[2]

물론 자격 없는 목회자를 하나님이 선지자 혹은 예언자로 사용하실 때가 있습니다. 목회자에게는 하나님의 말씀을 가감 없이 선포하는 담대함(파레시아)이 필요합니다. 저는 하나님의 말씀이 거부할 수 없는 무게로 다가오고, 우리 생각의 틀을 흔들고 부수는 역사가 무엇보다 소중하다고 믿습니다. 그러한 순간을 늘 사모합니다. 그러나 목회자가 스스로를 예언자라 생각하는 자의식에는 득보다 실이 많습니다. 모든 목회자는 예언자가 아니라 구도자일 뿐입니다. 목회자가 신학을 공부하고 끊임없이 하나님의 뜻을 구하는 것으로 다른 동료 그리스도인들보다 한 발 정도 앞서 나가면서 진리를 찾아갈 수 있다면, 구도의 길에 다른 이를 초청할 수 있다면 그것으로 족합니다. 사도 바울도 "내가 이미 얻었다 함도 아니요 온전히 이루었다 함도 아니라"(빌 3:12)고 했습니다.

목회자는 심방이나 상담 같은 개인적 만남이나 예배의 분위기를 통해서 청중과 교감하고 시대를 읽습니다. 설교를 듣거나 찬송을 부르는 성도들의 반응에도 주목하게 됩니다. "날마다 숨쉬는 순간마다 내 앞에 어려운 일 보네"라는 찬송을 부를 때마다 흘러나오던 깊은 공감의 표정들은 오래도록 기억에 남습니다. 성도들이 날마다 겪는 '어려운 일'은 대체로 개인적인 문제로 인식되지만, 우리 삶에 개인적이기만 한 문제는 거의 없습니다. 과중한 업무에 시달리든, 마음 터놓고 이야기할 친구가 없든, 예배 때의 감동이 예전과 같지 않다고 느끼든, 이 모든 문제는 시대의 병통이기도 합니다. 현대사회가 만들어 내는 복잡한 교차로에서 늘 마주치는 문제들입니다.

모든 그리스도인은 자기 시대의 고민을 가지고 말씀을 대합니다. "주의 말씀은 내 발에 등이요 내 길에 빛이니이다(시 119:105)"라고 시편 기자는 고백합니다. 말씀이 우리 길을 비추어 주지만, 손에 들고 가는 등불처럼 바로 내 앞 몇 걸음만 비출 뿐입니다. 하나님의 말씀은 영원한 진리이며 어디서나 빛이지만, 우리의 시야는 우리의 걸음에 매여 있습니다. 말씀을 해석하고 적용하는 '인간의 말'인 '신학'은 한 걸음씩 비추는 것도 버겁습니다. 시대마다 자신의 신학이 필요한 이유가 여기에 있습니다. 과거의 신학이 비추어 주었던 시대는 이미 지나갔습니다.

가장 훌륭한 신학도 지나간 신학, 개정이 필요한 신학입니다. 훌륭한 신학의 자격 가운데 하나가 '자기 시대의 도전에 충실한 신학'이라면, 한 시대에 깊이 공명했던 신학일수록 다른 시각으로 점검해 볼 필요가 있습니다. 신약성경을 기록한 이들의 자세가 그러했습니다. 이미 마가복음이 있었지만 어떤 이들은 다른 복음서가 필요하다고 생각했고, 그 시도가 누가복음, 마태복음, 요한복음으로 이어졌습니다. 바울의 서신도 끊임없이 해석되고 재해석되어야 했습니다. 구약성경도 하나님의 뜻을 부여잡고 씨름했던 각 시대의 고민이 켜켜이 쌓인 결과입니다. 언뜻 보면 다른 목소리와 상반된 입장들이 성경에 존재하는 것처럼 보이는 이유입니다. 사사기를 읽으면 '왕'이 필요한 것처럼 보이다가도, 사무엘상으로 오면 '왕'을 세우는 것이 더 큰 문제를 만들 수도 있겠다 싶은 것처럼 말입니다.

성경은 자신의 시대의 도전을 진지하게 직면하고 씨름했던 이들에게 언제나 새로운 빛을 비추어 주었습니다. 오늘의 교회가 지난 시대의 해석에 만족하고 있다면, 오늘의 문제를 외면하고 있기 때문일 것입니다. 동시대인들은 저만치 앞서 나가고 있는데, 지난 시대에 밝히 보이던 어느 지점에 머물러 서서 "이것이 진리다. 여기로 돌아오라"고 외치고 있는지도 모르겠습니다. 그것이 예언자적 소명이라 착각하는 것입니다. 이런 착각이 가능한 이유는 우리가 제대로 현실을 살아 보지 않았고, 성경 읽기의 문제의식이 교회라는 틀에 갇혀 있기 때문입니다. 성경을 살기 시작하면, 나의 해석의 불완전함과 부적절함이라는 고민을 끊임없이 마주하게 됩니다. 그때 우리는 새로운 질문을 가지고 다시 성경을 펼쳐야 합니다. 광야의 백성에게는 매일 새로운 만나가 필요했습니다.

> 히브리인들이 따로 챙겨 둔 만나 이야기는 매우 의미심장하다. 만나를 보관해 두면 상해 버렸다. 그와 마찬가지로, 기도와 행위로 소비되지 않는 모든 영적 독서는 우리 안에서 일종의 부패를 일으키게 됨을 의미할지도 모른다. 머릿속에는 온갖 좋은 말들로 가득 차 있지만 마음은 텅 빈 채로 죽는 것이다.[3]

사실 교회가 시대에 뒤처지는 것은 비교적 큰 문제가 아닙니다. 저기 앞서 나가는 사람들에게 말씀의 빛이 비추지 못한다는 것이 보다 심각한 문제입니다. 시대가 급변하고 있다고 말합니다. 이전 시대에도 등불 없이 걷는 것은 위험했지만, 지금 시대는 헤드라이트 없이 질주하는 자동차와 같습니다. AI 시대가 야기하는 온갖 윤리 문제, 금융자본이 주도하는 세계화 시대의 불안정성, 급속하게 벌어지는 빈부 격차, 코로나 팬데믹으로 더욱 가속화된 개인의 고립 등은 오늘을 살아가는 우리가 마주하고 있는 대표적인 도전이라 할 수 있습니다.

저는 이와 같은 현대적인 문제들과 관련하여 오랜 문서인 성경에 답이 있다고 생각합니다. 각각의 현상들은 최근의 일이지만, 그 이면에 자리 잡고 있는 문제들은 인간의 근본 문제에 닿아 있기 때문입니다.

이 책에 나오는 주제들은 2016년에 과천교회 '삼공플러스' 지체들과 함께 나눈 내용들입니다. 급변하는 사회의 최전선을 살아가는 젊은 그리스도인들과 함께 우리 시대의 다양한 고민들을 공유하며 성경을 펼쳤습니다. 많은 젊은이들이 다양한 문제의식을 가지고 말씀의 자리로 나아왔고, 반짝이는 눈으로 경청했으며, 삶의 자리로 돌아가서 말씀대로 살려고 분투했습니다. 그 경험을 가지고 다시 말씀의 자리에 돌아왔을 때, 현장과 성경의 대화는 한 단계 더 깊어졌습니다. 젊은 그리스도인들이 현실의 삶에서 부딪힌 복잡다단한 문제들이 원재료가 되고, 그 갈급함이 동기가 되어 말씀의 성찬이 차려질 수 있었습니다. 강의를 마칠 즈음에 책으로 출간하자는 의견이 있었고, 십여 분들이 나누어서 강의 내용을 녹취해 주었습니다. 애정을 가지고 정리해 주신 제희원, 최문재, 김태영, 윤동렬, 최보윤, 김지혜, 강남경, 권민재, 정영란, 장한나, 장은영, 조혜숙 님에게 감사드립니다.

이후로 출판을 준비하던 가운데 포항제일교회 담임목사로 사역하게 되었습니다. 현실과 말씀의 만남을 모든 세대가 갈급해한다는 판단 아래 이 내용들을 중심으로 주일예배에서 연속 설교를 전했습니다. 백 년이 넘는 교회이고 노년 세대의 비중도 컸기 때문에 처음에는 쉽지 않은 도전이라 생각했습니다. 그러나 막상 말씀을 전하면서 그것이 기우였음을 깨닫게 되었습니다. 대부분의 교우들이 말씀에 깊이 빠져들었고, 현실을 다시 바라보게 되었습니다. 말씀을 통해 새로운 세계가 열렸다는 고백들이 이어졌습니다.

이렇게 두 번에 걸쳐 다른 회중에게 전한 말씀을 다시 보완하고 정리하여 세상에 내어놓습니다. 새로운 책을 출간할 때마다, 설익은 생각으로 독자들에게 폐를 끼치는 것은 아닌가 하는 염려가 있습니다. 제가 이 책에서 제기한 성경 읽기가 정답이라고 생각하지 않는다는 말로 부끄러움을 가려 보려 합니다. 계속 현재진행형이어야 할 고민들에 관한 대화에 적극적으로 참여하자는 초청장 정도로 이 책을 읽어 주시면 고맙겠습니다. 그 대화가 보다 나은 질문과 대답, 더 깊고 풍성한 나눔을 촉발할 수 있으면 좋겠습니다. 현실에만 몰두하는 이들에게는 성경의 진리라는 차원을 돌아보는 계기가 되고, 예전에 배운 교리의 확신에만 머물러 있고자 하는 이들에게는 현실의 문제에 관심을 가지는 계기가 되기를 기대합니다. 무엇보다 젊은이들에게서 출발하여 다양한 성도들과 나눈 내용인 만큼, 오늘의 문제를 성경의 원리로 들여다보기 원하는 평신도들, 교회의 가르침과 설교가 현실의 문제와 어떻게 만날 수 있을지 고민하는 목회자들에게 좋은 길잡이가 되기를 바랍니다.

출판을 통해 함께 하나님 나라의 사역을 꿈꾸는 소중한 동역자인 복 있는 사람 출판사 박종현 대표님과, 에디터의 전문적인 식

견과 평균적인 독자의 시각으로 원고를 매만져 준 문준호 팀장님에게 감사드립니다.

바울은 "주를 기쁘시게 할 것이 무엇인가 시험하여 보라"(엡 5:10)고 했습니다. 평생을 구도자로 산 사도다운 말씀이며, 요즘 제가 교회에서 자주 하는 말이기도 합니다. 인간의 모든 신학은 잠정적이며, 교회의 모든 사역은 실험적입니다. 우리는 최종적 답을 가지고 있지 않습니다. 이 시대에 하나님을 기쁘시게 하는 일을 찾아가는 길 가운데 있을 뿐입니다. 어제의 길이 오늘은 함정이 될 수 있고, 어제의 디딤돌이 오늘의 걸림돌이 될 수 있습니다. 우리는 그 돌을 딛고 앞으로 나아갑니다. 때로 넘어질 수 있고 길을 잃을 수도 있습니다. 길을 잃을 수 있어야 참된 진리를 진지하게 찾아가는 여정입니다. 교차로에서 만나는 복잡한 도전은 우리의 사고를 더욱 풍성하게 하며, 내가 서 있는 자리에 대한 인식을 보다 확고하게 해줄 수 있습니다. 어려운 시절입니다. 주님이 비추시는 빛을 따라 조심스럽게, 그러나 담대하게 앞으로 나아가기 바랍니다. 주님의 말씀은 여전히 우리 발의 등이요, 우리 길에 빛이 되어 줄 것입니다.

2023년 5월

박영호

# 모든 지도는 낡은 지도다

# 1

## 지도를 못 사고 있는 이유

저는 1997년에 미국 유학을 갔다가 2015년에 돌아왔습니다. 돌아와 보니, 20년 가까운 기간 동안 한국 사회가 정말 많이 변했다는 사실을 느낄 수 있었습니다. 외국에 나간 선교사가 받는 문화 충격이 이런 것일까 할 정도로 놀라운 점이 많았습니다. 특히 한국에서의 운전은 적응하기가 무척 힘들었습니다. 지금도 내비게이션을 켜 놓아야 겨우 운전을 하는데, 내비게이션이란 게 가야 할 길만 알려 주니 전체 지도에서 내가 어디쯤 와 있는지 가늠하기가 쉽지 않습니다. 한눈에 볼 수 있는 전국 지도책을 하나 사서 봐야겠다는 생각을 진작부터 했지만 여전히 못 사고 있습니다. 지도가 계속 바뀌고 있기 때문입니다. 일 년 전에 업데이트한 내비게이션의 경우를 봐도 없는 도로가 부지기수입니다. 그래서 앞으로도 오랫동안 지도책을 사지 못하지 않을까 싶습니다.

이런 말로 이 책을 시작하고 싶습니다. "모든 지도는 낡은 지도다." 우리가 서점에서 볼 수 있는 모든 지도는 옛날 지도입니다. 길만 바뀌는 것이 아닙니다. 누군가가 서울의 맛집 지도를 책으로 발간했다고 합시다. 어떤 곳은 그 맛이 예전만 못하고, 어떤 곳은 문을 닫았습니다. 전에 없던 음식점이 갑자기 문전성시를 이루는가 하면, 아무도 주목하지 않던 업종이 대세가 되는 일이 일 년 사이에 일어나지 않습니까?

우리는 다양한 지도를 머릿속에 넣고 그 지도에 따라 살아갑니다. 어르신들이 은퇴 후 살 곳을 정할 때 머릿속에는 병원 중심의 지도가 있고, 아이를 키우는 학부모들의 머릿속에는 좋은 교육 환경 중심의 지도가 있습니다. 저는 한때 집을 고를 때 주변에 햇살 잘 드는 카페가 있는지 유심히 살펴보았습니다.

인간관계도 하나의 지도로 표시할 수 있습니다. 내가 누구와 가깝고 얼마나 친한지에 대한 인식을 지도로 그려 볼 수 있습니다. 그 안에서 우리의 행동을 가장 강력하게 규정하는 지도는 권력의 지도입니다. 인간은 본능적으로 어느 쪽의 말을 들어야 살아남을 수 있는지, 혹은 잘살 수 있는지 계산하며 살아가기 때문입니다. 이런 인식을 사람들의 세계관, 유망직종에 대한 인식, 가치관 등과 연계하여 보다 입체적으로 그려 볼 수 있습니다. 하지만 그런 지도들도 변화하는 상황 속에 있기에 어제의 지도가 낡은 지도가 되어 버럽니다. 2018년부터 불붙기 시작한 '미투 운동'은 우리 사회의 민낯과 잘못된 관행을 낱낱이 드러내며 사회의 권력, 여성의 지위, 윤리적 판단 등에 대한 지도를 극적으로 바꾸어 놓았습니다.

우리가 갖고 있는 경험이나 상식으로 생각하고 있는 지식들도 순식간에 낡은 지식이 되는 세상입니다. 저는 40대 중반에 첫아이를 가졌습니다. 같은 또래 친구들에게 육아 경험이나 정보를 들어보면, 옛날이야기인 경우가 많습니다. 아기들 이유식부터 유아교육 등의 정보와 관련해서 판도가 완전히 바뀌었습니다. 취업을 준비 중인 청년에게 선배로서 도움을 주고 싶어도, 취업전선의 지형도가 주기적으로 바뀌기 때문에 크게 도움이 되지 않습니다. 신학교에서 신학생들에게 가르치면서도 '내가 가지고 있는 지식과 경험, 교회에 대한 감각과 느낌이 옛것인데, 미래의 목회를 할 사람들에게 내가 얼마나 도움이 될까? 어떻게 내가 가진 경험과 지식을 상대화할 수 있을까?' 하는 고민을 했습니다. 요즘 젊은이들이 가장 싫어하는 말이 "라떼(나 때)는 말이야"라는 점을 보아도 우리 사회와 사고의 빠른 변화를 짐작할 수 있습니다.

그렇다면 우리는 어떻게 살아야 할까요? 이러한 고민에 앞서 일단 "모든 지도는 낡은 지도다"라는 말을 상기하는 것만으로도 지혜로운 출발이 될 수 있습니다.

## 지도보다 나침반을 의지하라

사막 여행 경험을 인생행로에 대한 조언으로 풀어낸 『사막을 건너는 여섯 가지 방법』에서 스티브 도나휴는 "지도보다는 나침반을 따라가라"고 제안합니다.[1] 이쪽에 있는 모래언덕을 돌아가면 되겠다고 생각해도, 바람이 불면 그 모양이 금세 변하기 때문입니다. 도나휴는 나침반을 따라가는 삶을 "목적의식을 갖고 방황하기"라 이름 붙입니다. 구체적인 목적지, 가령 무엇이 되고 어디서 일할 것인지에 중점을 두면, 변화하는 상황에서 인생의 목표가 상실되어 버릴 수 있습니다. 그런 맥락에서 그는 목적지에서 '해방'되어야 한다고 말합니다. 반대로 아무런 목적 없이 방황하기만 하는 것은 시간낭비일 뿐이며, 어딘가에서 조난을 당할 우려도 있습니다. 결국 목적지가 아닌 목적의식이 우리 인생의 나침반으로 작용합니다. 분명한 목적의식이 있을 경우, 방황하더라도 길을 잃지 않을 수 있습니다.

오랜 기간 승무원이 되고자 하는 꿈을 안고 준비해 오던 한 청년이 코로나19 팬데믹을 겪은 이후에 꿈을 접고 온라인 사업을 시작하는 것을 보았습니다. 어제의 지도가 쓸모없어진다는 사막의 교훈이 그 어느 때보다 중요해지는 시대입니다. 나침반이 가리키는 방향을 알 수 있다면, 주위의 지형지물이 바뀌거나 길을 잃더라도 계속 앞으로 나아갈 수 있습니다.

나침반과 지도를 비교해 보면, 지도가 훨씬 믿음직해 보입니다. 우리에게는 인쇄된 매체에 대한 신뢰가 있습니다. 초등학생들도 "책에 나왔어"라는 말을 "정답이야"와 같은 의미로 씁니다. 제가 어릴 적 학교 다닐 때는 소크라테스가 "악법도 법이다"라고 말하면서 독배를 들었다고 배웠는데, 나중에 미국에서 공부하면서 그가 그런 말을 한 적이 없다는 사실을 알게 되었습니다. 교과서도 틀릴 수 있습니다.

또한 시대에 따라 바뀌어야 하는 부분도 있었습니다. 우리나라의 사회 교과서는 오랫동안 '가구'(家口)를 설명할 때 다섯 명을 기준으로 삼았습니다. 그러나 그 기준은 오늘날의 현실과는 너무나 동떨어집니다. 교과서에 나오는 많은 지식들도 시간의 흐름에 따라 바람 불면 날아가는 모래언덕입니다. 문제는 여전히 예전의 고정관념으로 세계를 바라보는 사람들이 많다는 점입니다. 국가나 기업의 중요한 정책 결정도 그러한 고정관념 속에서 내려지는 경우가 많습니다.

인쇄된 지도는 완벽한 정답을 보장한다는 이미지를 줍니다. 사람들이 의심할 수 없도록 주장하는 것입니다. 나침반에는 이러한 자기주장이 없습니다. 끊임없이 흔들립니다. 흔들리는 나침반은 "나도 때로 틀릴 수 있어"라고 말하는 듯합니다. 그래서 더 믿음이 간다는 것이 아이러니입니다.

## 나침반을 교란하는 자장

그런데 이 나침반이 심하게 흔들릴 때가 있습니다. 북쪽을 가리키다가 주위에 강한 자장(磁場)이 형성되면서 교란되는 것입니다. 오늘날 우리가 살아가는 이 시대도 이와 비슷합니다. 모든 인간에게는 길을 찾아갈 수 있는 나침반이 있습니다. 자신의 감각과 지성과 영성을 잘 가다듬은 사람의 내적 나침반은 상당히 신뢰할 만합니다. 우리는 그것을 '통찰력' 혹은 '지혜'라 부르기도 합니다. 그러나 대부분의 사람들, 심지어 시대의 스승이라 불릴 만한 사람들의 나침반도 강력한 자장 때문에 흔들리던 시기가 있습니다. 알렉산더의 제국이나 로마의 등장은 많은 지식인들을 혼란에 빠트렸는데, 헤겔에게는 나폴레옹이, 하이데거에게는 나치 정권이 그러한 역할을 했습니다.

그래서 우리는 시대의 자장에 대해 알 필요가 있습니다. 내 안에 있는 나침반이 잘 작동할 수 있도록 나를 갈고닦는 것을 영성이라 한다면, 그 시대의 강력한 자장을 파악하는 통찰력 또한 갖추어야 한다는 것입니다. 강력한 정치적 바람, 경제적인 쏠림뿐 아니라 아이들의 교육에도 모두를 불안하거나 들뜨게 하는 자장이 있습니다. 제가 유학을 가기 직전에 강한 벤처기업 바람이 불었습니다. 국문학이나 문화예술 분야의 대학원생들도 학교를 그만두고 벤처에 막 뛰어드는 때였습니다. 그런 후배들을 걱정하며 유학을 떠났는데, 몇 년이 안 되어서 그 우려가 현실이 되는 것을 지켜봐야 했습니다.

주위 사람들이 저마다 하나의 주제로 이야기하고 한곳만 바라보고 있다면, 일단 조심할 필요가 있습니다. 한국의 경우 세계 어느 나라보다 변화가 빠르고 쏠림 현상이 심하기 때문에 자장이 심한 사회라 볼 수 있습니다. 전에 없던 기회의 창도 열리지만, 낭패를 볼 가능성도 큰 사회입니다. 그 시대의 강력한 자장에도 불구하고 나침반의 항상성을 유지할 수 있는 어느 정도의 지식이 필요합니다. 우리의 영적 감각을 교란하는 자장이 어떤 식으로 작동하고 있는지에 관한 인식이 우리에게 필요하다는 것이 이 책을 시작하는 문제의식입니다. 시대의 특성에 대한 전문적이고 학문적인 서술까지는 아니더라도, 시대의 두드러진 징후들을 함께 헤아려 보고 성경에 비추어 평가해 보려는 것입니다.

## 희망을 말할 수 없는 시대

영화는 시대를 들여다보는 좋은 창입니다. 2014년에 개봉한 「국제시장」은 한국전쟁을 포함한 역사의 격변기를 겪으며 현대까지 살아온 산업화 세대의 삶을 생생하게 보여주는 영화입니다. 중공군이 코앞에까지 들이닥친 흥남 부두에서 메르디스 빅토리호에 승선하기 위해 코흘리개 꼬마들까지도 죽을힘을 다해 배에 기어오르던 그 정신으로 살아온 세대입니다. 그들이 고픈 배를 움켜쥐고 공장에 나가고, 가정을 돌보고, 동생 학비를 대고, 월남전도 겪으면서 오늘날의 대한민국 성장을 이룩할 수 있는 발판을 마련했습니다. 그들의 입장에서 보면, 오늘의 젊은이들이 살기 어렵다고 '헬조선'을 호소하는 것은 배부른 소리로밖에 들리지 않습니다.

그러나 젊은이들의 목소리에도 고개가 끄덕여지는 부분이 있습니다. 과거 산업화 세대에게는 "지금 우리가 고생하면 우리 자식과 동생들, 혹은 나의 십 년 후가 조금 더 나아질 거야"라는 신념이 있었습니다. 다시 말해, 미래에 대한 희망이 있던 세대입니다. 그런데 오늘의 세대는 어떻습니까? 과거 어느 세대보다 훨씬 더 잘 먹고 잘 살고 편한 것은 사실입니다. 그러면 무엇이 문제일까요?

이십대를 중심으로 하는 젊은 세대가 "앞으로 10년, 20년 후에는 어떻게 살지?"라고 자문했을 때, 미래를 그리기 힘듭니다. 교회에서 만나는 사십대 초반의 직장인들이 이렇게 말합니다. "목사님, 우리 또래들이 진지한 분위기에서 가장 많이 하는 이야기가 뭔지 아세요? '우리 은퇴하고 뭐하지?'예요." 앞선 세대 입장에서 보면 파릇파릇한 이 세대가 은퇴 이후를 걱정해야 하는 세대가 되었습니다. 그렇다면 아직 사회에서 자리를 잡고 있지 못하다고 생각하는 젊은이들의 암담함은 말로 다할 수 없을 것입니다. 오늘날 한국의 젊은 세대는 '미래를 말할 수 없는 최초의 세대'입니다.

우리 시대의 가장 큰 문제는 희망의 상실입니다. 아이들이 입시에 성공하려면 엄마의 정보력, 할아버지의 경제력, 아빠의 무관심이 필요하다는 우스갯소리가 있습니다. 할아버지의 경제력이라는 관용어에는 아빠가 유능해서 돈을 잘 벌어도 충분히 과외비를 댈 수 없다는 시대적 판단이 엿보입니다. '부의 연령별 계층화'가 뚜렷하게 나타나고 있습니다.

그런데 어르신들은 어르신들 나름대로 힘듭니다. 예전에는 직장에서 은퇴하고 나서 10년, 20년 정도 지나면 세상을 떠났는데, 요즘은 평균수명이 늘어나서 은퇴하고 나서도 적어도 20년에서 40년을 더 살아야 합니다. 그 시간을 어떻게 보내야 할지 불안합니다. 경제 급성장 시기에 상승해 버린 생활수준을 노년의 수입으로 감당할 수 있을지 막막합니다. 늘어난 수명만큼 의료비 등의 부담도 커지는 것이 사실입니다. 한국은 부의 연령별 계층화가 뚜렷한 사회이면서도, 노인 빈곤율은 OECD 최고 수준입니다. 부의 양극화가 노인일수록 더 심각하다는 말입니다. 생활수준을 서로 비교하는 경향이 극대화되고 있는 시대에서, 노년들 간의 비교의식은 강한 상대적 박탈감을 낳고 있습니다.

**교회는 희망을 말할 수 있는가?**

여기서 그리스도인들이 해야 할 질문은 이것입니다. '세상은 희망이 없다고 말하는데, 그에 반해 교회는 어떻게 생각하는가?', '교회는 희망이 있다고 말할 수 있는가?' 신학대학에서 가르칠 때 채플에 초대받은 강사들이 가장 많이 내세우던 주장은 '위기론'이었습니다. 코로나 팬데믹으로 인해 위기를 외치는 목소리는 보다 크고 다급해졌습니다. 세상이 다음 세대에 대해서 갖는 생각보다 교회가 다음 세대에 대해서 갖는 생각이 훨씬 더 절망적입니다. 교회의 지도자들이 생각하는 교회의 미래는 세상이 생각하는 미래보다 훨씬 더 어둡습니다.

사실 이러한 분위기는 대단히 충격적입니다. 기독교 신앙은 본질적으로 희망을 말하기 때문입니다. "그런즉 믿음, 소망, 사랑, 이 세 가지는 항상 있을 것인데"(고전 13:13)라는 말씀을 단순하게 풀어 보면, 기독교 신앙에서 소망은 대략 3분의 1의 비중을 차지하고 있습니다. 히브리서에서 "믿음은 바라는 것들의 실상이요 보이지 않는 것들의 증거"(히 11:1)라고 말합니다. 소망이 없으면 믿음도 없는 것입니다. 바울은 "우리가 소망으로 구원을 얻었다"(롬 8:24)고 말합니다. 로마서를 보면 1-3장까지 믿음에 대해서 설명하고, 4장에서는 하나의 예를 제시합니다. 그 예가 바로 아브라함입니다. 성경은 아브라함의 믿음을 이렇게 설명합니다.

> 아브라함이 바랄 수 없는 중에 바라고 믿었으니 이는 네 후손이 이 같으리라 하신 말씀대로 많은 민족의 조상이 되게 하려 하심이라. 그가 백 세나 되어 자기 몸이 죽은 것 같고 사라의 태가 죽은 것 같음을 알고도 믿음이 약하여지지 아니하고 믿음이 없어 하나님의 약속을 의심하지 않고 믿음으로 견고하여져서 하나님께 영광을 돌리며 약속하신 그것을 또한 능히 이루실 줄을 확신하였으니 그러므로 그것이 그에게 의로 여겨졌느니라(롬 4:18-22).

믿음의 모범인 아브라함은 자신이 아들을 낳을 것이며 많은 민족의 조상이 될 것이라는 하나님의 약속이 이루어질 줄을 믿었습니다. "자기 몸이 죽은 것 같음을 알고도" 자신의 몸을 통해 생명을 주실 것을 믿었습니다. 로마서는 이 믿음을 하나님이 모든 생명의 주인이시기에 죽은 자도 살릴 수 있을 것이라는 믿음, 곧 예수 그리스도의 부활에 대한 믿음과 나란히 세웁니다(롬 4:24). 이 세상에서 아무리 깊은 절망이라고 해도 죽음보다 더 심한 절망은 없습니다. 그리스도의 부활은 가장 깊은 절망을 이기고 희망을 말할 수 있는 근거입니다. 기독교의 핵심에 부활의 소망이 있습니다. 그래서 믿음의 사람들은 가장 깊은 인생의 수렁과 절망 가운데서도 희망의 노래를 부를 수 있습니다. 초대교회의 역사가 그 힘을 잘 보여주었습니다.

그런데 오늘날의 기독교는 왜 이렇게 되었을까요? 한국 교회가 왜 담대하게 희망을 말하지 못하고, 미래를 전망할 때 세상보다 더 우울하고 부정적일까요?

### 교회는 가짜 희망을 팔아 왔다

저는 그 이유를 이렇게 진단합니다. 한국 교회가 지금까지 가짜 희망을 팔아 왔기 때문입니다. 그동안 교회가 희망을 많이 말해 왔는데, 그게 복음의 희망이 아닌 가짜 희망이었다는 말입니다. 복음이라는 포장지에 물건을 팔아 왔는데 유사 복음이었습니다.

사무엘상은 언약궤를 전쟁에 들고 나갔다가 빼앗겨 버리는 이스라엘 역사의 가장 어두운 날을 보도합니다. 그 소식이 알려지던 날, 대제사장 엘리의 며느리인 비느하스의 아내가 해산을 하고 죽습니다. 그녀가 마지막 남긴 말을 성경은 이렇게 전합니다.

> 그가 대답하지도 아니하며 관념하지도 아니하고 이르기를 영광이 이스라엘에서 떠났다 하고 아이 이름을 이가봇이라 하였으니 하나님의 궤가 빼앗겼고 그의 시아버지와 남편이 죽었기 때문이며 또 이르기를 하나님의 궤를 빼앗겼으므로 영광이 이스라엘에서 떠났다 하였더라(삼상 4:20-22).

'이가봇'(אִיכָבוֹד, 이카봇)은 '영광이 어디 있느냐'는 말입니다. 이제 모든 것이 끝났으며 이스라엘 역사에는 소망이 없다는 말입니다. 사람이 아무리 절망적이어도 아이를 낳으면 아이를 위해서라도 살려고 하지 않겠습니까? 그런데 이 여인은 살고 싶은 마음이 없어 보입니다. 죽어 가면서도, 나는 이렇게 죽지만 이 아이는 잘살면 좋겠다는 소망을 가지게 마련입니다. 그런데 이 아이의 이름을 이가봇 곧 '희망이 없는 아이'로 짓습니다. 하나님의 언약궤를 빼앗긴 것은 당시 사람들에게는 감당하기 힘든 충격이었을 것입니다.

그러나 이후의 상황을 보면 그러한 절망과는 다르게 전개됨을 알 수 있습니다. 이 여인은 절망을 말하고 죽었지만, 사무엘상을 계속 읽어 보면 이때부터 이스라엘의 찬란한 역사가 시작됩니다. 사무엘의 부흥이 이어지고, 다윗의 승리와 솔로몬의 번영에 이르는 이스라엘 최고의 황금시대가 도래합니다. 이가봇이라는 아이가 살아갈 시기는 이스라엘 역사에서 가장 빛나는, 둘도 없는 영광의 시대입니다. 그런데 비느하스의 아내는 영광이 없다 하고 죽어 버린 것입니다. 왜 그랬을까요? 이 사람들이 생각하는 하나님의 영광과 희망은 무엇이었을까요?

사무엘상 4:18에 보면, "하나님의 궤를 말할 때에 엘리가 자기 의자에서 뒤로 넘어져 문 곁에서 목이 부러져 죽었으니 나이가 많고 비대한 까닭이라"고 말합니다. 패전의 소식도 아니고, 아들 둘이 한꺼번에 전사했다는 소식도 아니고, 하나님의 궤를 빼앗겼다는 말을 할 때라는 것으로 보아서 그 충격을 미루어 짐작할 수 있습니다. 그런데 엘리의 몸이 비대했다고 할 때, 비대라는 말이 히브리어로 '카보드'입니다. '영광'이라는 말과 같은 단어입니다. 그리고 이후에 이가봇 곧 '영광이 어디 있느냐'는 말에서 또 등장합니다. 카보드는 원래 '무겁다'는 의미입니다. 하나님의 무게가 영광입니다. 그런데 엘리의 몸이 비대(카보드)했다는 것은 재미있으면서도 날카로운 지적입니다. 이러한 맥락에서 이 가문이 생각하는 영광이 어떤 영광이었는지 생각해 볼 수 있습니다.

그것은 자기만 잘 먹고 비둔하게 살찌우는 영광입니다. 탐욕적이고 이기적이어서 하나님의 이름을 빌려 자기 배만 채웠기 때문에 영광을 상실한 것입니다. 영광이 사라졌다고 하지만 엘리 가문이 하나님을 팔아 호의호식하던 영광이 사라진 것이지, 하나님의 영광이 사라진 것은 아니라는 말입니다. 비느하스의 아내가 아이를 갖고 얼마 지나지 않은 시점에는, 권력과 부가 집중된 가문에서 아이가 태어나 최고의 삶을 누리며 그 행복을 이어갈 것을 꿈꾸었을 것입니다. 그런데 그 정점이 되는 할아버지 '미스터 카보드'가 죽어 버렸으니 앞이 캄캄해질 만도 합니다.

## 이교의 프레임에 갇힌 신앙

사무엘상의 이 대목은 아이들도 쉽게 이해할 수 있는 재미있는 이야기이지만, 깊이 읽어 보면 우리의 신앙에 본질적 도전을 주는 심오한 본문입니다. 하나님의 궤를 가지고 왔을 때, 이스라엘 군사들의 사기가 하늘을 찌릅니다. 건너편 블레셋 사람들이 그 함성을 듣고 당황합니다.

> 블레셋 사람이 두려워하여 이르되 신이 진영에 이르렀도다 하고 또 이르되 우리에게 화로다. 전날에는 이런 일이 없었도다. 우리에게 화로다. 누가 우리를 이 능한 신들의 손에서 건지리요. 그들은 광야에서 여러 가지 재앙으로 애굽인을 친 신들이니라(삼상 4:7-8).

"광야에서 여러 가지 재앙으로 애굽인을 친 신들"이라는 말은 사실과 다릅니다. 하나님께서 애굽(이집트) 백성에게 여러 가지 재앙을 내리신 곳은 광야가 아니었습니다. 대도시를 중심으로 사람들이 농사짓고 거주하는 지역에 재앙이 내렸습니다. 광야는 출애굽한 후 이스라엘 백성이 당도한 곳입니다. 하나님이 음란하고 타락한 이스라엘 백성에게 벌을 내리신 것에 대해 블레셋 사람들이 잘못 알고 있었던 것입니다. 하나님이 광야에서 누군가를 친 것도 맞고, 애굽 사람들에게 재앙을 내린 것도 맞는데 두 소문이 섞여 있습니다. 왜 그럴까요?

사람들은 소문을 듣고 전할 때 자기 머릿속에 있는 생각, 요즈음 말로 자기 프레임 속에서 만듭니다. 블레셋 사람들의 프레임에서는 모든 신이 부족신이고 모든 전쟁이 신과 신의 대결입니다. 애굽과 이스라엘이 싸우면 애굽의 신과 이스라엘의 신이 싸우는 것이고, 각자의 신은 철저하게 그 부족 편입니다. 그러므로 광야에서 여호와 하나님이 이스라엘 백성을 칠 이유가 없습니다. 광야에서 어떤 대상을 쳤다는 말을 들었을 때, '그렇다면 광야에서 애굽 사람들을 쳤겠지' 하고 생각한 것입니다. 그것이 그들에게는 자연스러운 일입니다. 그 백성들이 착하게 살든 나쁘게 살든, 적절하게 제사만 지내고 신을 만족시키면 그 신은 자기들의 편을 들어줄 것이라 여기는 것입니다. 신은 본래 그런 존재라는 생각 속에서 살기 때문에 여호와 하나님에 대해서도 자기들의 프레임 속에서 이해하는 것입니다.

그러나 여호와 하나님은 완전히 다른 신입니다. 내 백성이라고 무조건 잘 봐주지 않고, 벌 받을 행동을 했으면 벌을 주십니다. 자기 백성에게 더 높은 기준을 요구하시기 때문에 더 혹독하게 다루시는 것처럼 보일 때도 있습니다. 다른 나라 백성이라 하더라도 긍휼히 여기고 품어 주시기도 하는 신입니다. 한마디로 온 우주의 하나님이십니다. 이스라엘 백성은 자기들이 언약궤를 드는 것은 강한 하나님을 모시고 전쟁터에 나가는 것이니 무조건 이긴다고 생각했습니다. 블레셋의 부족신 프레임과 같은 관점입니다. 우리 이스라엘은 선민이므로 하나님이 언제나 우리 편만 들어줄 것이라

여긴 것입니다.

이런 프레임에서는 우리가 전쟁에서 지면 우리 신의 힘이 약해서 그런 결과가 생긴 것이 됩니다. 그래서 언약궤를 빼앗겼다는 소식을 들었을 때 이제 모든 것이 끝났다고 생각하게 된 것입니다. 결국 제사장도, 그 며느리도 희망이 전혀 없다고 포기하기에 이릅니다. 그러나 사무엘상을 읽어 보면, 언약궤를 빼앗긴 사건은 그리 대단한 일이 아닙니다.

사무엘상에서 시작한 역사는 열왕기하에서 일단락됩니다. 구약성경의 헬라어 번역인 칠십인역에서는 사무엘상하, 열왕기상하의 제목이 '열왕기 1, 2, 3, 4'로 되어 있습니다. 이 네 권이 오랫동안 한 단위로 읽던 성경임을 알 수 있습니다. 이 시리즈는 성전이 무너지고 유다의 왕과 백성들이 바벨론에 포로로 잡혀가는 데 이르러 끝납니다. 완전한 절망으로 여겨질 수 있는 결말입니다. 이 결말을 아는 백성들이 사무엘상의 장면을 읽을 때 무슨 생각을 했을까요? '완전한 절망이라고 생각하던 때가 예전에도 있었구나', '그러나 하나님은 그 절망을 넘어 일하셨구나' 하고 생각할 수 있었을 것입니다. 사무엘상의 이야기는 성전이 무너지고 나라가 멸망하는 절망적 상황을 미리 연습시킨 사건, 절망을 넘어서서 희망으로 초대하는 사건으로 읽힐 수 있습니다.

## 자신을 넘어서는 신앙

결국 언약궤는 스스로 돌아옵니다. 사람이 아무리 잘못을 해도 하나님은 자신의 영광을 스스로 보호하십니다(사 42:8). 언약궤가 블레셋 지방에 머무는 일곱 달 동안 그곳에 재앙이 이어져 블레셋 사람들이 언약궤를 감당하지 못하고 돌려줄 수밖에 없는 지경에 이릅니다. 그들이 이것을 풀어나가는 과정과 방식이 매우 흥미롭습니다.

> 그러므로 새 수레를 하나 만들고 멍에를 메어 보지 아니한 젖 나는 소 두 마리를 끌어다가 소에 수레를 메우고 그 송아지들은 떼어 집으로 돌려보내고 여호와의 궤를 가져다가 수레에 싣고 속건제로 드릴 금으로 만든 물건들은 상자에 담아 궤 곁에 두고 그것을 보내어 가게 하고 보고 있다가 만일 궤가 그 본 지역 길로 올라가서 벧세메스로 가면 이 큰 재앙은 그가 우리에게 내린 것이요 그렇지 아니하면 우리를 친 것이 그의 손이 아니요 우연히 당한 것인 줄 알리라 하니라(삼상 6:7-9).

블레셋 사람들은 제사장과 점쟁이들의 제안대로 암소 두 마리를 송아지와 떼어 놓고, 언약궤를 실은 수레를 끌게 하여 어디로 가는지 지켜보기로 합니다. 소는 원래 자기 집으로 돌아가는 습성이 있습니다. 더구나 사무엘상에 나온 이 소는 젖을 먹이는 암소입니다. 젖이 뚝뚝 떨어지는 어미소가 새끼가 있는 곳으로 가는 것이 천륜입니다. 그것도 한 마리가 아니라 두 마리였습니다. 블레셋 사람들이 도저히 있을 수 없는 가능성을 상정하여 실행한 것입니다. 그렇게 해도 두 암소가 자기 새끼에게 가지 않고 유대 땅 벧세메스로 간다면 "이 재앙은 진정 하나님이 하신 일이다"라고 인정하겠다는 것입니다. 그런데 놀랍게도 두 암소가 눈물을 뚝뚝 흘리면서 벧세메스로 뚜벅뚜벅 걸어갑니다.

이 장면에서 사무엘이 젖 먹는 새끼를 두고 반대방향으로 묵묵히 걸어가는 암소 이야기를 쓰면서 무슨 생각을 했을지 머릿속에 떠올려 봅니다. 혹시 어머니 한나를 생각하지 않았을까요? '젖을 떼자마자 자신을 성전에 놓아두고 방향을 돌려 집으로 걸어가는 어머니의 마음이 어땠을까?' 하고 말입니다. 사무엘은 어릴 적 자신을 성전에 홀로 두고 간 엄마가 원망스럽기도 했을 것이고, 철이 들면서는 '엄마가 자신을 두고 돌아갔을 때 얼마나 힘들었을까' 하고 생각하게 되었을 것 같습니다. 그 장면은 사무엘이라는 인격을 형성하는 원경험(Urerfahrung)이었다고 볼 수 있습니다. 사무엘은 이 장면을 늘 묵상하고 아파하고 안타까워하면서, 또한 이 장면으로 마음을 다지고 힘을 얻고 살았을 것 같습니다.

사무엘상은 한나가 기도하는 장면으로 시작합니다. 이 대목에는 한나가 신앙적으로나 정서적으로 성숙했음을 보여주는 단서가 없습니다. 한편 남편 엘가나는 훌륭해 보입니다. "내가 당신에게 열 아들보다 낫지 아니하냐"(삼상 1:8)고 하면서 자녀가 없는 한나를 위로합니다. 여러 아내를 가진 경우 아무래도 아들을 낳아 준 아내에게 마음이 기울기 마련이고 심한 경우 불임인 아내를 냉대하기도 하는데, 그런 점에서 한나는 남편의 파격적인 사랑을 확인한 셈입니다. 고대세계의 기준으로 볼 때 보기 드물게 자상한 남편입니다. 이러한 남편의 사랑조차도 그녀에게 위로가 되지는 않은 것 같습니다.

한나는 기도하러 가서도 비정상적으로 보일 만큼 '통곡'했습니다. 그리고 아들을 주시면 하나님께 드리겠다고 서원합니다(삼상 1:10-11). 아이를 낳기 전에 서원을 하는 것과, 실제로 아이를 낳아서 품에 안아 보고 젖을 먹이고 생글생글 웃는 얼굴을 보고 나서 드리는 것은 다릅니다. 누구라도 "그때는 그랬지만……" 하면서 변명거리를 찾을 만합니다.

그럼에도 한나는 아들을 낳은 뒤 자기가 서원한 대로 아이를 드리고 성전에서 내려왔습니다(삼상 1:24-28). 이 대목에서 한나에게 자신의 서원을 지키겠다는 결심뿐 아니라, 그 시대의 상황 속에서 하나님의 크신 뜻에 대한 나름의 헌신이 있지 않았을까 생각해 보게 됩니다. 우리는 사무엘이라는 한 아이를 통해서 한 나라가 완전히 새로워지는 것을 보게 됩니다. 그리고 그 이면에는 사무엘의 어머니 한나의 눈물의 기도가 있었습니다.

## 하나님의 나라와 의를 위한다는 것

사람들은 왜 교회에 나올까요? 처음부터 "하나님의 나라와 의를 위해서" 오는 사람은 드물 것입니다. 우리가 예수를 믿는 것은 십자가 지고 예수를 따르는 것이라는 말을 자주 하지만, 그런 식으로 고난받기 위해서 교회에 나오는 사람은 거의 없습니다. 대체로 개인적인 동기로 교회에 첫발을 디딥니다. 복을 받거나 마음의 평안을 얻기 위해서 오는 사람도 있고, 예쁜 자매나 멋진 형제를 만나려고 오는 사람도 있습니다. 제가 아는 어떤 분은 직업군인 출신으로 전역한 뒤 중국집을 개업했는데, 짜장면이라도 좀 팔아 보려고 근처 교회에 출석했습니다. 그런데 교회를 다니고 신앙생활을 하면서 그 동기가 완전히 바뀌게 되었습니다. 물론 그도 처음에는 사업에 조금이나마 도움을 받는 데 의미를 두었습니다. 그런데 얼마 안 가서 인생 전체를 하나님께 드리는 그리스도인이 되었습니다. 신앙이라는 게 그렇습니다.

한나도 처음에는 개인적인 욕구로 기도를 시작했지만, 그것을 붙잡고 기도하는 과정에서 하나님을 알게 되면서 변화되었습니다. 그래서 결국에는 귀하게 낳은 아이를 하나님께 드릴 수 있는 사람이 되어 갔습니다.

그렇게 보면 벧세메스로 가는 두 암소의 이미지는 제사장 엘리의 모습과 정면으로 대비됩니다. 자식사랑이라는 것도 그 자체는 숭고하지 않습니다. 동물적인 차원이 있습니다. 동물들도 자기

새끼를 아끼고 사랑합니다. 그렇기 때문에 인간이라면 자기 자녀를 사랑하되 그것을 넘어서는 차원이 있어야 합니다. 엘리의 눈먼 자식사랑은 홉니와 비느하스가 하나님을 모욕하면서 자기 배를 채우고 성욕을 채우는데도 그저 나무랄 뿐 징계하지 못하는 데 이릅니다(삼상 2:25-26). 사무엘상의 내러티브에서 보면, 암소들보다 못한 부모입니다. 부모는 눈물을 흘리면서도 징계할 것은 해야 하고 포기할 것은 포기해야 합니다. 엘리는 그렇게 하지 못했습니다. 동물적인 자식사랑의 차원에 묶여 있습니다. 오늘날 자녀에게 목회직을 대물림하는 목회자의 모습, 교회가 사유화되는 참혹한 현상을 엘리 가문의 이야기에 비추어 볼 수 있습니다.

## 믿음은 들음에서 나며, 들음은 균열을 일으킨다

우리는 솔직해져야 합니다. 신앙이라고 해도 그 출발은 대체로 개인적이고 이기적인 동기입니다. 하나님을 믿으면서 달라지는 것입니다. 이 시대의 문제가 어디에 있습니까? 우리는 '희망'이라는 말로 이 책을 시작했습니다. 지난 시절 모두가 잘 먹고 잘 살아보려고 나름대로 노력한 결과, 한국 경제가 괄목할 정도로 성장했습니다. 그러나 그 결과 오늘날 젊은이들은 막다른 골목, 출구가 없는 상태에 이르렀습니다. 이렇게 된 원인은 무엇보다 자기 자신과 내 가족만 생각하기 때문입니다. 심지어 교회에서도 마찬가지입니다. 내 자식, 내 교회를 넘어서지 못합니다. 이런 이기적인 동기 속에서 하나님에 대한 이해도 '나를 위한 하나님', '내 성공의 뒷배가 되어 주는 하나님'이라는 프레임 속에 가둡니다. 언약궤를 들고 나가서라도 생존경쟁에서 이기고 싶고, 그 결과가 뜻대로 안 되면 절망에 빠질 수밖에 없습니다.

어떻게 하면 우리가 이 프레임을 넘어설 수 있을까요? 사무엘상 3장에서 하나님은 사무엘이라는 아이를 부르십니다. 그러자 사무엘이 "여호와여, 말씀하옵소서. 주의 종이 듣겠나이다"(삼상 3:9)라고 대답합니다. 이 절망의 시대에 희망이 시작된 것은 사무엘이라는 한 아이가 하나님의 말씀을 들으면서부터입니다. "주의 말씀을 듣겠나이다" 하고 나서 듣게 된 말씀은 스승인 엘리의 가문이 처절한 심판을 받게 되리라는 내용이었습니다. 어린 사무엘로서는 감당하기 힘든 말씀이며, 지금까지 자기가 생각했던 프레임을 완전히 깨뜨려 버리는 말씀이었을 것입니다(삼상 3:11-14).

성경에서 믿음은 들음에서 난다고 하는데(롬 10:17), 이 들음은 수용하기 힘든 하나님의 말씀을 받아들이는 것입니다. 로마서에서 바울은 이렇게 말합니다.

> 내가 증언하노니 그들이 하나님께 열심이 있으나 올바른 지식을 따른 것이 아니니라. 하나님의 의를 모르고 자기 의를 세우려고 힘써 하나님의 의에 복종하지 아니하였느니라(롬 10:2-3).

지금까지 우리가 하나님의 의를 세운다고 열심히 살았는데,

그것이 다 하나님을 대적하는 일이었다면 얼마나 충격이겠습니까? 말씀을 듣는다는 것은 우리의 기존 사고를 흔들고, 때로 내 사고의 근본을 무너뜨립니다.

사무엘과 바울은 그것을 경험했습니다. 우리는 어떤 자세로 하나님의 말씀을 듣습니까? 나 혼자서도 잘살 수 있고 그저 약간의 지혜와 지식이 더해지면 좋겠다는 태도가 아닌지 돌이켜 보아야 합니다.

하나님에 대한 열심이 있고 나름대로 신앙생활 잘하는 것 같지만 오히려 하나님의 의에 힘써 복종하지 않는다면, 그것은 프레임 때문입니다. 유대인들은 그들 자신의 프레임 속에서 말씀을 들었기 때문에 진정으로 들은 게 아니었습니다. 우리도 마찬가지입니다. 이미 우리 안에 나름의 가치관과 세계관이 강고하게 자리하고 있고, 그 프레임 속에서 하나님도 이해하고 있습니다. 그러니 하나님의 말씀이 내 삶을 흔들고 교정해 줄 수 없습니다. "오소서 진리의 성령님, 이 땅 흔들며 임하소서"라고 찬송하는 우리는 자신의 사고와 고정관념이 흔들릴 준비를 해야 합니다.

앞에서 우리는 하나님이 주신 나침반으로 인생의 장기적인 목표를 향해 걸어갈 수 있지만 이 시대의 교란이 크다는 사실을 살펴보았습니다. 이와 같은 시대의 자장이 어떤 프레임으로 우리 신앙에 영향을 끼치고 있는지 분별하는 가운데 우리가 가야 할 길을 함께 탐지해 보자는 게 이 책의 의도입니다. 단지 성경지식을 쌓는 차원에서 말씀을 듣고 연구하는 것이 아니라, 우리 삶의 목표를 재점

검하고 시대의 흐름을 통찰하며 신앙의 나침반을 회복하자는 것입니다. 세상 안에 살면서도 시대에 대한 통찰과 세상에 대한 저항력을 가진 신앙인으로 살아가며 함께 나아가기를 바라는 마음이 여기에 담겨 있습니다.

## 하나님의 등불은 꺼지지 않는다

사무엘상은 어린 사무엘이 하나님의 음성을 듣던 날 밤의 상황에 대하며 이렇게 말합니다.

> 엘리의 눈이 점점 어두워 가서 잘 보지 못하는 그때에 그가 자기 처소에 누웠고 하나님의 등불은 아직 꺼지지 아니하였으며 사무엘은 하나님의 궤 있는 여호와의 전 안에 누웠더니(삼상 3:2-3).

"하나님의 등불은 아직 꺼지지 아니하였으며"라는 것은 물리적으로 성전의 등불을 소등하지 않았다는 말입니다. 그리고 이것은 상징적으로, 세상의 빛이 되어야 할 이스라엘이 많이 어둡지만 하나님이 주인이신 이스라엘의 소망이 아직 완전히 소멸되지는 않았다는 것을 의미합니다. "엘리의 눈이 점점 어두워 가서 잘 보지 못하는 그때에"라는 말씀도 중의적인 표현으로 이해할 수 있습니다. 안과에 가야 할 정도로 시력이 약해진 상황을 말하지만, 영적인 통찰력을 잃어버린 시대를 나타내기도 합니다. 누군가가 하나님의 뜻을 발견하고 백성을 이끌어야 하는데, 그 기능을 상실했다는 것입니다. 그래서 결국 절망적인 시대가 되고 말았지만, 여전히 하나님의 말씀이 있고 그 말씀을 들을 사람이 있습니다. 비록 사무엘이 아직 어린아이지만 말입니다.

여기서 우리는 기독교 신앙이 갖는 희망을 발견합니다. 그리스도인은 자신의 시대에 대한 책임을 가진 사람들입니다. 우리는 동시대와 다음 세대에 대한 책임을 어떻게 감당할 수 있을까요? 짙은 안개가 낀 것처럼 앞이 보이지 않는 세대이지만, 여전히 하나님께 소망이 있음을 저는 믿습니다. 문제는 "하나님, 하나님!" 하고 부르면서도 여전히 자기 자신이 우리의 중심에 있다는 것입니다. 하나님의 이야기조차 자기중심의 세속적인 프레임 속에서 이해하는 것입니다. 이것을 넘어설 수 있어야 합니다. 그러면서 하나님의 말씀을 들을 줄 아는 사람, 말씀대로 살 줄 아는 사람이 되어야 합니다.

사실 큰 틀에서 우리 모두가 처한 사정은 비슷합니다. 대학입시와 취업, 결혼과 출산, 육아와 노후준비에 이르기까지 현실의 크고 작은 압박 속에서 살아가야 하는 형국입니다. 그러나 모두가 자기 자신만 찾는 시대에서는 모두가 불행해질 수밖에 없습니다. 그것이 지금 한국 사회가 처한 막다른 골목입니다. '그 이상의 삶이 우리에게 가능한가'라는 문제의식과 함께, '시대를 헤아리는 통찰로 우리 삶의 방향을 어떻게 유지해 갈 것인가'에 관한 치열한 모색이 필요합니다. 앞으로 이 책에서 살펴볼 내용들을 통해 우리의 나침반을 진지하게 점검해 보는 기회가 되기를 바랍니다.

## 말씀과 씨름하기

1. '희망'은 기독교 신앙의 핵심입니다. 성경의 어느 부분이 희망의 중요성을 말하고 있는지, 내가 아는 기독교와 교회는 희망과 어떤 관계가 있는지 나누어 봅시다.

2. 블레셋 사람들이 "광야에서 여러 가지 재앙으로 애굽인을 친 신들"(삼상 4:8)이라고 할 때, 그들의 사고에는 어떤 프레임이 작용하고 있습니까? 이 프레임은 이스라엘 백성이 언약궤를 들고 전쟁으로 나간 의도를 어떻게 설명해 줍니까?

3. 벧세메스로 가는 두 암소의 모습은 어떻게 해석될 수 있습니까?

4. 하나님은 소망의 하나님이시지만, 우리의 욕망에서 비롯된 희망의 성취를 보증해 주시는 분이 아닙니다. "믿음은 들음에서 난다"(롬 10:17)고 했습니다. 어린 사무엘은 "말씀하옵소서. 주의 종이 듣겠나이다"(삼상 3:9)라고 했지만, 그 말씀은 참으로 받아들이기 힘든 내용이었습니다. 우리 사고의 프레임을 깨고 우리 삶을 흔들며 다가오시는 하나님의 말씀을 받아들일 때, 그 자리에서 소망이 생기기 시작합니다. 그러한 모습을 소망하며 함께 기도제목을 나누어 봅시다.

# AI 시대의 영성

# 2

## 키오스크 앞에서 울다

2021년 어느 신문에 이런 기사가 실렸습니다. 한 할머니가 패스트푸드점에 갔다가 터치스크린 방식의 키오스크(무인 주문기)를 만나고, 그 앞에서 20분 동안이나 헤매다가 실패하고 그냥 집으로 돌아옵니다. 그리고 그날의 괴로움을 딸과 통화하면서 하소연합니다.

"딸, 엄마 이제 끝났나 봐."

한참 통화하다가 딸이 말합니다.

"엄마, 울어?"

그 할머니는 울고 있었습니다.[1] 햄버거 하나 스스로 못 사먹는 신세가 처량하고, 앞으로 바뀔 세계가 두려운 것입니다. 어른들 입장을 충분히 이해할 수 있습니다.

그러나 이런 두려움은 극복 가능합니다. 기계의 발전은 '사용자 친화적'(user-friendly)이라는 방향을 향해 가게 되어 있습니다. 요즘 핸드폰은 "나훈아 노래 틀어 줘!" 하면 알아서 틀어 줍니다. 혼자 지내야 하는 어른들은 건강에 대한 염려가 많은데, 심장박동 등을 주시하고 있다가 이상이 생기면 병원으로 바로 연락해 주는 기술이 머지않아 일상화될 것 같습니다. 인터넷과 디지털 문화에 적응해 가는 노년층도 꾸준히 늘어나고 있습니다.

정작 키오스크 앞에서 긴장해야 할 사람은 젊은이들입니다. 그들의 아르바이트 자리를 하나둘씩 빼앗아 가고 있기 때문입니다. 어린이들 입장에서도 미래에 무엇을 하고 살아야 할지 걱정이 태산입니다. 키오스크와 디지털 문화에 적응하여 사람의 손을 필요로 하지 않게 된 노년들을 원망하게 될 날이 곧 올 것입니다.

2018년 11월, 중국은 세계가 놀랄 만한 뉴스를 내보냈습니다. 처음 보는 아나운서가 TV에 나와 뉴스를 진행하는데, 알고 보니 인공지능(AI) 아나운서였습니다. 여느 아나운서와 다를 바 없는 느낌을 주는 이 AI 아나운서는 첫 방송에서 "저는 텍스트만 제공되면 지치지 않고 일할 수 있습니다. 시청자 여러분은 앞으로 새로운 뉴스를 경험하게 될 것입니다"라고 말하면서 방송을 시작했습니다. 그날 이 소식을 전한 세계 각국의 사람 아나운서들은 쓴웃음을 지어야 했습니다. "우리 직장이 언제까지 안전할지 모른다!" 4차 산업이나 인공지능에 대한 담론에 무관심한 사람들도 이 흐름이 일자리와 연관되어 있다는 대목에서는 신경을 곤두세울 수밖에 없습니다. 최근에는 생성형 인공지능 챗GPT(ChatGPT)가 가져온 충격으로 지식인 사회가 술렁이고 있습니다. 사람이 써 준 텍스트를 읽는 AI뿐 아니라, 기사를 써 주는 AI까지 나와 있습니다.

인공지능 시대는 멀리서 볼 때는 장밋빛 미래였지만, 막상 가까이 다가오니 두려움의 대상입니다. 무인자동차가 대신 운전해 주면 운전 부담에서 해방되어 얼마나 좋을까 싶었지만, 막상 눈앞에 다가온 현실은 대량실업에 대한 염려입니다. 중국 AI 아나운서의 선언은 모든 인간 노동자에 대한 도전장으로 들릴 수도 있습니다.

## 호모 사피엔스의 죽음

어떤 사람들은 로봇의 발전과 관련하여 이렇게 이야기합니다. "그렇게 염려하거나 기분 나빠할 필요가 있을까? 어차피 인간은 자동차보다 빨리 못 달리고, 비행기처럼 날지도 못하고, 불도저보다 힘이 약하지 않은가?" 그러나 이런 물리적 능력 말고, 인간의 고유한 특성이라고 생각해 온 '사고 능력'에서 로봇이 앞선다는 것은 다른 문제를 야기합니다. 인간을 가리켜 호모 사피엔스 곧 '생각하는 존재'라고 하는데, 이는 인간을 동물과 견주어서 한 말입니다. 호모 파베르(도구를 사용하는 인간), 호모 루덴스(유희하는 인간) 등도 마찬가지입니다. 인간이 개나 소와 달리 생각할 줄 안다고 할 때 인간의 표정에는 여유가 있었습니다. 그러나 앞으로 인간의 특성은 기계와 비교하여 규정될 것입니다. 세계 최고의 바둑기사와 겨루어 이기고, 환자에게 필요한 처방을 인간 의사보다 더 잘 찾아내는 마키나 사피엔스(생각하는 기계)를 앞에 두고 호모 사피엔스임을 내세우는 인간의 목소리에서는 점점 힘이 빠질 것입니다.

사업하는 사람이 은행 대출을 신청할 때, 대출 심사를 기계에게 대신 맡기면 인간보다 더 정확하지 않을까요? 이미 미국이나 유럽, 일본의 은행이나 금융회사들이 AI를 이용한 대출 심사를 하고 있습니다. 예전에 인재채용을 중요시한다면서 관상 보는 사람을 면접위원 옆에 앉혀 놓고 인터뷰하는 기업이 있었습니다. 관상가 자리에 AI를 앉혀 놓고 분석하라고 하면 더 잘할 뿐 아니라, 채용을 둘러싼 부정청탁 비리도 없어지지 않을까요? 사업파트너를 정할 때도 AI가 빅데이터로 분석한 결과를 기준으로 계약을 맺는다면 실패할 확률이 줄어들 것입니다. 누구와 결혼할까 하는 문제도 동일하게 적용해 볼 수 있지 않을까요? 예전에는 중매쟁이가 하던 일이 결혼정보회사로 옮겨가고, 다시 데이팅앱으로 옮겨간 지 오래입니다. 일본에서는 취미·가치관·이상형 등을 설문조사한 뒤 빅데이터를 분석해 알맞은 짝을 찾아 주는 AI 중매 서비스가 인기를 끌고 있고, 한국에서도 기술 개발에 박차를 가하고 있습니다.

법정에서도 AI의 역할은 커지고 있습니다. 미국 캘리포니아의 한 법률회사가 개발한 '렉스 마키나'라는 프로그램은 방대한 판결 자료를 바탕으로 소송 당사자와 변호사에게 판사별, 로펌별, 소송당사자별 분석 자료를 제공할 뿐 아니라, 개별 사건들의 승소와 패소 확률을 산출해 주고 있습니다. 상당히 많은 부분에서 세상에서 가장 유능한 인간 변호사도 못하는 수준의 일을 해내고 있습니다. 이러다가 인간이 기계 앞에서 재판받게 되는 '알파저지'(Alpha-judge)의 시대가 오지 않을까요? 2002년 노벨경제학상을 수상한 심리학자 대니얼 카너먼은 판사들이 부부싸움을 했거나 동료들 간에 갈등이 있으면 판결에 영향을 받는다고 말합니다.[2] 심지어 날씨가 좋지 않거나 주말에 자신이 응원하는 풋볼 팀이 경기에서 졌을 경우 더 무거운 형을 내리는 경향이 있다고 말합니다. 이미 판사들의 판단에 대해 심각한 회의를 가지고 있는 한국 사회는 앞으로 인공지능 판사를 보다 선호하게 될지도 모릅니다.

대통령이나 국회의 정책, 정치적 판단도 인공지능의 도움을 받게 될 가능성이 높습니다. 지난 2022년 월드컵은 비디오 판독 시스템(VAR)이 판정에 보다 적극적으로 개입된 월드컵이었습니다. 대표적으로, 일본이 스페인전에서 골을 넣기 위해 크로스를 올리기 직전 공이 라인을 벗어난 듯한 장면이 있었습니다. 대부분의 관중이나 해설자들, 경기의 주심까지 공이 엔드라인 밖으로 나간 것으로 판단했습니다. 그러나 VAR 판독 결과 공이 미세하게 라인에 걸쳐 있었던 것으로 판정되었고, 이 판정이 경기의 큰 흐름을 바꾸었습니다. 일본 축구 팬들 사이에서는 "VAR이 신이다", "VAR이 맞다면 맞는 것이다"라는 말이 떠돌았습니다. 이 경우에는 나름 납득할 수 있는 설명이 따라붙었지만, 복잡한 정책 결정 문제라면 AI가 결정한 판결을 설명하거나 납득시키기 힘든 경우가 많을 것입니다. 대통령이나 장관, 국회의원들이 그 복잡한 알고리즘을 다 이해하지 못한 채 기계의 결정에 '순종'하는 일들이 이어질 수 있습니다. 사회적으로 민감한 문제, 많은 사람들의 이해가 얽힌 문제, 단기간의 성과나 이익, 여론상의 지지율 등이 아닌 장기적인 가치가 반영되어야 할 일이라면 양상은 더욱 복잡해질 것입니다. 만일 제가 AI 개발업자라면 그 이름을 '제갈공명'이라 붙일 것 같습니다. 직관적으로 생각하는 다른 신하들이 길길이 날뛰며 반대해도 아랑곳하지 않는 그의 냉정함은 기계와 비슷합니다. 최고지도자는 공명의 복잡한 속내를 이루 다 헤아리지 못하지만, 그가 내린 결론은 무조건 믿고 따릅니다.

## 기계 앞에 선 인간의 무력감

자동화되는 기계 앞에 선 인간의 무력감은 이미 현대인의 마음속에 자리 잡고 있습니다. 찰리 채플린이 그것을 1936년 「모던 타임즈」라는 영화에서 잘 표현했습니다. 인간이 갖는 고유한 삶의 리듬을 포기하고, 기계의 리듬에 맞추어야 살아남을 것이라는 현대를 향한 예언적 메시지였습니다. 이 예언대로 오늘날 인간의 삶은 심하게 기계화되었습니다. 삶의 리듬뿐 아니라 언어와 가치관까지 기계화되어 있습니다.

현대인들의 머릿속에서 인간의 가치는 대체로 그가 벌어들이는 연봉 곧 생산가치에 좌우됩니다. 효과적으로 시장가치를 생산하는 것이 인간가치의 기준이 된 이상, 인간은 기계에게 질 수밖에 없습니다. 이미 우리는 학교 다닐 때 공부하는 기계, 졸업하면 돈 버는 기계로 살아가지 않습니까? 그런 점에서 대부분의 인간들은 자신이 시원찮은 기계라 생각하며 살아갑니다. 그러므로 열등감의 골은 더욱 깊어질 수밖에 없습니다.

우리의 사고 속에는 인간의 기계화가 이미 진행되고 있습니다. 남달리 똑똑한 사람을 컴퓨터라고 하지 않습니까? 사람이 업그레이드된다고 말하거나, 머리에 잘 입력해 놓으라는 표현을 사용하기도 합니다. 인간을 기계에 견준 것입니다. 이러한 기계적 표현의 이면에는 기계에 대한 인간의 열등감이 숨어 있습니다. 인간이라는 존재가 하는 일이라는 게 대체로 기계보다 못하다는 것입니다. 언젠가 한 신학자가 페이스북에 “마치 고성능 센서를 우리 마음에 심어 놓은 것처럼 하나님은 우리의 마음을 잘 아신다”고 쓴 것을 보았습니다. 하나님 또한 어느 틈에 기계화되고 있습니다.

## 인간다움에 대한 성찰을 요구하는 시대

이렇듯 인공지능 시대는 우리에게 ‘인간다움이란 무엇인가’라는 근본적인 질문을 하게 만듭니다. 이런 질문을 가지고 누가복음 말씀을 살펴보겠습니다.

> 어떤 사람이 예루살렘에서 여리고로 내려가다가 강도를 만나매 강도들이 그 옷을 벗기고 때려 거의 죽은 것을 버리고 갔더라. 마침

> 한 제사장이 그 길로 내려가다가 그를 보고 피하여 지나가고 또 이와 같이 한 레위인도 그곳에 이르러 그를 보고 피하여 지나가되 어떤 사마리아 사람은 여행하는 중 거기 이르러 그를 보고 불쌍히 여겨 가까이 가서 기름과 포도주를 그 상처에 붓고 싸매고 자기 짐승에 태워 주막으로 데리고 가서 돌보아 주니라(눅 10:30-34).

이 말씀에서 제사장과 레위인은 왜 곤경에 처한 사람을 피하여 지나쳤을까요? 우선, 우리가 어렸을 때부터 주로 들었던 해석은 무섭거나 귀찮기 때문입니다. 그 강도가 혹시 숨어서 또 다른 행인을 노리고 있을 수도 있고, 이런저런 예측 불가능한 일에 휘말릴 수도 있다는 것입니다.

다음으로, 종교적·사회적 고정관념 때문입니다. 이 사람이 죽었을 경우, 만지면 부정하게 됩니다. 구약의 율법에 따르면, 시체를 만지는 사람은 더럽혀집니다. 우리나라에서도 옛부터 "부정 탄다"라는 말을 많이 사용했습니다. 사실 이것은 모든 종교와 문화에 존재하는 관념인데, 유대인들이 특별히 심했습니다. 자신을 더럽히지 않고 정결규례를 지키는 것을 목숨처럼 여겼습니다.

제사장과 레위인은 성전에서 제사를 섬기는 사람들입니다. 시체를 만져 더럽혀질 경우 제사에 참여할 수 없습니다. 자신이 더럽혀질 가능성이 조금이라도 있으면 조심하고 "피하여 지나가는" 것입니다. 그들에게는 그것이 하나님께 충성하는 것이고 하나님을 사랑하는 방법입니다. 여기에 '저 사람이 왜 저렇게 되었을까?',

'얼마나 아플까?', '혹시 살릴 수 있지는 않을까'와 같은 생각이 끼어들 여지는 없습니다.

예수님은 하나님 믿는 삶을 하나님 사랑과 이웃 사랑으로 요약하셨습니다.

> 예수께서 이르시되 네 마음을 다하고 목숨을 다하고 뜻을 다하여 주 너의 하나님을 사랑하라 하셨으니 이것이 크고 첫째 되는 계명이요 둘째도 그와 같으니 네 이웃을 네 자신 같이 사랑하라 하셨으니 이 두 계명이 온 율법과 선지자의 강령이니라(마 22:37-40).

많은 신실한 그리스도인들이 하나님도 사랑하고 사람들도 사랑하고 싶은데 그 둘이 서로 충돌한다고 생각합니다. 직장 일과 가정 일의 균형을 어떻게 맞추어야 하는가 하는 질문처럼, "하나님 사랑 몇 퍼센트, 사람 사랑 몇 퍼센트"와 같은 식으로 이해합니다. 그러나 "마음을 다하고 목숨을 다하고 뜻을 다하여" 하나님을 사랑하라는 말은, 백 퍼센트 혹은 그 이상으로 사랑하라는 말입니다.

그러면 이웃 사랑을 무슨 힘으로 할 수 있을까요? 예수님의 말씀은 우리가 하나님을 사랑하게 되면 이웃도 사랑할 수 있게 된다는 것입니다. 이웃을 진정으로 사랑할 수 있는 힘은 하나님을 사랑하는 사람에게 주어집니다. 이것이 바로 성경의 신앙입니다. 하나님을 너무 사랑해서 이웃을 사랑할 틈이 없다면, 하나님을 잘못 사랑하고 있는 것입니다.

## 기계적 윤리와 인간의 마음

선한 사마리아인의 비유의 핵심은 바로 이것입니다. "너희들이 믿는 하나님은 도대체 어떤 하나님이냐?", "그것이 어디서부터 얼마만큼 잘못되었느냐?" 하고 질문하시는 것입니다. 이 이야기는 "착하게 살아라", "이웃을 도우라"는 권면을 뛰어넘는 말씀입니다. 강도 만난 사람을 본 세 사람의 반응을 예수님은 다음과 같은 동사로 표현하십니다.

**제사장** 보고 - 피하여 - 지나가고

**레위인** 보고 - 피하여 - 지나가고

**사마리아인** 보고 - 불쌍히 여겨

제사장과 레위인의 반응은 기계적입니다. 이들은 율법의 조항들을 충실히 암기하여 문자적으로 이해하는 사람들입니다. 죽어가는 사람을 보면 불쌍히 여기는 것이 인지상정입니다. 그러나 그들에게는 그럴 틈이 없습니다. 싸늘하게 식어 버린 마음, 예수님의 문제의식은 바로 여기에 있습니다. 종교적인 의무를 준행하기 위해 죽어가는 사람을 "불쌍히 여길 마음"을 눌러 버리는 종교는 도대체 어떤 종교입니까? 앞서 말했듯이 우리는 공부하는 기계로 자라서 돈 버는 기계로 살아갑니다. 종교생활 역시 기계적으로 합니다. 그것이 바로 바리새인의 모습입니다. 모세의 율법에는 총 613개 규정이 있는데, 그중에 '하지 말라'는 규정이 365개, '하라'는 규정이 248개라고 합니다. 365개는 일 년을 구성하는 날과 수가 같고, 248개는 인간을 구성하는 뼈의 개수와 같다고 유대 전통은 주장합니다.[3] 이 모든 율법을 모두 다 외워서 잘 지킨다면, 그들의 입장에서 훌륭한 신앙인이 되는 것입니다. 사실 이런 일은 기계가 훨씬 더 잘 수행할 수 있습니다. AI에 입력해 놓으면, 한 치의 오차도 없이 판단하여 실행하는 "완벽한 의인"이 될 것입니다.

신약성경은 율법주의를 문자주의와 나란히 놓고 봅니다. 율법의 문자는 모두 디지털화할 수 있습니다. 그러나 성경은 "율법 조문은 죽이는 것이요 영은 살리는 것이니라"(고후 3:6)고 말합니다. 하나님은 영이시고, 인간도 영입니다. 결코 문자로 환원될 수 없는 존재, 0과 1로 표시되는 디지털의 세계에 포괄될 수 없는 존재입니다.

천 명의 사람에게는 천 개의 다른 세계가 있고, 수십만 개가 넘는 표정이 있습니다. 천 명을 목회하는 것이 가능할까요? 사실 우리는 한 명을 제대로 사랑하기도 쉽지 않습니다. 자녀를 키우고 있다면 잘 알 것입니다. 그 각양각색의 인간이 서로 다른 모양과 빛깔의 인간을 만나 만드는 삶의 이야기에는 또한 수없이 많은 우연적인 요소들이 개입됩니다. 인간의 삶은 한 치 앞을 예측할 수 없습니다. 제사장과 레위인은 종교 계율에 따라 정식화된 반응을 보입니다. 일정한 프로그램을 따라 사는 것입니다. 사마리아인의 '불쌍히 여기는 반응'은 그의 여정을 예측할 수 없는 길로 몰고 갑니다. 결코 프로그램화할 수 없는 삶의 길입니다.

기업에서 직원을 해고할 때 한 사람 한 사람의 얼굴을 보고 할 경우, 결정하는 입장에서 마음의 부담이 큽니다. 그 사람의 가족 이야기나 처한 상황을 알고 있다면 더욱 그럴 것입니다. 그러나 엑셀 파일에 일정 조건, 영업실적, 근무연한, 연봉 등의 요소를 넣고 일괄적으로 평가해서 delete키를 누르는 식으로 해고과정이 탈인격화된다면, 시행하는 사람의 심리적 부담은 한결 가벼워질 것입니다. 그 과정을 AI가 대신한다고 생각해 보십시오. 그 작업은 특정한 기준으로 대상을 선정하고 delete키를 누르는 작업이 될 것입니다. 사실 이런 작업은 기업이 직원을 해고하는 과정에서 이미 행하고 있는 과정과 별 다를 바가 없습니다. 이미 우리는 충분히 비인간적인 시스템을 만들어 놓고 있습니다.

### 기계가 되기를 강요받는 인간

챗GPT 시대 인간의 역할에 대해서 많은 전문가들이 무작정 걱정하기보다 잘 활용하고 대비하라고 권합니다. 예전에는 인간이 삽으로 흙을 팠지만 이제는 포크레인으로 작업하듯, 기계가 더 잘 할 수 있는 일은 기계에게 맡기고 인간은 적절하게 기계와 협업하면 된다는 것입니다. 한편으로 새겨들을 만한 충고이지만, 다른 한편으로 경계가 필요합니다. 포크레인을 소유한 사람의 수익은 늘어나고, 그렇지 못한 사람들의 삶은 더 고달파졌습니다. AI 시대의 노동은 AI와 인간의 대결이 아니라, AI를 소유한 인간과 그렇지 못한 인간의 대결이 될 가능성이 높습니다. 오늘날 인공지능 산업은 세계에서 몇 손가락 안에 꼽히는 기업들의 각축장이 되고 있습니다. 빈부의 격차는 더욱 커질 가능성이 높습니다. AI 산업 전문가들의 견해도 비판적으로 들을 줄 알아야 합니다. 주식이나 부동산 등에서 제대로 된 정보를 얻기가 어려운 이유는 소위 전문가들이 이해당사자들인 경우가 많기 때문입니다. 주식 시장이 활황을 맞아야 돈을 버는 사람, 부동산 경기를 부양해야 이익이 생기는 사람들이 전문가 중에 많기 때문에, 일반 소비자를 위한 정보는 심하게 교란됩니다. AI 관련 정보에도 그와 비슷한 면이 있습니다.

공상과학 영화에서는 그동안 오랫동안 기계들이 똑똑해져서 인간들에게 반란을 일으키는 상상을 해왔습니다. 그러나 당면한 미래에는 정반대로 기계가 인간의 명령을 너무 잘 듣기 때문에 생기는 문제가 더 클 것입니다. 예를 들어, 인간 아나운서는 방송사 간부의 명령에 이의를 제기도 하고 수정을 요구할 수도 있습니다. 하지만 기계는 어떤 내용이든 있는 그대로 읽습니다. 어떤 독재자가 전쟁로봇에게 대량살상 명령을 내렸다고 합시다. 인간 병사라면 보일 수 있는 인간적인 반응, 즉 명령은 받았지만 차마 총을 들지 못해서 독재자의 의지가 좌절될 여지가 전쟁로봇에게는 없습니다. 사냥꾼에게 백설공주를 죽이라고 명령한 마녀는 더 이상 사냥꾼의 온정 때문에 백설공주가 살아 있을 수 있다는 악몽에 시달릴 필요가 없게 될 것입니다.

1970년에 미국 프린스턴 신학교에서 다음과 같은 실험을 한

적이 있습니다. 학생들을 두 그룹으로 나누어 한 그룹에게는 선한 사마리아인의 비유를 본문으로 불쌍한 이웃을 도와주자는 내용의 설교를 준비하게 하고, 다른 그룹에게는 다른 주제의 설교를 준비하게 합니다. 그러고는 설교 실습을 하러 가는 길에 위급한 상황에서 도움을 청하는 사람을 만나게 합니다.

이 실험의 결과는 놀라웠습니다. 그들 중 누군가가 위급한 상황에 놓인 이웃을 도와주는지의 여부는 그들이 준비하고 있었던 설교 내용과는 별 상관이 없었습니다. 며칠 동안 이웃을 돕자는 주제를 염두에 두고 말씀을 묵상하고 호소력 있게 설교할 준비를 했지만, 그 내용 자체가 친절한 행동을 가져오지는 않더라는 것입니다. 의외로 결과에 영향을 끼치는 요소는 시간이었습니다. 시간적 여유가 없으면 모두 그냥 지나가는데, 어느 정도 여유가 있을 경우 그래도 어려움에 처한 사람을 돌아보고 챙겨 주는 학생들이 있더라는 것입니다.

목회자들의 일도 마음을 담지 않은 채 할 수 있습니다. 성도들의 사정을 살피고 상담하고 위로하는 일을 그저 목회기술로 해낼 수 있습니다. 결혼이나 장례와 같이 한 성도의 인생에 가장 소중한 예식을 집례하면서도 타성에 젖어서 할 수 있습니다. 과중한 업무 가운데 목회자들은 설교 기계, 교회 성장의 도구가 아닌가 하는 느낌을 갖기도 합니다.

이 세상에서 우리는 기계가 되기를 강요받습니다. 인간의 치욕은 무엇입니까? 그래서 창조주 하나님의 영광을 가리는 것은 무엇입니까? 이세돌이 기계와의 바둑 대결에서 패배하여 치욕스러운 것이 아니라, 우리가 불쌍한 사람을 불쌍히 여길 줄 모르기 때문에 치욕스러운 것입니다. 내 갈 길 바빠서 쓰러진 사람을 돌아보지 못하고, 내 체면이 중요해서 남의 자존심을 짓밟고, 많이 쌓아 놓고도 나눌 줄 모르는 우리의 냉정함을 보십시오. 반칙을 해서라도 어떻게든 성과를 내서 인정받으려는 우리의 천박함, 남을 끌어내리고서라도 내가 올라서야 성공이 가능하다고 믿는 우리의 잔인함을 보십시오.

이미 우리는 인간의 존엄을 다 팔아먹고, 창조주의 위신을 말할 수 없이 손상시켰습니다. 이세돌이 기계를 이겨 주면 그게 지켜지리라 생각하는 것은 망상입니다. 인간이 위대한 것은 컴퓨터보다 숫자 계산을 더 잘해서가 아닌 것으로 이미 판명 났습니다.

## 인간적인 사람의 아름다움

기계인간의 시대는 '인간됨'이 무엇인가에 대한 근본적인 도전을 줍니다. "인간적이다"라는 말은 좋은 말입니까, 나쁜 말입니까? 교회에서는 주로 부정적인 의미로 쓰입니다. 교회와 교회 바깥의 가치가 선명하게 대비되는 지점입니다. 인간성에 대한 근본적인 도전이 거센 지금, 이 지점에서 나타나는 사고의 차이를 깊이 생각해 보아야 할 때입니다. "저 목사는 참 인간적이다"라는 말은 대부분 부정적인 말로 들립니다. 한국 기독교는 신본주의와 인본주의를 그릇되게 대비시켜, 하나님을 위한다는 명목으로 인간적인 품위와 아름다움, 여유를 죽여가고 있습니다. 사마리아인의 비유에 나오는 제사장이나 레위인처럼 계율이 명하는 프로그램을 수행하는 것이 곧 신앙이라 착각하는데, 그렇지 않습니다. 신앙은 참 인간의 마음을 가지는 것입니다. 예수님이 신의 차원에 머물러 계시지 않고, 인간에게 오셔서 친히 인간이 되셨다는 것을 기억하십시오. 기계화 시대는 인간됨의 의미를 근본적으로 되돌아볼 것을 요구합니다.

구원은 종교 프로그램을 주입하고 실행하는 것이 아니라 인간의 마음을 회복하는 것입니다. 쓰러져서 피 흘리고 있는 사람을 불쌍히 여길 줄 아는 것입니다.

> 너희 안에서 착한 일을 시작하신 이가 그리스도 예수의 날까지 이루실 줄을 우리는 확신하노라(빌 1:6).

"착한 일"(good work)이란 태초에 하나님이 인간을 창조하시고 나서 "very good!"이라고 말씀하신("보시기에 심히 좋았더라", 창 1:31) 그 상태로 돌아가는 것입니다. 구원은 그리스도로 인한 새 창조의 사역입니다. 이어지는 구절을 보십시오.

> 내가 예수 그리스도의 심장으로 너희 무리를 얼마나 사모하는지 하나님이 내 증인이시니라(빌 1:8).

다른 사람을 향해 그리스도의 심장을 갖는 것이 바로 하나님이 창조하셨던 본래 인간성의 회복입니다. 다가오는 기계인간의 시대는 냉혹한 시대, 대다수의 인간들이 실직자가 될 수밖에 없는 시대가 될 것입니다. 사회 정책적으로 많은 고민과 토론이 필요합니다. 이와 관련하여 이번 장에서 구체적으로 다룰 수 없지만, "동료 인간에 대한 연민과 연대"야말로 그 고민을 제대로 할 수 있는 토대이자 이 시대를 헤쳐갈 수 있는 가장 소중한 자산이라는 것을 확인해야 합니다. 이웃의 아픔을 공감할 줄 아는 마음을 갖는 것입니다. 그러기 위해서는 인간을 경제적 효율성과 생산성의 잣대로 재는 물신주의의 가치관에서 벗어나야 합니다. 우는 자들과 함께 울고 즐거워하는 자들과 함께 즐거워할 줄 아는 마음이 필요합니다.

## 보이지 않는 가슴

낸시 폴브레의 『보이지 않는 가슴』(*The Invisible Heart*)은 '돌봄 경제학'에 관한 책입니다. 아담 스미스의 '보이지 않는 손'(invisible hand)을 연상시키는 제목입니다.[4] 아담 스미스는 『국부론』에서 인간은 기본적으로 이기적인데, 특별히 이타심을 가지고 살지 않아도 자신의 이익을 위해 각자 열심히 일하다 보면 수요와 공급의 법칙에 의해 적절한 가격이 형성이 되고, 그래서 경제가 성장한다고 주장했습니다. 보이지 않은 손이 작동하는 시장에 대한 '믿음'이 자본주의를 가능하게 했습니다.

물론 『보이지 않는 가슴』에서 보이지 않는 손의 기능을 부정하는 것은 아닙니다. 그러나 그것만으로는 부족하며, 이 사회가 유지될 수 없다고 말합니다. 지금까지 자본주의 경제가 유지되어 온 것은 누군가가 보이지 않는 영역, 정당한 가격으로 계산되지 않은 영역에서 돌봄을 제공해 왔기 때문이라는 것입니다. 즉 일하러 가는 사람을 위해 밥을 해주고, 아이들을 양육하고, 아픈 가족을 돌보는 노동이 없었다면 이 사회는 유지될 수 없었다는 것입니다. 사실 아담 스미스도 인간의 이기적 본성에 맞추어 이론을 펼친 『국부론』과 달리, 『도덕감정론』이라는 책에서는 다른 말을 합니다.

> 인간이 아무리 이기적인 존재라 하더라도, 그 천성에는 분명히 이와 상반되는 몇 가지가 존재한다. 이 천성으로 인하여 인간은 타인의 운명에 관심을 가지게 되며, 단지 그것을 바라보는 즐거움 외에는 아무것도 얻을 수 없다고 하더라도 타인의 행복을 필요로 한다. 연민(pity)과 동정심(compassion)이 이런 종류의 천성에 속한다.[5]

이것은 아담 스미스 연구가들을 당황하게 할 만큼 상이한 주장이며, 현대 자본주의를 가능하게 한 천재의 예리한 관찰입니다. 이 두 면을 매끄럽게 통합해 내지 못했지만, 모순되는 듯한 관찰을 있는 그대로 남겼다는 점에서 아담 스미스는 책임 있는 지식인이라 할 수 있습니다. 재미있는 사실은 아담 스미스 자신은 『국부론』보다는 『도덕감정론』의 저자로 기억되기를 바랐다는 것입니다. 그러나 현대사회의 관심은 압도적으로 『국부론』의 이기적 인간에게 쏠려 있습니다.

## 공감과 회복의 공동체

이와 같은 맥락에서 교회는 이 사회에 공감의 에너지를 공급하는 공동체가 되어야 합니다. 평소에 일과 돈만 좇으며 급하게 달려가던 사람들, 혹은 기계가 되기를 강요받던 사람들이 주일에 교회에 와서 하나님께 시간을 드리고, 그 하나님 앞에서 정말 소중한 것이 무엇인지 다시 자각하며 인간됨을 회복하는 시간이 예배입니다. 그러한 시간을 통해 동료 인간을 배려하고 사랑하는 여유도 가질 수 있을 것입니다. 그 사랑은 하나님의 이야기와 사람들의 이야기에 대한 관심에서 시작됩니다. 저마다의 색깔로 피어나는 들의 꽃처럼, 각기 다른 호흡으로 뜨고 지는 하늘의 별처럼 다양한 인간들의 소망과 고민, 아픔과 눈물을 이해할 수 있는 마음으로 자라야 합니다.

저명한 법철학자 마사 누스바움의 『시적 정의』는 문학적 상상력이 어떻게 정의로운 공적 담론과 민주주의 사회의 필수요소가 되는지를 밝히는 책입니다.[6] 전통적으로 법의 여신은 눈을 가리고 있습니다. 인간사의 소소한 사정으로부터 거리를 유지해야 엄정한 공정성이 가능하다는 말일 것입니다. 그러나 누스바움은 다른 인간의 이야기에 깊이 개입하는 것에서 더 높은 차원의 정의의 가능성을 봅니다. 예를 들어 생활고에 짓눌린 소년 가장이 빵을 훔치다가 붙잡힌 사건을 재판한다고 할 때, 만일 이 판사가 재판 전에 소설이든 실화든 소년 가장이 눈물겹게 살아가는 이야기를 접한다면 보다 훌륭한 판결을 할 수 있다고 말합니다. 수학적 엄밀성이 아닌 인간사의 다양하고 굴곡진 이야기를 수용하고 이해할 때, 더욱 적절한 판결을 내어놓을 수 있다는 것입니다. 그래서 누스바움은 판사들에게 시를 감상하고, 소설을 읽고, 음악을 들으라고 말합니다. 실제로 판사들이 그와 같이 행동한다면, 기계가 할 수 없는 '인간다운' 판결을 할 수 있지 않을까요? 마키나 사피엔스의 시대를 목전에 둔 우리는 여러 가지로 생각이 복잡하지만, 시집 하나 집어 들고 시에 파묻히는 것으로 방향을 모색해 볼 수 있지 않을까 싶습니다.

그리스도인이라면 더욱더 의미가 있습니다. 우리가 읽는 성경에서 가장 긴 책이 '시편'이기 때문입니다. 우리 예수님은 십자가에 달리신 절체절명의 순간에도 평소에 암송하던 시로 자신의 심경을 표현하신 분이십니다(막 15:34, 시 22:1). "공중의 새를 보라", "들의 백합화를 보라"(마 6:26, 28) 말씀하시면서 그 속에 깃든 하나님의 숨결을 포착해 낸 시적인 삶의 주인공이십니다. 이 예수의 영성을 본받는 것이야말로 다가올 인공지능 시대를 함께 살아갈 수 있는 출발점입니다.

## 말씀과 씨름하기

1. 인공지능 시대가 다가온다는 것이 어떤 면에서 실감이 납니까? 인공지능 시대에 펼쳐질 모습은 그동안 공상과학 영화들에서 보던 모습과 어떤 면에서 같거나 다를 것 같습니까?

2. 우리는 교회에서 "인간적이다"라는 말을 주로 어떤 의미로 사용합니까? '인간성'의 밝은 부분에 초점을 맞추고, 하나님의 형상을 회복하는 방향으로 신앙의 중심이 이동해야 한다는 통찰에 대해서 나누어 봅시다.

3. 선한 사마리아인의 비유는 오도된 신본주의를 어떻게 지적합니까? 인간 중심의 교만인 인본주의는 극복되어야 합니다. 그러나 우리가 하나님 뜻대로 살면 휴머니즘을 포괄할 수 있습니다. 신본주의의 삶은 휴머니즘과 대립되는 것이 아닙니다. 제대로 된 휴머니즘을 실현하기 위해서라도 신본주의는 필요합니다. 마태복음 22:37-40을 함께 읽고 깨달은 점을 나누어 봅시다.

4. 냉혹한 인공지능 시대를 헤쳐가기 위해 인류는 동료 인간에 대한 연민과 연대를 회복해야 합니다. 이 일에 교회가 어떤 기여를 할 수 있을지 나누어 봅시다.

# 3 행복숭배 시대의 기쁨

## 한 시간의 행복은 얼마에 살 수 있을까?

여러분은 행복하십니까? 사람은 누구나 행복하게 살기를 원합니다. 그러나 실제로 행복하다고 느끼는 순간은 그리 많지 않습니다. 인간의 행복은 돈으로 살 수 없다는 것을 우리는 잘 알고 있습니다. 그러면 이렇게 가정해 봅시다. 우리가 앞으로 단 한 시간만 행복할 수 있고 그 한 시간의 행복을 판다면, 사시겠습니까? 만일 그렇다면, 얼마에 사시겠습니까?

여기 한 남자가 있습니다. 1세기 초 로마 치하의 갈릴리를 다스리던 분봉왕 헤롯입니다. 당시 헤롯의 일 년 조세수입이 이백 달란트 정도였다고 하니, 오늘날로 환산하면 수천억 원 이상의 수입을 올리는 어마어마한 부자였습니다. 그에게는 권력이 있었고, 어여쁜 아내가 있었으며, 자랑하고 싶은 딸이 있었습니다. 일반적으로 사람들이 생각하는 행복의 조건을 두루 갖추었던 사람이었습니다.

그날은 이 사람의 생일이었습니다. 경축할 만한 이날, 그는 유력한 사람들을 초대하여 행복한 시간을 보내고 싶었습니다.

> 헤로디아의 딸이 친히 들어와 춤을 추어 헤롯과 그와 함께 앉은 자들을 기쁘게 한지라. 왕이 그 소녀에게 이르되 무엇이든지 네가 원하는 것을 내게 구하라. 내가 주리라 하고 또 맹세하기를 무엇이든지 네가 내게 구하면 내 나라의 절반까지라도 주리라 하거늘(막 6:22-23).

헤롯은 헤로디아의 딸의 춤을 그날 잔치의 하이라이트로 삼고, 자신이 얼마나 행복한 사람인지 보여줄 의도였던 것 같습니다. 그녀가 아름답게 춤추고 박수갈채를 받는 가운데, 사람들이 자신의 성공과 가정의 행복을 부러운 눈으로 바라보기를 원했습니다.

그런데 그의 의도가 성공합니까? 아시다시피, 그날 잔치는 피비린내 나는 비극으로 끝납니다. 그 딸의 요청에 따라, 세례 요한의 목을 베어 쟁반에 담아 그녀에게 주었던 것입니다(막 6:25). 초대받은 사람들은 비릿한 피냄새와 갑작스레 싸늘해진 분위기에 몸서리를 치며 자리를 떴을 것입니다.

그들이 집으로 돌아가면서 뭐라고 했을까요? "그는 참 행복한 사람이야"라고 했을까요? 정반대입니다. 그날의 잔치는 그가 얼마나 불행하고 어리석은 사람인지를 만천하에 알리는 자리가 되었습니다. 나라의 절반을 주고서라도 한 시간의 행복을 사고 싶었던 이 사나이의 실패는 행복이라는 것이 얼마나 값비싼지 우리에게 보여줍니다.

### 행복감에 대한 강박적 추구

현대인들은 행복에 관심이 많습니다. 행복한 시간을 위해 많은 투자를 합니다. 그런데 그만큼 행복해졌습니까? 이혼율, 자살률, 우울증 환자 비중 등을 보건대, 오히려 과거보다 불행하다는 것을 보여주는 지표들이 많습니다. 왜 그럴까요? 행복의 조건들을 많이 갖추어 놓았는데, 정작 행복은 더 멀어져 간 것 같은 느낌이 드는 이유는 무엇일까요?

거액의 로또에 당첨된 사람들과 교통사고가 나서 장애를 갖게 된 사람들의 행복도를 비교 연구하였는데, 예상과 다르게 일 년 정도 지난 뒤 두 그룹의 행복도에는 주목할 만한 차이가 없었다고 합니다.[1] 이러한 결과에 대해 연구자들은 다음과 같이 설명합니다. 복권에 당첨되고 나면, 그 이전에 소소한 즐거움들을 누리던 감각을 잃어버려 가족들과 고기를 구워 먹거나 친구들과 피자를 펼쳐놓고 보내는 시간들이 별 감흥을 주지 못합니다. 반면에 장애를 갖게 된 사람들 가운데 일상의 작은 즐거움을 찾기 시작한 사람들은 예전과 별다른 차이 없이 행복감을 느끼며 살아갑니다.

하버드 대학의 대니얼 길버트 교수는 『행복에 걸려 비틀거리다』라는 책에서 사람들이 행복하기 위해 안간힘을 쓰면서도 그 목적을 달성하지 못하는 이유에 대해 이렇게 설명합니다.[2] 인간에게는 '정서적 면역시스템'이라 부를 수 있는 독특한 적응시스템이 있습니다. 낮에 어두운 극장 안에 있다가 밖으로 나오면 세상이 눈부시게 환해 보이다가도 이내 정상적인 밝기로 돌아오는 것이 바로 그런 이치입니다.

물론 위의 연구 대상 가운데는 적응이 느리고 사고의 충격에서 헤어 나오지 못하는 이들도 있습니다. 이러한 사람들은 과거에 묶여 사는 사람들로, 장애를 갖기 전의 과거를 이상화하는 경향이 있습니다. 그런데 다치기 전의 그가 아무 문제 없이 행복하기만 했을까요? 그렇지 않습니다. "그때는 참 행복했는데……" 하면서 계속해서 자기 생각을 몰아가는 사람들은 대체로 자신이 아무런 문제 없이 행복해야 한다는 생각이 강합니다.

철학자 알베르 카뮈는 "행복이 무엇인지 계속 묻는다면 결코 행복할 수 없다"고 말했습니다. 자신의 행복에 너무나 관심이 많기 때문에 행복이 더 멀어져 간다는 것입니다. 프랭클린 루스벨트 미 대통령의 부인 엘레너 루스벨트는 "행복은 목적이 아니라 부산물이다"라고 말했습니다. 이것이 나라의 절반을 주고서라도 행복을 사고 싶었던 헤롯이 단 한 시간의 행복도 살 수 없었던 이유입니다. 우리 인생에는 나 자신의 행복보다 더 큰 목표가 있어야 합니다. 그래야 의미 있는 삶을 살 수 있습니다. 행복이란 그 삶에 부수적으로 따라오는 것입니다.

우리는 '행복해지고 싶다'는 집착과 '행복하게 보이고 싶다'는 유혹에서 벗어날 수 있어야 합니다. 헤롯은 동생 빌립의 아내를 빼앗은 것이 문제가 되었습니다(막 6:17-18). 단순히 아름다운 여성에 대한 집착이 아닐 수 있습니다. '트로피 와이프'라는 말이 있습니다. 별로 안 좋은 내용의 용어여서 소개하기가 부담됩니다만, 과거 미국에서 경제적으로 성공한 남성 가운데는 초호화 주택에 거주하며 금발의 젊고 아름다운 여성과 재혼하여 사는 경우가 많았습니다. 젊고 아름다운 아내는 남자가 인생 레이스에서 승리했다는 것을 보여주는 트로피라는 뜻입니다. 헤롯은 동생과 정치적 경쟁 관계입니다. 아버지 헤롯 대왕은 살아 있는 동안 자기 아들들을 견제하고 의심하면서 끊임없이 경쟁시켰습니다. 그러다가 죽기 전에 왕국을 세 개로 나누어서 아들들에게 줍니다. 아버지 헤롯 대왕은 악인이었지만 강력한 군주이기도 했습니다. 그 그늘에 눌려 살면서 아버지 앞에서 주눅 들고 형제들과 끊임없이 경쟁하며 산 결과, 헤롯은 동생의 아내를 빼앗으면서까지 자신의 권력을 과시하려 하는 사람이 되었다고 볼 수 있습니다.

행복에 대한 강박적 추구와 자기과시의 욕구에서 벗어나는 것이 자유입니다. '이렇게 하면 구차해 보이지 않을까?', '어떻게 해야 사람들이 나를 멋지다고 할까' 하는 강박도 같은 뿌리에서 나옵니다. 있는 그대로의 내 모습을 수용하는 능력이 필요합니다. 가난하면 가난한 대로, 학력이 부족하면 부족한 대로 나 자신의 모습을 수용하는 데서 오는 자유가 있습니다.

그 반대는 과장된 자아로, 불행한 사람의 일반적 특징입니다. 예를 들어, 자신이 대단히 능력 있는 사람이라는 의식이 강하면 직장생활이 힘듭니다. 인정을 못 받는다는 느낌이 조금만 들어도 부당하게 느껴집니다. 결혼생활도 마찬가지입니다. '내가 이 정도 남편 만나서 구차하게 살 사람은 아닌데, 훨씬 더 좋은 남편 만날 수 있었던 사람인데……' 하고 생각하는 사람은 행복하기가 힘듭니다. 과장된 자아의 특징은 사소한 대목에서 무리를 한다는 데 있습니다. 행복하게 보이기 위해서 무리를 한다는 것은 자아가 허약하다는 증거입니다. 헤롯은 진짜 왕이 아니라 분봉왕입니다. 진짜 왕은 로마 황제입니다. 로마 황제가 총독을 임명하여 속주를 다스리는데, 분봉왕이란 사실 총독과 크게 다를 바가 없습니다. 나라의 절반을 주든 전체를 주든, 그것은 로마 황제에게 달려 있지 헤롯이 어떻게 할 수 있는 게 아닙니다.

이러한 맥락에서 자신을 위해 춤을 춘 대가로 나라의 절반까지라도 주겠다고 한 말을 다시 한번 생각해 볼 필요가 있습니다. 만일 생일에 딸의 노래를 듣고 싶어 재산의 상당 부분을 걸어야 한다면, 과연 행복한 아빠일까요?

## 세상에서 가장 불쌍한 사람

세상에서 가장 불쌍한 사람은 ________ 사람이다.

여러분은 위의 빈칸에 무엇이라 적겠습니까? 저라면 "세상에서 가장 불쌍한 사람은 가진 게 돈밖에 없는 사람이다"라고 적겠습니다. 가족도 친구도 없고, 온정도 사랑도 없고, 명예도 건강도 없고, 존경도 못 받고 오직 돈만 있으면 가장 불쌍한 사람입니다.

누군가는 "아무것도 없는데 돈마저 없으면 더 불쌍하지 않을까요?"라고 반박할 수 있습니다. 과연 그럴까요? 사람들은 돈이 없으면 자기가 불쌍한 줄 압니다. 탕자의 비유를 보십시오(눅 15:11-32). 주머닛돈을 여기저기 뿌리며 살 때는 친구도 있고, 인기도 있고, 애인도 있고, 내가 멋지고 잘나가는 사람이라는 자부심도 있었습니다. 그런데 이것이 과연 행복일까요? 이때보다는 차라리 재산을 모두 탕진하고 돼지치기로 전락했을 때가 더 나았습니다. 그러한 삶을 청산할 수 있는 계기가 생겼으니 말입니다.

자녀가 자신의 말을 듣게 하기 위해서 돈의 힘을 동원해야 하는 아버지는 강한 것 같지만 실제로는 약하고 비참한 사람입니다. 나라의 절반이라도 주겠다는 헤롯은 겉보기에는 아주 큰 권력을 가진 사람, 배포가 큰 사람 같지만, 나라의 절반을 내놓아야만 딸에게 작은 관심이라도 받을 수 있는 불쌍한 아빠입니다. 자신의 존재(who I am)가 아니라 소유(what I have)로, 자신이 줄 수 있는 물질과

혜택으로 승부해야 되는 삶이 얼마나 피폐한 삶인지를 알아야 합니다. 내가 가진 무엇이 아니라, 나 자신이 내 주위 사람한테 어떤 의미가 있는지 초점을 맞출 때 진정한 삶이 시작될 수 있습니다.

주위를 자세히 살펴보면, 인간관계의 상당부분이 이해관계에 의해 돌아갑니다. 알아 두면 유리할 것이라 생각하는 사람에게 우리는 보다 잘합니다. 우리의 관계가 모두 이러한 이해관계로만 이루어진다면, 실직이나 은퇴를 할 경우 인생이 비참해지고 의미가 없어질 것입니다. 그저 소유가 없어졌을 뿐이고 나는 그대로 나인데, 자신의 가치가 없어졌다고 느끼게 되는 것입니다. 이것은 단지 형편이 어려워져서 생기는 문제가 아니라, 높은 자리에 있거나 풍족하게 살았을 때도 제대로 된 삶이 아니었다는 것을 의미합니다. 우리 대다수는 그 사실을 어렴풋이나마 알고 있습니다. 그래서 자신이 행복하지 않다는 느낌을 회피하기 위해 돈이나 권력, 소비를 통해 스스로 최면을 걸고 살아가는 것입니다. 따지고 보면 헤롯도 이런 불쌍한 사람 가운데 하나입니다.

## 나의 모순이 드러날 때

헤로디아가 요한을 원수로 여겨 죽이고자 하였으되 하지 못한 것은 헤롯이 요한을 의롭고 거룩한 사람으로 알고 두려워하여 보호하며 또 그의 말을 들을 때에 크게 번민을 하면서도 달갑게 들음이러라(막 6:19-20).

사실 세례 요한이 처형되기 전까지 헤롯은 요한을 보호했습니다. 평소에 그는 세례 요한의 말을 들을 때 몹시 괴로워하면서도 달게 들었다고 합니다. 참으로 모순적인 상황이라 할 수 있습니다. 사실 인간은 누구나 모순적인 존재입니다. 환경문제가 심각하다는 것은 알지만 당장은 일회용이 편합니다. 한국의 살인적인 입시교육과 관련하여 목소리를 높이지만, 내 아이는 과외를 시켜야 합니다.

흔히 "자식 이기는 부모 없다"고 합니다. 왜 그런지 아십니까? 부모가 자식을 너무나 사랑한 나머지 져 주는 것이 아니라, 우리 부모들의 말과 행동이 일치하지 않기 때문입니다. 자녀 앞에서 통화하면서 "와, 너무나 감사한 일이네요. 훌륭하세요" 해놓고 전화를 끊으면서 "흥, 잘난 척하기는" 하는 식의 대화를 일상적으로 듣고 사는 자녀들이 부모의 말을 어떻게 받아들일까요?

우리 안에는 공익을 위하는 마음도 있고 사익을 챙기는 마음도 있습니다. 모두가 모순을 안고 살아갑니다. 한 면만 있는 사람은 아무도 없고, 저마다 이중적인 속성을 가진 채 존재합니다. 그러므로 내가 머릿속으로 생각하는 것과 실제 삶은 다를 수밖에 없습니다.

그렇게 살다 보면 잠재되어 있던 모순이 어떤 계기로 표면에 떠오를 때가 있습니다. '평소에 늘 이렇게 말하고 생각해 왔는데, 나는 그와 반대로 행동하고 있었구나' 하는 모습이 눈에 보이는 때입니다. 인생에서 매우 중요한 순간입니다.

불행한 사람의 특징이 과장된 자아라면, 행복에 이르는 첫걸음은 자기발견입니다. 나라의 절반이라도 줄 수 있을 것처럼 자아가 한껏 부풀려져 있는 그에게 딸이 요한의 목을 요구하는 순간, 헤롯은 자신의 구차한 모습을 발견합니다. 한편으로는 세례 요한을 미워하면서도, 다른 한편으로 세례 요한의 말이 맞을 수도 있음을 염려하는 것입니다. 자신에게 이러한 모순이 있는데 그동안 그것을 인식하지 못하고 살아온 것입니다.

로마서에서 사도 바울이 자신의 모순을 고백하는 대목은 그리스도교의 자기이해와 관련하여 결정적으로 중요한 지점입니다.

> 원함은 내게 있으나 선을 행하는 것은 없노라. 내가 원하는 바 선은 행하지 아니하고 도리어 원하지 아니하는 바 악을 행하는도다…… 그러므로 내가 한 법을 깨달았노니 곧 선을 행하기 원하는 나에게 악이 함께 있는 것이로다……오호라, 나는 곤고한 사람이로다. 이 사망의 몸에서 누가 나를 건져내랴(롬 7:18-24).

결코 끊어질 수 없는 하나님의 사랑에 대한 담대한 확신이 아름다운 언어로 선포된 로마서 8장은 모순된 자아와의 치열한 씨름(7장)을 통과해서 나왔다는 사실을 기억하십시오.

### 깨어짐, 회개할 기회

결국 구원은 자기모순의 자각에서 시작됩니다. 내 안에 내재되어 있는 모순을 어떤 사람이나 상황이 밝혀 줄 때, "아, 내가 이런 존재였구나. 전혀 말이 안 되고 조화될 수 없는 두 면이 나에게 같이 있구나"라고 깨닫는 그때가 바로 결단해야 할 때입니다. 자신에게서 발견한 모순을 붙들고 씨름하고 고민하고 반성할 때, 우리는 비로소 회개에 이를 수 있습니다.

그러나 헤롯은 자신의 모순이 드러났을 때 회피합니다. 딸의 요청에 따라 세례 요한의 목을 베었을 때, 그는 자신의 말에 책임을 지면서 체면을 지키고 싶었을 것입니다. 그때 둘러앉았던 손님들이 뭐라고 생각했을까요? "저분은 자신의 말에 책임을 지는 훌륭한 사람이야"라고 했을까요? 아닙니다. 결국 이 사건은 자신과 가정의 치부만 처연하게 드러내는 일이 되고 말았습니다.

> 이에 예수의 이름이 드러난지라. 헤롯 왕이 듣고 이르되 이는 세례 요한이 죽은 자 가운데서 살아났도다. 그러므로 이런 능력이 그 속에서 일어나느니라 하고 어떤 이는 그가 엘리야라 하고 또 어떤 이는 그가 선지자니 옛 선지자 중의 하나와 같다 하되 헤롯은 듣고 이르되 내가 목 벤 요한 그가 살아났다 하더라(막 6: 14-16).

헤롯은 두려웠습니다. 세례 요한을 죽일 수 있는 권력이 자기 손에 있었지만, 그 두려움의 문제를 떨치지 못했습니다. 권력은 결코 두려움의 해결책이 되지 못합니다. 사람은 죽일 수 있어도 두려움마저 죽이지는 못합니다. 예수님이 대중의 주목을 받자 "세례 요한이 살아난 것 아니야?" 하고 걱정하는 모습에서 헤롯이 얼마나 큰 두려움에 사로잡혀 있었는지를 알 수 있습니다.

우리 삶 가운데도 자신의 모순이 드러나는 시점이 있습니다. 부부 사이에 혹은 자녀들 앞에서 이런 순간이 올 수 있습니다. 그때 그저 얼버무리거나 억누르고 지나가는 것은 좋은 기회를 놓치는 일입니다. 자녀들을 위한다고 생각한 일이 오히려 짐을 지어 주는 결과를 낳을 수 있습니다. 가족들에게 좋은 시간을 마련해 주고 싶었는데 계획대로 되지 않으면 짜증을 부립니다. 머릿속에 그려 놓은 본래 목적은 사라지고 없습니다. 교회 사역을 하면서도 그럴 수 있습니다. 선한 동기로 시작했는데 자존심과 오기만 남을 수 있습니다. 나에게 있는 모순들이 드러날 때 우리가 어떻게 결단하는지가 중요합니다.

마가복음을 계속 읽다 보면 이런 점이 두드러지게 드러납니다. 가룟 유다뿐 아니라 베드로도 자기모순에 직면합니다. 목숨을 바쳐 예수님을 지키겠다고 했던 베드로가 있고, 닭이 울기 전에 예수님을 세 번 부인했던 베드로가 있습니다(막 14:29-31, 66-72). 저는 앞선 베드로의 다짐이 거짓이라고 생각하지 않습니다. 예수님을 지키겠다는 진심어린 다짐도 베드로의 모습이고, 예수님을 부인할 정도로 두려워하는 것도 베드로의 모습입니다. 이러한 모순이 드러나는 순간이 인간이 변화할 수 있는 계기입니다. 거기서 인간의 자유가 생깁니다.

## 기쁨은 그렇게 찾아온다

나는 늘 행복해야 한다는 강박, 행복한 것처럼 보이고 싶다는 강박에서 벗어나기를 바랍니다. 행복이라는 말도 좋지만, 보다 성경적인 말은 '기쁨'인 것 같습니다.

> 저녁에는 울음이 깃들일지라도 아침에는 기쁨이 오리로다(시 30:5).

기쁨은 오는 것입니다. 내가 만들어 내는 것, 내가 확보하는 것이 아닙니다. 슬픔이 찾아올 때도 있지만 영원히 머물지는 않을 것입니다. '깃들이다'라는 말은 하룻밤 자고 가는 손님 같다는 말입니다. 그러므로 슬픔이 찾아오면 방 한 칸 내어줄 수 있어야 합니다.

최근 긍정심리학을 비롯한 행복에 대한 주목할 만한 연구가 많습니다. '적극적 사고방식'이나 '긍정의 힘'으로 믿음을 대체하려는 시도는 경계해야 합니다. 참 믿음은 인간의 죄인됨과 무력함에 대한 철저한 자각에서만 오기 때문입니다. 그러나 긍정심리학의 연구 결과를 진지하게 고려할 필요는 있습니다. 심리학 역사의 상당 부분은 이상심리학(異常心理學)이었습니다. 뭔가 이상이 생기거나 많이 아픈 사람들을 연구해서 어떻게 고칠지에 집중했습니다. 그래서 예전에는 정신과 의사나 심리상담사를 찾아가는 사람은 대부분 정신질환을 앓고 있다고 생각하는 경우가 많았습니다. 그러나 이제 건강관리에 대한 인식이 많이 달라져서 정신과 영역에서도 정기검진이 정착되기 시작했습니다. 예전에는 어디가 아파서 몸을 움직일 수 없을 정도가 되어야만 병원에 갔다면, 지금은 약간의 조짐이 보일 때 진단을 받는 사람들이 늘고 있습니다. 영적인 삶이나 정서적인 건강도 마찬가지입니다. 아파서 도저히 견딜 수가 없는 지경이 되어서야 뒤늦게 돌보기 시작하던 습관에서 벗어나야 합니다.

뉴욕에서 목회하는 피터 스카지로 목사의 저서 중 『정서적으로 건강한 교회』라는 책이 있습니다.[3] 이 책에서 제기하는 문제의식이 긍정심리학과 유사합니다. 그는 목회자들이 성도들을 돌볼 때 눈에 드러나는 문제가 있는 사람들에게만 집중하는 모습을 지적합니다. 벼랑에 떨어지기 직전의 사람들을 혼신의 힘을 다해서 구하는 것도 중요하지만, 평소에 위험한 벼랑 근처로 가지 않도록 하는 데도 관심을 갖자는 것입니다. 상담이나 심방의 대상으로 심각한 문제를 경험하고 있는 사람들뿐 아니라 평소에 괜찮아 보이는 사람들, 문제가 있지만 아직 심각하지 않은 사람들도 건강한 삶을 살 수 있도록 도와주어야 한다고 그는 주장합니다.

그러나 "무조건 긍정적인 면만 보라", "하면 된다"는 식의 충고는 바람직하지 않습니다. 긍정적 정서에 대한 무조건적 긍정 역시 지지를 얻기 힘듭니다. 「인사이드 아웃」이라는 애니메이션 영화에는 다양한 감정 캐릭터들이 등장하는데, 늘 기뻐해야 한다는 생각에 사로잡힌 나머지 슬픔에게 자리를 내어주지 않으면 삶이 무너질 수 있다는 사실을 시사합니다. 슬픔이라는 부정적인 감정은 의

외로 행복을 느끼는 데 도움이 됩니다. 슬픔이 기억력을 향상시키고 판단의 실수를 줄이며 동기를 부여함으로써 보다 나은 대인 관계를 맺을 수 있게 한다는 신뢰할 만한 연구들이 있습니다. 슬픔은 우리의 한계를 자각하는 가운데 겸손하게 하고, 하나님을 의지하게 하며, 타인의 아픔에 깊이 공감할 줄 아는 사람으로 자라게 합니다.

인생에는 맑은 날도 있지만, 흐린 날도 있고 비 오는 날도 있고 폭풍우 치는 날도 있습니다. 언제나 해가 쨍쨍한 날씨만 계속되면 어떻게 될까요? 사막이 됩니다. 우리의 삶이 항상 행복으로만 가득 찰 수 없습니다. 슬픔과도 친하게 지낼 필요가 있습니다. 싫은 사람과도 함께 지낼 수 있어야 어른이 된다는 말이 있습니다. 사람뿐만이 아닙니다. 아이들은 먹기 싫은 음식을 보면 "싫어!" 하고 한마디로 거부할 수 있지만, 어른들은 당장 입맛에 안 맞아도 건강을 위해서 혹은 만든 사람의 성의를 생각해서 입에 넣습니다. 우리 삶에 일어나는 여러 가지 상황들도 마찬가지입니다.

베드로는 "사랑하는 자들아, 너희를 연단하려고 오는 불 시험을 이상한 일 당하는 것같이 이상히 여기지 말라"(벧전 4:12)고 권면합니다. '절대로 일어나서는 안 되는 일'이라는 것이 세상에 있을까요? 오히려 '있을 수 있는 일'로 생각할 때 견디는 일이 쉬워집니다. 내 마음 가운데 찾아오는 다양한 감정들도 마찬가지입니다. 달갑지 않은 손님이라도 하룻밤 방을 내어줄 수 있는 여유가 필요합니다. 그러다 보면 기쁨이 찾아옵니다. C.S.루이스가 『예기치 못한 기쁨』에서 말했듯이,[4] 스스로 깜짝 놀랄 정도의 기쁨이 찾아올 때가 있습니다. 전혀 기대하지 않은 때 의외의 사람에게서 도착한 선물처럼, 기쁨은 그렇게 찾아옵니다.

> 주께서 생명의 길을 내게 보이시리니 주의 앞에는 충만한 기쁨이 있고 주의 오른쪽에는 영원한 즐거움이 있나이다(시편 16:11).

기쁨은 주님께 있습니다. 이 말씀에서 발견하는 또 한 가지 교훈은 기쁨은 '길' 가운데 있다는 것입니다. 하나님은 생명의 길을 보여주시고 그 길을 걷는 사람에게 기쁨을 누리게 하십니다. 행복하다는 느낌은 통장 잔고나 자격증처럼 확보해 놓을 수 있는 게 아닙니다. 봄날에 자전거를 타고 숲속을 달리다 보면, 가끔씩 시원한 바람이 얼굴을 스치고 지나갑니다. 행복이란 바로 그런 것입니다. 열심히 앞으로 가다 보면 가끔씩 "아, 내가 행복하구나!" 하는 순간이 찾아옵니다. 그것을 잡으려고 멈추어 서지 마십시오. 잠시 감사하고 또 페달을 밟으면서 나아가는 것입니다.

열심히 일하다가 잠시 허리를 펼 때 이마에 땀이 송골송골 맺혀 있는 것을 느낄 때의 뿌듯함, 오랜만에 만난 가족들과 대화를 나눌 때 잠시 스쳐가는 느낌, 아이가 잘 자나 보러 들어갔다가 이불을 덮어 주고 나오면서 스쳐가는 행복감이 있습니다. 오랜 시간 전도하느라 힘든 하루였지만 함께 수고한 교우들 얼굴을 보면서 싱긋 웃을 때, 그 순간 행복이 슬며시 지나갑니다. 당장 '오늘 저녁 집에 가서 반찬 뭐 하지' 하고 고민하겠지만, '아프신 어머님 병원에 모시고 가야 하는데' 하는 염려가 찾아오겠지만, '나는 완벽히 행복하다'고 느끼는 순간은 인생에 없겠지만, 그래도 우리는 일상의 소소한 기쁨과 보람을 느끼며 살 수 있습니다. 그 행복을 애써 자랑하지 않아도 괜찮다면, 우리는 그 누구보다 행복한 사람입니다.

## 말씀과 씨름하기

1. 나는 언제 행복을 느낍니까? 참으로 행복하다고 느꼈던 적이 있다면 나누어 봅시다.

2. 어떤 점에서 오늘날의 시대를 행복숭배 혹은 행복중독 시대라 할 수 있는지 나누어 봅시다.

3. 마가복음 6:14-29을 함께 읽고, 헤롯이 허세를 부린 동기에 대해 나누어 봅시다. 내가 당시 잔치 참석자 중 한 사람이었다면 어떤 느낌이 들었을지 나누어 봅시다.

4. 자신의 모순이 드러나는 순간이 곧 자아가 성장하는 순간일 수 있습니다. 헤롯의 경우, 상황이 파국으로 치닫는 것을 막을 수 있는 순간이 있었을 것입니다. 언제, 어떻게 생각하고 행동을 바꾸었으면 그것이 가능했을 것 같습니까? 이러한 통찰을 내 삶에 어떻게 적용할 수 있을지 나누어 봅시다.

5. '행복은 부산물이다', '행복은 길 가운데 있다'는 말의 의미를 나누어 봅시다.

# 긱 경제 시대의 자기경영

# 4

## 긱 경제 시대가 온다

새라 케슬러는 『직장이 없는 시대가 온다』라는 책에서 이렇게 말합니다.

> 베이비붐 세대인 부모들은 자식들에게 독립적이고 안정된 삶을 살려면 번듯한 직장이 있어야 한다고 가르쳤다. 회사에 취직을 해야 비로소 어른이 되고 인간답게 살 수 있다고 여겼다. 하지만 그 자식들인 밀레니얼 세대에게는 평생직장이란 개념이 이미 부질없는 소리가 되어 버렸다.

현재 미국 노동자의 3분의 1은 프리랜서라고 합니다. 독립계

약자, 프리랜서, 임시직 등의 대안적 근로 형태를 일컫는 이른바 '긱 경제'(gig economy)의 성장세는 이제 그 누구도 부정할 수 없습니다. 이러한 체제에서는 다수의 사용자들이 노동력을 공유하고, 노동자들이 자신들의 상황에 맞게 자유롭게 일할 수 있습니다. 한 예로, 플랫폼 노동(Platform Work)으로 유명한 차량공유 서비스 기업 우버는 기사를 모집하면서 "교대근무도, 상사도, 제약도 없습니다"(No shifts, no boss, no limits)라는 문구의 광고를 냈습니다.[1]

이런 이야기를 들으면 어떤 느낌이 듭니까? 정규직과 풀타임 일자리가 점점 줄어들고 있는 만큼 기대감보다는 불안감이 들 것입니다. 시대가 변하는 만큼 일의 의미와 형태도 변화하는 것이 당연합니다. 지금의 고용형태도 그리 효율적이거나 공정하지 않습니다. 문제는 변화의 속도가 너무 빠르다는 데 있습니다. 이런 맥락에서 대다수의 사람들이 프리랜서로 살아가야 할 시대를 맞이하여 지금 우리 사회와 개인들이 얼마나 준비되어 있는지, 어떻게 하면 긱 경제 시대에 살아남을 수 있는지를 물어야 합니다.

지금까지의 직장은 온실과 같았습니다. 답답하기도 하고, 불만이 고조되기도 하고, 전쟁터와 같이 치열하기도 합니다. 그러나 바깥에 비하면 보호받는 세상입니다. 예전에는 어른들이 아이들에게 온실에서 자라서 약하다고 했지만, 앞으로는 젊은이들이 어른들에게 "아빠는 온실에서 살아서 세상을 잘 모르세요"라고 할지도 모릅니다. 직장에 들어가서 정년퇴임할 때까지 해마다 월급이 조금씩 오르고, 은퇴하면 연금이 나오는 시대는 젊은이들이 보기에

꿈같은 세상이며 '지나간 황금시대'입니다.

그러한 맥락에서, 제약인 동시에 보호막인 직장이 사라진 사회를 좀 더 따뜻한 공동체로 만들어야 할 책임이 우리에게 있습니다. 교회는 어떤 가치를 소중히 여겨야 하고, 어떤 심성과 태도를 가지고 살아가야 하는지를 고민해야 합니다. 또한 '급변하는 사회 속에서 어떻게 인생의 목표를 설정하고 자신의 삶을 책임 있게 영위해 갈 것인가' 하는 과제에도 대비해야 합니다.

고용불안 시대를 넘어 직장실종 시대라 할 수 있는 미래, 이미 시작되고 있는 이 변화 앞에서 우리와 우리 자녀들이 취해야 할 자세는 무엇일까요?

## 평생학습이 필요한 시대

세계적인 경영학자 피터 드러커는 이렇게 말합니다. "현대 조직의 모든 지식근로자는 각자가 하나의 '경영자'다. 만약 그가 자신의 지위 또는 지식을 이용해 조직의 성과를 내고, 결과를 만드는 조직 능력에 실제로 기여할 책임을 지고 있다면 말이다."[2] 피터 드러커와 함께 현대 경영의 창시자로 불리는 톰 피터스의 말도 같은 맥락입니다. "독립계약자처럼 생각하고 행동하라. 비록 안정적인 미래를 위해 계속 직장에 다닐지라도 독립계약자는 자립적이다."[3]

우리가 스스로를 경영하려면 '평생학습'이라는 말과 더불어 살아갈 수밖에 없습니다. 학교를 졸업하면 배움이 끝나고 그다음부터는 배운 것을 사용하기만 하면 된다는 생각, 직장에서 그저 자리만 잘 지키면 된다는 생각으로는 긱 경제 시대에 살아남기 힘듭니다. 더구나 초고령화 사회를 눈앞에 두고 있는 지금, 평생학습의 중요성은 아무리 강조해도 지나치지 않을 것입니다.

평생학습의 대표적인 모델이라 할 수 있는 피터 드러커는 청년 시절부터 3년 단위로 집중적으로 공부할 주제를 선택하고 계획을 세웠다고 합니다. 통계학에서부터 중세역사, 일본미술, 경제학 등에 이르기까지 그 분야가 매우 다양하고 폭넓습니다. 이렇게 일정 기간 동안 체계적으로 한 분야와 씨름하면, 그 분야의 대가는 못 되어도 그 세계를 어느 수준까지는 이해할 수 있습니다. 그리고 그것이 쌓이면, 어떤 대목에서 각 분야의 지식이 연결되는 접점이 생깁니다. 피상적으로 보기에는 전혀 관련 없을 것 같은 분야들이 하나로 통합되고, 부분적인 지식들이 쌓여 지혜와 통찰을 이루는 것입니다.

피터 드러커는 생전에 서른아홉 권의 저작을 남겼는데, 그중에는 세계적인 명성을 얻은 책들이 많습니다. 한국에서도 잘 알려진 『넥스트 소사이어티』는 드러커가 아흔세 살에 쓴 책입니다.[4] 이 책이 출간되고 나서 기자들이 찾아와 물었습니다. "그동안 당신이 저술한 책 중 어떤 책을 최고로 꼽겠습니까?" 그러자 그는 이렇게 대답했습니다. "바로 다음에 나올 책입니다!" 구십대에 세계적인 베스트셀러를 쓴다는 것, 아니 뭔가 새로운 이야기를 할 수 있다는 것이 부럽습니다. 대체로 사람은 육십대만 넘어가도 새로운 것이 없습니다. 과거 이야기를 하는 것이 문제가 아닙니다. 과거의 경험은 지혜의 중요한 근원입니다. 다만 새로운 내용이 없다는 것이 한계입니다. 아흔 살이 넘어서도 젊은이들이 경청할 만한 새로운 이야기를 한다는 것이 놀랍습니다. 더 놀라운 것은 자신이 다음에 할 일을 생각했을 때 가슴이 뛴다는 사실입니다. 물론 그의 경영학 이론은 여러 면에서 비판받고 있습니다. 『하버드 비즈니스 리뷰』의 드러커 탄생 100주년 기념 특집호에서 앨런 켄트로우 교수는, 우리가 드러커를 읽는 이유는 그의 경영전략을 배우기 위해서가 아니라 다양한 분야를 통합하는 그의 사유 방식을 경험하기 위해서라고 말합니다.[5]

피터 드러커는 예순여섯 살에 대학에서 은퇴했습니다. 그는 그 이후 여든여섯 살까지가 자기 인생에서 가장 생산적인 기간이었다고 말합니다. 은퇴 이후 한 달에 한 번 『월 스트리트 저널』에 기고했는데, 그때가 가장 왕성했던 시기였다는 것입니다. 이것은 그의 평생학습 습관이 가능하게 한 일입니다. 그가 평생을 그렇게 살 수 있었던 동기와 관련하여 이런 일화가 있습니다.

예술의 도시 비엔나에서 살았던 그는 열여덟 살 때 주세페 베르디가 작곡한 오페라 「팔스타프」를 보러 갔습니다. 그때 이미 베르디는 최고의 오페라 작곡가로 인정받고 있었습니다. 이 오페라의 초연 때 반응이 호의적이지 않았습니다. 관람을 마치고 집으로 돌아온 드러커에게 한 가지 의문이 들었습니다. '지금까지 성취한 것만으로 세계적인 명성과 존경을 누릴 수 있는데, 왜 굳이 여든의 나이에 저런 새로운 시도를 하는가.' 새로운 시도는 모험입니다. 잘

된다는 보장도 없고 그동안 쌓아 온 명성에 금이 갈 수도 있습니다. 기자들이 물었습니다. "이미 세계 최고인데, 왜 굳이 힘든 오페라 작곡을 계속하시죠?" 베르디가 이렇게 답합니다. "음악가로서 평생을 살아오면서 나는 항상 완벽을 추구해 왔습니다. 그 목표는 항상 나를 매료시켰고, 나는 살아 있는 동안 한 번 더 도전할 의무가 있다고 생각합니다." 이 말을 듣고 드러커가 결심합니다. "우리가 살아가는 동안 완벽은 늘 우리를 피해갈 테지만, 그럼에도 불구하고 나는 끊임없이 완벽을 추구하리라."[6]

### 직장, 직업, 커리어, 미션

'평생고용'(lifetime employment)이라는 표현이 익숙했던 세계가 쇠퇴하고, 그 대신 '평생고용 가능성'(lifetime employability)이라는 말이 등장했습니다. 예전처럼 한번 어느 회사에 들어가면 끝까지 자리를 유지하면 좋겠지만, 그게 힘들다면 앞으로 내가 오십대가 되든 육십대가 되든 누군가가 날 고용할 수 있는 상태를 유지하는 게 필요하다는 말입니다. 한 직장에 계속 있더라도 그 직장에서 이미 고용했기 때문에 할 수 없이 붙잡아 두는 것이 아니라, 지금 새로 채용한다 하더라도 스카우트하고 싶은 사람으로 남을 수 있도록 노력하자는 것입니다.

원으로 그려 보면, 직장과 직업이 일치하는 시대가 있었습니다(그림 1). 그러나 앞으로의 직장은 직업의 일부로 자리 잡게 될 것입니다(그림 2). 다시 말해, 직장이 직업을 모두 포괄할 수 없는 시대가 되는 것입니다. 한 사람이 일정 기간 동안 서너 개의 직업을 경험하면서 커리어를 쌓아 간다면, 그 사람의 커리어는 직업보다 더 커집니다(그림 3). 여기에 분명한 소명의식이 있다면, 그 사명(mission)이 커리어를 포괄할 수도 있습니다. 봉사활동이나 교회생활, 취미활동에서 시작된 일들도 사명에 포함될 수 있습니다(그림 4).

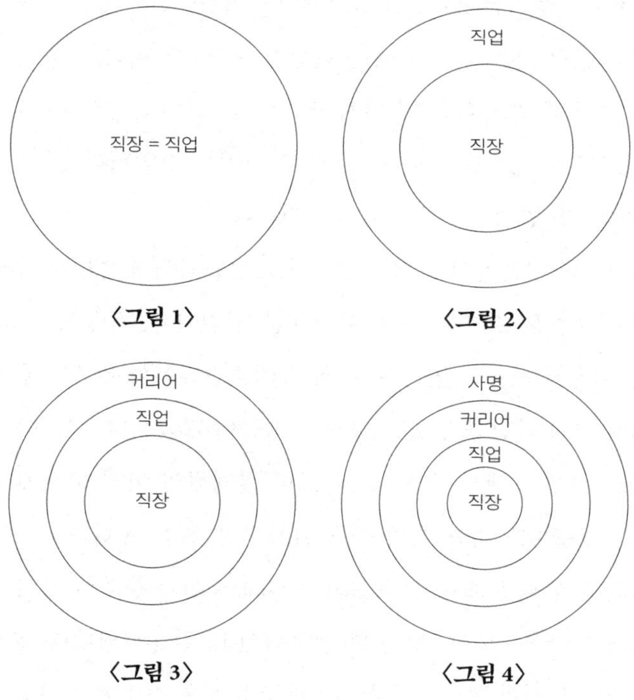


**〈그림 1〉** **〈그림 2〉**

**〈그림 3〉** **〈그림 4〉**

물론 보다 넓은 범위에서 고용불안이 확대되는 경향과 관련하여 예언자적 정신을 가지고 사회정의를 추구해야 할 사명이 우리에게 있습니다. 노력만 강요하기보다 사회 안정망을 든든히 구축할 책임이 있습니다. 그와 동시에, 주어진 조건에서 최선을 다하여 자신의 삶을 책임 있게 사는 자세도 필요합니다.

한국인의 평생학습 현황을 보여주는 대표적인 지표 가운데 하나는 독서량일 것입니다. 2017에 발표된 국민독서서실태조사에 따르면, 초등학생의 연간 독서량은 67.1권, 중학생은 18.5권, 고등학생은 8.8권, 성인은 8.3권이라고 합니다. 어린이들에게는 책을 많이 읽게 하면서 어른들은 안 읽는 현상이 두드러집니다.[7] "흉년에 어미는 굶어 죽고 자식은 배 터져 죽는다"는 말이 있습니다. 자신들이 배고프고 허기지니 자녀들이라도 먹이는 것입니다. 한국 사회가 정신적인 면에서 그렇다고 생각합니다.

더구나 어른들의 독서는 한쪽으로 편중되어 있습니다. 한국인의 독서습관을 보면, 처세술, 자기계발, 인간관계, 재테크, 요리, 운동 등 실용서 비중이 높습니다. 최근 대중심리학이 유행인데, 인생 문제에 관한 간단한 팁을 제공하는 책들이 많습니다. 심지어 종교서적도 깊은 사색으로 초대하기보다 실제적인 여러 문제에 관해 즉각적으로 대답하는 책이 주를 이룹니다. 흔히 유럽과 비교해서 미국의 사상과 문화에 실용주의(Pragmatism)가 강하다고 하지만, 미국과 한국을 비교해 보면 한국이 훨씬 더 실용적입니다. 온라인 서점 베스트셀러를 비교해 볼 때, 미국의 경우 소설이나 시집이 많은 반면 한국은 실용서들이 높은 비중을 차지하고 있습니다.

## 지혜와 지식

인생의 가장 소중한 지혜는 사람과 사람 사이의 연결에서 전해집니다. 아이들의 성장에 가장 중요한 환경은 부모의 정신세계입니다. 부모가 어떤 생각과 고민을 하고 어떤 지혜를 추구하면서 살아가는지에 자녀들이 영향을 받습니다. 부모가 피상적인 수준에 머물러 있으면서 아이들이 깊은 생각을 가진 아이로 자라나기를 기대하기란 어렵습니다.

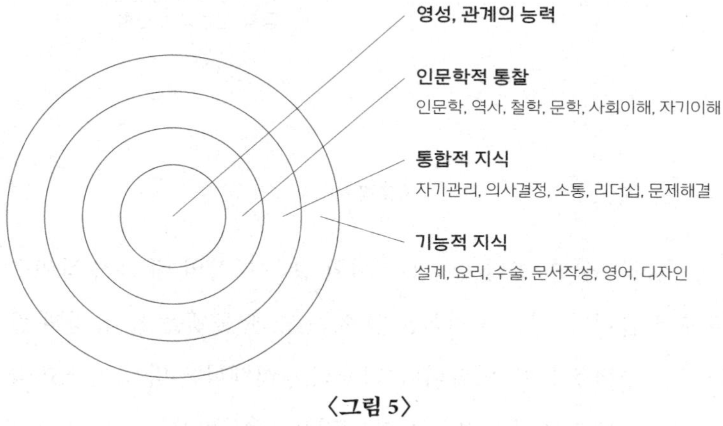


〈그림 5〉

지혜뿐 아니라 실용적인 지식도 소중합니다. 인간의 지식을 네 가지 차원에서 생각해 볼 수 있는데, 첫 번째가 기능적 지식입니다. 건축가의 설계, 외과의사의 수술, 엔지니어의 연구개발, 학생의 문서작성과 같은 일이 여기에 포함됩니다. 두 번째 차원은 통합적 지식인데, 자기관리나 의사결정, 소통 능력 등을 들 수 있습니다. 세 번째는 인문학적 통찰입니다. 인간에 대한 이해나 아름다움에 대한 감각이 여기에 포함됩니다. 마지막 네 번째는 영성과 관계의 능력입니다. 하나님과 관계를 맺고 사람들과 더불어 살아가는 능력입니다.

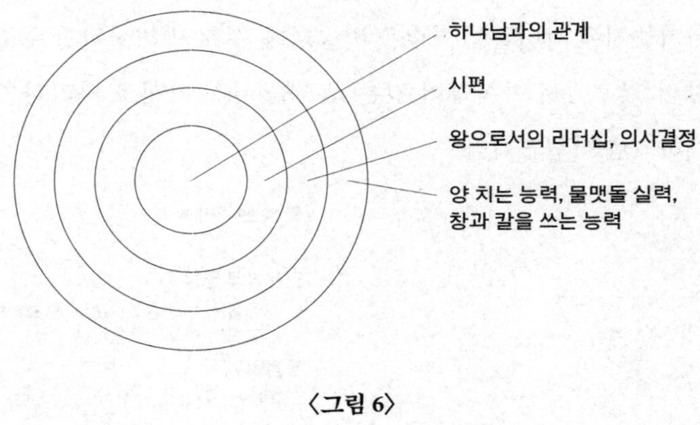


**〈그림 6〉**

우리는 성경 속 다윗에게서 이와 같은 지식의 네 가지 차원을 볼 수 있습니다. 기능적 지식은 양 치는 능력, 물맷돌 실력, 창과 칼을 쓰는 능력을 들 수 있습니다. 다윗의 광야생활은 팀을 이끌고 숱한 결정을 내리는 통합적 지식의 성장을 보여줍니다. 시편의 주옥 같은 노래는 그의 인문학적 소양과 감성을 증언합니다. 그리고 이 모든 지식의 핵심에 하나님과의 관계 곧 영성이 있습니다.

시편 8편은 다윗의 정신세계를 보여줍니다.

여호와 우리 주여, 주의 이름이 온 땅에 어찌 그리 아름다운지요.

주의 영광이 하늘을 덮었나이다(시 8:1).

하늘의 별을 보고 감탄하는 순간, 그는 새로움 곧 세계에 펼쳐진 신비 앞에 겸손히 서게 됩니다. 이것은 책을 통해서든, 자연을 통해서든, 다른 사람과의 대화를 통해서든 내가 알지 못하는 세계에 노출되는 순간입니다. 자연이나 다른 사람이 살아가는 모습을 보고 거기서 영감을 받는 사람은 열린 세계 앞에 서 있는 사람입니다.

다윗의 고백은 "사람이 무엇이기에 주께서 그를 생각하시며 인자가 무엇이기에 주께서 그를 돌보시나이까"(시 8:4)라는 물음으로 이어집니다. 진리 앞에 선 사람은 자신의 기존 인식을 무너뜨리는 새로움 앞에 놀라게 되며, 이 놀라움은 질문으로 이어집니다. 깨달음이란 그 자리에서 만족하는 법이 없고, 늘 새로운 질문과 갈망으로 이어집니다. 이것이 배움의 본질입니다. 한 사람의 세계는 그렇게 확장되고 풍성해집니다. "내가 온 것은 양으로 생명을 얻게 하고 더 풍성히 얻게 하려는 것이라"(요 10:10)는 예수님의 말씀에는 이러한 지적 풍성함, 정서적 깊이, 창조세계와의 교감이 포함되어 있습니다.

## 치열한 전선에서 하늘을 보는 여유

이 글을 읽는 분 가운데 누군가는 이렇게 물을지도 모릅니다. "목사님, 경쟁사회에서 먹고살려면 책을 들여다보거나 자연을 감상할 틈이 없지 않습니까?" 이어지는 시편 말씀을 읽어 보시기 바랍니다.

> 주의 대적으로 말미암아 어린아이들과 젖먹이들의 입으로 권능을 세우심이여, 이는 원수들과 보복자들을 잠잠하게 하려 하심이니이다(시 8:2).

다윗이 지금 어떤 상태에 있습니까? 원수와 보복자들 가운데 둘러싸여 있습니다. 이 시는 전쟁터에서 썼을 가능성이 높습니다. 그는 하루 종일 피비린내 나는 전투를 치르고 임시거처에서 잠을 청하는 밤에 잠시 밖에 나와서 찬바람을 마주합니다. 그리고 문득 하늘을 바라보는 가운데 "여호와 우리 주여"라는 찬송이 흘러나온 것입니다. 이 시편 말씀으로 만든 잘 알려진 찬양이 있습니다.

> 여호와 우리 주여, 주의 이름이 온 땅에
> 어찌 그리 아름다운지요
> 어찌 그리 아름다운지요
>
> 주의 손가락으로 지으신 주의 하늘과
> 주의 베풀어 두신 달과 별 내가 보오니
> 사람이 무엇이관대 주께서 저를 생각하시며
> 인자가 무엇이관대 저를 권고 하시나이까

은혜로운 찬양입니다. 다만 한 가지 아쉬운 점은 시편 8:2에서의 긴장을 느낄 수 없다는 것입니다. 이 찬양을 들여다보면서 목회자로서 저 자신을 반성합니다. '교회에서 늘 아름다운 면만 말하고 있는 것은 아닌가?' 하고 말입니다. 성도들이 예배를 마치고 사회에서 마주하는 세상은 완전히 다른 세계입니다. 원수와 보복자들이 있는 전쟁터입니다. 우리의 신앙 행태를 보면, 치열한 경쟁에서 살아남기 위해 분투하든지, 아니면 여기서 물러나서 종교적인 감흥이나 정서적인 위로에 머물든지 둘 중 하나에 치우쳐 있는 모습을 볼 수 있습니다.

다윗의 경우에는 이 두 가지가 함께 있습니다. 생존경쟁의 장, 원수와 보복자들이 칼을 들이대는 치열한 현실에서 하나님의 별을 바라볼 수 있는 아름다운 노래를 할 수 있는 여유는 어디서 왔을까요? 지금 당장이라도 어디서 화살이 날아올 수 있습니다. 임시거처에는 죽을 위기를 겨우 벗어난 부하들, 심한 부상을 당했거나 사랑하는 전우의 죽음 앞에서 망연자실하고 있는 병사들이 있습니다.

그런 상태에서 잠을 청하기 전에 잠시 하늘을 쳐다보고 새로운 세계 앞에 서는 것입니다. 이것은 무엇을 의미할까요? 우리는 저마다 먹고사느라 하늘과 별을 볼 시간도, 꽃을 들여다볼 시간도, 책 한 권 읽고 생각할 시간도 없습니다. 처세술이나 주식투자에 관한 책이 아니라, 당장은 소용없어 보이지만 생각할 거리를 주는 책을 읽고 감탄할 시간도 없습니다. 그러한 가운데 이 경쟁사회에서 남보다 한 단계 더 올라가고 어떻게든 살아남자는 것이 아니라, 우리 삶 전체를 제대로 살아갈 수 있는 지혜와 자원을 갖추어 보자는 것입니다.

## 하늘을 보고, 나를 보다

하늘을 본 다윗은 자신의 상황을 다른 시각으로 볼 수 있었습니다. "어린아이들과 젖먹이들의 입으로 권능을 세우심이여"(시 8:2)에서 "어린아이들과 젖먹이"는 자신을 가리키는 말입니다. 골리앗 앞에 선 소년 다윗과 같은 마음, 무시무시한 삶의 도전을 헤쳐나갈 자원을 갖추지 못한 약한 모습을 그대로 인정한 것입니다.

그런데 다윗이 골리앗을 때려눕혔습니다. 그 승리 이후에 삶의 모든 도전이 사라지고 평탄한 길이 펼쳐졌습니까? 그렇지 않습니다. 마치 영화 「터미네이터」에서 시리즈가 거듭될수록 적이 점점 더 강해져서 돌아오는 것처럼, 있는 힘을 다해서 한 고개 넘었다 싶으면 그다음에 훨씬 더 어려운 도전을 맞이합니다. 앞으로 우리와 우리 자녀들이 살아갈 삶이 그러할 것입니다.

이 사회와 인생의 불안 앞에서 나는 젖먹이같이 작고 연약합니다. 다윗은 그것을 뼈저리게 느꼈던 사람입니다. 자신의 한계와 연약함에 대한 처절한 인식이 있었다는 말입니다.

이러한 인식은 앞에서 살펴본 "사람이 무엇이기에 주께서 그를 생각하시며 인자가 무엇이기에 주께서 그를 돌보시나이까"(시 8:4)라는 고백으로 다시 돌아갑니다. 1절에는 "어찌 그리 아름다운

지요" 하는 느낌표가 있는데 4절에는 물음표가 나옵니다. 이 느낌표와 물음표가 인간의 성장을 압축적으로 보여줍니다. 이전에 몰랐던 것을 깨우치면 경탄이 있습니다. 그렇게 하나를 배워 궁금한 것을 채우면, 또다시 두 개, 세 개 궁금한 것이 생기게 됩니다. 이러한 지적 호기심이 배움의 동력이 됩니다. 그것을 채워가는 것이 배움의 과정이요 자세입니다. 이러한 배움의 자세는 우리 머릿속에 축적되어 있는 지식의 양보다 훨씬 더 중요합니다. 복음서는 예수님을 만난 사람들 가운데 있는 느낌표와 물음표를 분명하게 보여줍니다.

* 그 사람들이 놀랍게 여겨 이르되 이이가 어떠한 사람이기에 바람과 바다도 순종하는가 하더라(마 8:27).
* 다 놀라 서로 물어 이르되 이는 어찜이냐. 권위 있는 새 교훈이로다(막 1:27).

### 유한 게임과 무한 게임

2017년 11월 대학수학능력시험을 하루 앞둔 날, 포항 지역에 큰 지진이 발생하여 수능이 일주일 연기된 적이 있습니다. 오후 8시 20분에 발표되었기 때문에 수험생과 부모들의 혼란이 매우 컸습니다. 사전에 예고 없던 시험 연기로 재활용 처리한 교과서를 다시 찾으러 가는 학생이 있는가 하면, 참고서를 불태우기 시작했는데 교육부 발표를 보고 급히 끄러 간 학생도 있었다고 합니다. 이것은 우리 교육의 문제를 압축적으로는 보여주는 모습이라 할 수 있습니다.

대체로 한국인들에게 공부는 필요 없지만 어떤 단계를 넘어서기 위해 반드시 해야 하는 것으로 인식되어 있습니다. 공부는 무찔러야 할 적이며 결코 친구가 될 수 없습니다. 대학에 가면 더 이상이 지긋지긋한 교과서를 볼 필요가 없을 것이라는 소망으로 공부를 합니다. 공무원 시험을 준비하는 이들은 국사 연대표를 다시 외울 필요가 없는 날을 고대합니다. 유학을 준비하는 이들은 토플 책을 끝내기 위해서 공부하고, 유학을 가서는 논문을 끝내기 위해서 공부합니다. 다시 말해, 우리가 공부하는 목표는 책을 "떼는" 것이며 "털어버리는" 것입니다. 공부에 대한 이러한 인식으로는 평생학습의 마인드를 갖추기가 힘듭니다.

경영저술가 사이먼 시넥은 『인피니트 게임』에서 미국이 압도적인 군사력을 가지고도 베트남전에서 이기지 못한 이유를 설명합니다. 미국은 정한 시간 동안 전투하고 베트남을 떠나는 것을 목표로 이기기 위해 싸우는 '유한 게임'식 전술을 펼친 반면, 베트남은 자손 대대로 살아야 할 땅을 지키기 위해 싸우는 '무한 게임'식 전술을 펼쳤기에 질 수밖에 없었다는 것입니다. 시넥은 미국이 베트남전에서 "졌다"는 말보다 전쟁을 지속할 의지력과 자원을 소진해 게임을 그만둘 수밖에 없었다는 표현이 더 정확하다고 말합니다.[8]

다윗에게는 사울 왕을 죽일 기회가 두 번이나 있었습니다. 그의 참모들은 왕을 죽이고 지긋지긋한 도망자 생활을 끝내고자 했습니다. 유한 게임으로 보면 죽이는 게 맞습니다. 그러나 그것은 권력자를 죽이고 다른 자가 권좌에 오르는 피의 역사의 시작일 뿐입니다. 이후에 이어지는 북왕국 이스라엘, 로마제국 등의 역사 속에서 우리는 그러한 예를 무수히 찾을 수 있습니다.

우리가 다른 선택을 하려면 무한 게임의 시각을 가지고 있어야 합니다. 월드컵은 결승전을 치르면 끝납니다. 구경꾼(관중)에게는 그럴 수 있습니다. 하지만 플레이어(선수)에게는 기나긴 과정의 한 단계가 지나갔을 뿐입니다. 월드컵의 성적과 활약을 토대로 다음 단계로 나아갈 것입니다. 아쉬운 점이 있으면 보완하고, 시합을 통해 배운 교훈은 잘 새기면 됩니다. 이 무한 게임에서 패배란 없습니다. 아니, 패배를 말하기에는 너무 이릅니다. 구경꾼은 유한 게임을 하고 돌아서지만, 선수는 그라운드에 남습니다. 은퇴도 끝이 아닙니다. 다음 단계의 삶이 기다리고 있기 때문입니다.

『평균의 종말』을 저술한 토드 로즈 교수는 시간을 정해 놓고 문제를 풀게 하여 성적을 매기고 기회를 부여하는 교육의 한계를 지적합니다.[9] 배우는 방식과 속도는 사람마다 다릅니다. 자기 속도에 맞게 배울 수 있게 했을 때, '저능아'로 인식되던 아이가 놀라운 잠재력을 발휘하는 사례가 많이 나온다는 것입니다. 우리는 학교에서 나에게 맞지 않는 속도의 교육을 강요받으면서 잠재력을 발휘할 기회를 잃어버리며 살았습니다.

이제 성인이 된 시점에서, 혹은 은퇴 후 어떻게 살 것인지 고민하는 시점에서 스스로 공부해야 할 이유와 방법을 들여다보아야 합니다. 남이 평가해 놓은 점수를 가지고 나 자신을 가늠하는 구경꾼 모드에서, 스스로의 게임을 해나가는 플레이어 모드로 바꾸어야 합니다. 인생이 유한 게임인 것처럼 인식하게 하여 나에게서 단기성과를 뽑아내려는 사회의 흐름에 저항하여, 자신을 소중히 여기며 내가 무한 게임 속에 있음을 자각할 필요가 있습니다. 일반적으로 학력을 이야기할 때 한자로 '學歷'이라고 쓰는데, 이것은 배움의 경력을 의미합니다. 엄밀히 말하면, 학교를 다닌 경력이지 실제로 어떤 배움이 있었는지 말해 주지 못합니다. 그렇다면 '學力'이라고 써 보면 어떨까요? 배움의 능력이나 태도를 이야기할 때, 우리의 배움은 과거에서 끝나는 게 아니라 현재와 미래까지 이어져 새로운 것을 창조하는 데 이를 수 있을 것입니다.

## 인생은 학교다

정신의학자이자 호스피스 운동의 선구자인 엘리자베스 퀴블러 로스는 평생 죽음에 관해 연구했습니다. 그녀는 죽어가는 이들을 만나서 대화하고 돕고 관찰하는 가운데, 사람들이 인생의 마지막을 어떻게 보내고 어떻게 죽어가는지 면밀히 검토하여 의미 있는 저작들을 남겼습니다. 그중 죽음을 앞둔 수백 명의 환자를 인터뷰하여 인생에서 꼭 깨달아야 할 것들을 정리한 『인생 수업』은, 우리가 살아가는 인생 전체가 일련의 수업이라는 깨달음을 전합니다.

> 삶이라고 불리는 이 기간 동안 우리 모두에게는 배워야 할 것들이 있습니다. 죽음을 눈앞에 둔 사람과 대화를 나누다 보면 그것이 더욱 분명해집니다. 생의 마지막에 이르러 사람들은 많은 배움을 얻지만, 대개 그 배움을 실천하기에는 이미 너무 늦습니다. 애리조나 사막으로 이사하던 해인 1995년 어버이날, 나는 뇌졸중을 일으켜 신체의 일부가 마비되었습니다. 그 후 몇 해 동안은 죽음의 문턱에서 시간을 보냈습니다. 때로는 죽음이 금방 찾아올 것처럼 느낀 적도 있습니다. 마음의 준비가 되어 있는데 죽음이 찾아오지 않아 실망한 적도 있습니다. 내가 죽지 않은 것은 삶으로부터 배워야 할 것이 아직 남아 있기 때문입니다.[10]

로스는 우리가 배움을 얻기 위해 이 세상에 왔으며, 태어나는 순간 인생이라는 학교에 등록한다고 말합니다. 그 학교에는 사랑, 관계, 상처, 의욕, 받아들임, 용서, 행복, 기다림, 인내 같은 과목들이 있습니다. 그것들을 통해 배우지 못하면 인생의 진도가 그 단계에 머물 수밖에 없다고 그녀는 말합니다. '어른아이'라는 말이 그래서 생겼나 봅니다.

저는 1997년 유학 초기에 IMF 외환위기를 만나는 등 어려운 시절을 겪었습니다. 그 시절 가장 크게 은혜 받은 말씀이 "주께서 너희에게 환란의 떡과 고생의 물을 주시나 네 스승은 다시 숨기지 아니하시리니"(사 30:20)라는 말씀입니다. 어렵고 고되더라도 그 인생이 빛날 수 있는 것은 한 명의 스승 곧 배울 사람이 있기 때문이라는 뜻입니다. 『나의 문화유산답사기』의 저자 유홍준 교수는 전국 구석구석을 돌아다니며 많은 사람들을 만난 뒤에 인생도처유상수(人生到處有上手)라는 말을 남겼습니다. 어디를 가더라도 나보다 나은 사람, 배울 수 있는 선생이 있다는 말입니다. 차를 운전할 때 운전석에 오래 앉아 있다고 많이 간 것이 아닙니다. 배울 계기가 없으면 그 인생은 꽉 막혀서 정체되어 있는 도로에 지나지 않습니다.

로스는 '상실'을 가리켜 배움의 박사과정이라고 말합니다. 인간은 소중한 것을 잃는 가운데 겸손을 배우고 유한함에 대해 자각한다는 것입니다. 배움은 자신의 한계에 대한 겸허한 인식, 그리고 그 너머의 영역에 대한 진지한 추구와 노력이 만나는 지점에서 생성되는 것이 아닌가 싶습니다. 우리 삶이 아무리 고달파도, 우리 자녀들이 앞으로 살아갈 시대가 아무리 험난해도, 길을 보여줄 스승이 있다면 희망이 있습니다. "스승은 배울 준비가 되어 있는 사람에게만 나타난다"는 로스의 말을 가슴 깊이 새겨, 우리의 눈이 스승을 볼 수 있어야 합니다. 우리가 배우는 능력, 배우는 자세, 진정한 학력(學力)을 갖춘 사람이 되기를 바랍니다. 오늘의 교회들이 배움의 문화 속에서 자신의 성장에 관심 갖고 헌신하는 열정 있는 공동체로 자라가기를 바랍니다.

## 말씀과 씨름하기

1. 평생고용 시대가 저물어가고 있습니다. 변화하는 세계 속에서 자신의 길을 찾아야 하는 과제는 평생고용 가능성과 어떤 관련이 있습니까?

2. 학력(學歷)을 자랑하기보다, 학력(學力)을 키우는 삶을 어떻게 실천할 수 있을지 나누어 봅시다.

3. 시편 8편은 아름다운 시편이지만, 동시에 비장할 정도로 현실적인 시편이기도 합니다. 우리와 우리 자녀들의 삶에서 기독교 신앙과 신앙훈련이 갖는 의미를 이번 장에서 살펴본 '지식의 네 가지 차원'과 관련하여 나누어 봅시다.

4. 우리 삶에서 지적 호기심과 궁금증을 유지하는 것이 중요합니다. 물음은 깨달음을 주고 깨달음은 또 다른 물음으로 이어집니다. 느낌표 → 물음표 → 느낌표 → 물음표로 계속 이어지는 지적 여정을 꿈꾸어 봅시다. 부모의 이런 삶이 자녀들에게 어떤 영향을 끼칠지 나누어 봅시다.

# 비정규직 800만 시대의 직장문화

# 5

## 직장생활을 주께 하듯 하라?[1]

예전에 누군가가 저에게 좌우명을 물으면 저는 이 성경구절로 대답했습니다. "무슨 일을 하든지 마음을 다하여 주께 하듯 하고 사람에게 하듯 하지 말라"(골 3:23). 결혼할 때 어떤 서예가가 좋아하는 글귀를 써서 선물할 테니 알려 달라고 했을 때도 이 구절을 말씀드렸고, 자연스럽게 새롭게 출발하는 가정의 가훈이 되었습니다.

결혼 후에 바로 유학길에 오르는 바람에 표구한 액자를 챙겨갈 여유가 없었습니다. 그 후에도 비행기로 가져갈 방법이 마땅치 않아 처갓집 응접실에 걸어 두었고, 대신 액자를 찍은 사진을 벽에 붙여 놓는 것으로 가훈 대접을 했습니다. 귀국하게 되면 내 집 거실 가장 잘 보이는 자리에 붙여 놓으리라 다짐했습니다. 그러나 미국에서의 체류 기간이 예상보다 길어져 오랜 시간이 지나서야 귀국했고, 이후 처갓집에 가자마자 액자를 찾았지만 볼 수가 없었습니다. 이사하는 와중에 액자가 베란다의 짐 더미 어디쯤에 들어가 버려 찾을 수 없게 된 것입니다. 가훈을 보란 듯이 걸어 놓으려던 꿈이 다시 연기되고 말았습니다. 한마디로 가훈 실종 사건입니다.

'일의 영성'을 생각하면 저는 이 액자와 그 말씀이 떠오릅니다. 어딘가 있는 것은 분명한데 어디에 묻혀 있는지 모르는 양상이 오늘날 일의 영성의 현주소를 보여주는 유비일 수도 있겠다 싶어 혼자 쓴웃음을 짓곤 합니다. 1990년대에 미국으로 유학을 가기 전 두 교회에서 교육 부서를 섬겼습니다. 교회를 떠날 때 두 번 모두 이 골로새서 본문으로 설교를 했습니다. 마지막 설교인 만큼 이 말씀에 담긴 메시지가 사랑하는 제자들의 삶에 가장 중요한 가치로 자리 잡았으면 좋겠다는 바람이 담겨 있었습니다. 확신을 가지고 설교했을 때, 감사하게도 학생들이 귀담아들어 주었으며, 나중에 그때 받은 감동과 결심을 전해 오기도 했습니다. 중요하게 생각했던 말씀이었기에 이후로 비슷한 주제의 설교를 여러 청년 집회에서 열정적으로 전하였습니다.

20년이 넘는 시간이 흘러 다시 한국에 돌아온 지금 자문해 봅니다. '나는 여전히 그때와 같이 설교할 수 있을까?' 솔직한 심정으로 자신이 없습니다. '좋은 대학이 인생의 유일한 목표인 양 자신을 몰아세우며 청소년 시기를 보내고 대학을 졸업했음에도, 학사모를 쓴 날 오후에도 공무원 시험 학원으로 달려가야 하는 젊은이들, 수십 통의 이력서를 쓰고 또 쓰지만 이 역시 "광탈"(광속탈락)할 것임을 알고 있는 취업준비생들에게 어떤 종류의 성실함을 요구할 수 있을까?' '월급도 주지 않는 착취를 인턴이라는 제도로 합리화하는 파렴치한 기업에게조차 일방적 연모를 버리지 못하는 이들에게 "그저 주어진 일에 감사하고 충실하라"는 말이 어떤 의미가 있을까?' '기껏 취업했지만 비정규직을 벗어나지 못하는 이들의 마음은 성실히 일하라는 권면을 받아들일 준비가 되어 있을까?' 이런저런 고민 가운데 그들에게 무언가를 전하려니 차마 입이 떨어지지 않습니다.

2021년에 한국의 비정규직 근로자가 800만을 넘어섰습니다. 전체 임금 근로자 10명 중 4명에 달하는 수치라고 합니다. 이른바 신자유주의 이념을 충실히 따른 결과입니다. 신자유주의는 노동시장 유연성(labor market flexibility, 외부 환경변화에 인적자원이 신속하고도 효율적으로 배분 또는 재배분되는 노동시장의 능력)이 확대되어야 한다고 주장합니다. 다시 말해, 쉽게 채용하고 쉽게 해고할 수 있는 탄력적인 구조가 기업의 투자의욕을 고취하고 활력을 끌어올려 전체 경제 성장을 가능하게 한다는 것입니다.

신자유주의 이론의 적절성 여부 및 근거가 되는 온갖 수치들의 타당성 여부는 경제학적으로 엄정하게 따져 보아야 할 일입니다. 한편으로는 그것이 단지 경제 문제일 뿐 아니라 사회와 가정, 정치 문제이며, 심리학적·영적 문제라는 사실을 유념해야 합니다. 따라서 신자유주의가 우리 사회 구석구석을 어떻게 변화시키고 있는지에 대한 깊은 통찰이 필요합니다.

어디서부터 무엇이 잘못되었기에 일의 영성을 권면하기조차 힘든 시대가 되었을까요? 단순히 시대적 상황이 어렵다는 말로는 설명이 부족합니다. 지금보다 더 어렵게 살던 시기에도 기독교적 가치관은 감사함으로 일할 것을 강조해 왔습니다. 심지어 성경에서 "모든 일을 주께 하듯 하라"는 말의 대상은 고대사회의 노예들이었습니다. 그때 노예들이 감당했던 일의 조건과 사회 인식은 지금과는 비교도 안 되게 열악했습니다. 직업 소명설을 역설한 마르틴 루터의 시대를 살았던 노동자의 삶 역시 지금보다 힘겨웠습니다.

이러한 맥락에서 우리의 성경 읽기를 돌아볼 필요가 있습니다. 루터와 칼뱅이 16세기 유럽의 질문에 충실하게 반응하며 성경을 읽었듯이, 우리에게도 21세기의 한국 상황에 맞는 성경 읽기가 필요합니다. 루터는 양화공에게 "구두에 십자가를 새기지 말고 자신이 만든 구두가 최고의 구두가 되도록 노력하라"고 했습니다. 루터가 살던 시대는 대부분의 노동이 농업이거나 가내 수공업과 같은 소규모 형태였습니다. 노동의 과정과 그 결과에 대하여 노동자들이 애착을 갖는 게 가능한 구조였습니다. 그러나 오늘날과 같이 분업화된 생산 구조에서, 가령 대규모 자동차 공장에서 전체 생산 과정과는 무관하게 한 부품의 나사를 조이는 데 평생을 보내는 노동자가 루터 시대의 양화공과 비슷하게 일에 대해 애착을 가지기란 쉽지 않습니다. 노동의 결과물에 대한 자부심 역시 마찬가지입니다. 이렇듯 사회적 상황에 따라 신학적 언술의 적합성이 달라질 수 있습니다.

그래서 우리는 노동 윤리에 대한 성경의 권면이 자리하는 사회 문화적 상황을 다시 들여다보아야 합니다. "모든 일에 최선을 다하라"는 일의 신학에 기초가 되는 에베소서 5:5-8과 골로새서 3:22-25 말씀은, 1세기 그레코-로만 사회의 가정윤리교훈(Haustafeln)의 기독교적 변형입니다. 노예들에게 성실히 일하라는 노동 윤리는 본래 기독교적인 것이 아니라 세속 윤리를 기독교적으로 변형한 것입니다. 신약성경의 교훈이 세속의 윤리와 다른 점은 일련의 권면이 노예들뿐 아니라 주인들에게도 주어진다는 점입니다. 성경은 상전들 곧 노예 주인들에게 더 엄격한 윤리적 잣대를 요구합니다.

* 상전들아, 너희도 그들에게 이와 같이 하고 위협을 그치라. 이는 그들과 너희의 상전이 하늘에 계시고 그에게는 사람을 외모로 취하는 일이 없는 줄 너희가 앎이라(엡 6:9).
* 상전들아, 의와 공평을 종들에게 베풀지니 너희에게도 하늘에 상전이 계심을 알지어다(골 4:1).

오늘의 교회는 피고용인들에게 성실히 일할 것을 가르치면서, 고용인 입장에서 피고용인들을 성경적으로 어떻게 다루어야 하는지 가르치는 부분에 대해서는 소홀히 해왔습니다. 그리스도인으로서 직장생활을 어떻게 해야 하는지에 대한 자료를 찾아보면, '술담배 하지 말자', '신우회 만들자', '성실히 일해서 모범이 되자'는 넘치는데, '고용인 혹은 고용인을 대리하는 중간관리자로서 어떻게 살아야 하는가'에 대한 고민은 부족합니다. 성실과 순종을 바탕으로 한 일의 영성은 피고용인들뿐 아니라 고용인들에게도 엄격한 영성과 배려의 윤리를 함께 요구할 때만 정당성을 갖습니다.

30여 년 전, 제가 대학을 졸업할 때 기독교 기업임을 공개적으로 표방한 한 회사가 젊은이들이 가고 싶은 기업에 1순위로 꼽혔습니다. 정직하게 경영하고, 주일을 잘 지키며, 뇌물 등의 타협 없이 사회적 책무를 잘 감당하려 노력하는 기업이었습니다. 그 회사 대표는 청년들 집회에 강사로 다니면서 큰 호응을 이끌었고, 성경적인 성공의 모델이 되기도 했습니다. 그런데 바로 그 기업이 지금은 노동자들을 착취하고 임금을 적게 지불하려고 수단과 방법을 가리지 않는 기업으로 인식되고 있습니다. 이 기업의 경험을 바탕으로 노동문제를 다룬 영화도 만들어질 정도입니다.

이것은 비단 한 기업만의 문제가 아닙니다. 몇 년 전, 군대의 어느 사령관이 병사를 비인간적으로 다룬 것이 사회적 문제가 된 일이 있습니다. 그 간부의 부인이 평소에 성경을 차에 두고 다녔는데, 병사가 집 청소를 하면서 안방에 있던 성경을 차에 옮겨 두지 않았다고 폭언한 대목이 세간에 알려졌습니다. 더구나 사령관 부부가 평소에 새벽기도에 열심히 나가는 교인으로 보도되면서 문제가 더욱 크게 부각되었습니다.

이것이 과연 개인 품성의 문제일까요? 그럴 수도 있겠지만, 우리가 사회적 약자를 어떻게 대해야 하는지에 대한 성경의 원리를 배우는 데 소홀히 했기 때문이 아닐까 생각합니다. '이 사회에서 어떻게 살아갈 것인가'와 관계없이 그저 경쟁에서 이겨 높은 자리에 올라 하나님을 찬양하라고 가르쳐 온 결과, 오늘날 기독교가 근본부터 흔들리는 것은 아닐까요?

한때 대표적 기독교 기업으로 꼽히던 기업이 인권이나 민주적 가치라는 사회적 시각에서 바라보았을 때 악질 기업으로 인식되는 상황을 오늘날 그리스도인들이 함께 반성하고 회개해야 합니다. 단순히 그들이 하나님 말씀대로 살지 못한 것이 아니라, 교회가 가르쳐 왔던 신앙의 기준과 방향이 잘못 정의되지는 않았는지 자문해야 합니다. 성경에 "사회에서 인정받으면 하나님도 기뻐하실 것이다"라는 말씀은 없습니다. 예수께서는 오히려 지극히 작은 자 하나에게 어떻게 했는지를 기준으로 우리 삶을 평가하겠다고 하셨습니다(마 25:40).

## 함께 식사하는 공동체가 필요하다

그러면 지극히 작은 자 하나를 귀하게 여기는 심성과 태도를 우리는 어떻게 배양할 수 있을까요? 성경의 해답은 공동체에 있습니다.

> 너희는 유대인이나 헬라인이나 종이나 자유인이나 남자나 여자나 다 그리스도 예수 안에서 하나이니라(갈 3:28).

모든 차별과 구별은 그리스도 안에서 이미 철폐되었습니다. 본질적으로 노예도 없고, 노예 주인도 없다는 뜻입니다. 그리스도 안에서 새로운 세계를 구현하는 공동체의 삶이 세상과는 구별된 윤리적 태도를 갖게 합니다. 교회 안에서 노예와 여성을 형제이자 동역자로 대하고 살아가던 사람이라면, 자신의 집에서도 노예를 비롯한 식솔들을 다른 태도로 대하지 않을까요? 모든 일이 성직이라는 종교개혁자들의 주장에는 바로 이런 평등의 복음이 내재되어 있습니다. 사람이 하는 일을 고귀한 성직과 하찮은 세속적인 일로 나누는 차별에 대한 문제의식, 하나님의 창조 사역에 동참하는 인간으로부터 노동의 고귀한 보람과 자부심을 박탈해 버린 종교권력에 대한 분노를 읽을 수 있어야 합니다.

이방인과 유대인들이 한 식탁에서 식사하는 공동체가 파괴되었을 때 바울 역시 분노했습니다.

> 게바가 안디옥에 이르렀을 때에 책망받을 일이 있기로 내가 그를 대면하여 책망하였노라. 야고보에게서 온 어떤 이들이 이르기 전에 게바가 이방인과 함께 먹다가 그들이 오매 그가 할례자들을 두려워하여 떠나 물러가매 남은 유대인들도 그와 같이 외식하므로 바나바도 그들의 외식에 유혹되었느니라. 그러므로 나는 그들이 복음의 진리를 따라 바르게 행하지 아니함을 보고 모든 자 앞에서 게바에게 이르되 네가 유대인으로서 이방인을 따르고 유대인답게 살지 아니하면서 어찌하여 억지로 이방인을 유대인답게 살게 하

려느냐 하였노라(갈 2:11-14).

안디옥에서 일어난 일이라 '안디옥 사건'이라 불립니다. 예수 그리스도 이전에 이미 유대인 회당들에는 이방인 개종자들이 함께 모여 유대 종교 의식에 참여하고 있었습니다. 이들 중 상당수가 할례를 받지 않았기 때문에 온전한 하나님의 백성으로 대접받지 못했습니다. 유대인들이 "우리 조상 아브라함"이라고 기도할 때, 그들은 "여러분의 조상 아브라함"이라고 다른 말로 기도해야 할 정도였습니다. 유대인들은 이들과 함께 앉아서 밥을 먹을 때 자신의 정결이 위협받는다고 생각했습니다. 그러나 예수님은 세리 및 '죄인'이라 불리는 이들과 스스럼없이 어울려서 식탁교제를 가졌습니다.

안디옥에 있는 교회는 이런 예수의 정신을 이어받아 식탁 가운데서 유대인과 이방인의 장벽을 허물었습니다. 유대인과 이방인들이 한 식탁에 앉는 것은 전통적인 유대주의자들이 보기에는 파격적인 일이었습니다. 베드로와 바나바도 바울과 함께 하나된 식탁교제에 참여했습니다. 그러나 유대주의자들이 그 교회에 도착하자, 베드로와 바나바는 이방인과 함께하는 식탁에서 물러났습니다. 한 식구처럼 밥을 먹던 이방인 그리스도인들이 받았을 상처는 짐작하고도 남습니다.

바울은 이 문제에 단호하게 대응했습니다. '우리됨'을 지키는 것을 복음의 본질로 보았기 때문입니다. 식탁의 분리는 이방인들을 온전한 하나님의 백성이 아닌 이등 백성으로 전락시키는 행위입니다. 함께 밥을 먹을 수 없다면 '우리'라는 말은 무의미합니다. 아무리 입으로 바른 교리를 말한다고 해도 말입니다. 바울은 이신칭의(以信稱義)에 대한 신학적인 토론을 하다가 싸운 것이 아닙니다. 바울이 대선배인 베드로에 대항하고 필생의 은인인 바나바에 맞선 것은 추상적인 이론이나 교리 차이도, 구약성경 해석 방법에 대한 차이도 아닌 실천 방법에서의 차이였습니다. 그 실천의 핵심에는 "우리는 같이 밥을 먹을 수 있는가?"라는 질문이 있었습니다. "명제적으로 진술되는 교리가 가장 중요하고, 그것만 바로 가르치면 식탁의 좌석 배치는 아무래도 상관없는가?"라는 질문에 대한 바울의 입장은 분명했습니다. 식당에서 함께 식사하는 공동체를 만들기 위해 '교리적 설명'을 들고 나와서 구약성경의 해석을 논하였습니다.

회사에 해당하는 영어의 'company'는 라틴어에서 프랑스어를 거쳐 온 말로, 빵(pane)을 같이(com) 먹는 사이라는 말입니다. 우리말로 한솥밥을 먹는 '식구'(食口)라는 말과 같습니다. "사원을 가족같이, 회사를 내 집같이"라는 말은 현대 한국 산업사회만의 슬로건이 아니라, 무릇 함께 일하는 모든 그룹이 가져야 할 자세에 대한 보편적인 이상입니다. 이상과 현실이 일치하는 예는 드물기 때문에 "사원을 가족같이"라는 말이 얼마간은 환상일 수밖에 없기는 합니다. 그러나 이상과 현실의 차이가 너무 커지면 사회는 근본부터 무너져 내립니다. 열심히 일하면서도 "우리 회사"라는 말이 도무지 실감나지 않는 사람들에게 노동의 의미는 과연 무엇일까요?

회사에서 조직의 사활을 걸고 무슨 일을 추진할 때를 상상해 보십시오. 사장이나 고위직 상사가 사원들에게 힘주어 "우리 회사"를 위해서 노력하자고 할 때 비정규직 사원들은 어떻게 들을까요? "우리 회사라니, 당신들의 회사이지요"라고 생각하지 않겠습니까? 언제까지 이 직장에 출근할지 모르는데 우리 회사라는 말이 마음에 와 닿겠습니까? 회사는 다니지만 우리 회사는 아니라고 여길 것입니다. 사장의 회사이거나 잘해 봐야 정규직 사원들의 회사입니다. 세월호가 침몰했을 때 5층 객실에 있던 아이들을 구하기 위해 4층으로 내려갔다가 구명조끼를 입지 못한 채 숨진 교사가 있습니다. 그녀가 기간제 교사라는 이유로 애당초 순직 대상에서 빠졌을 때, "죽어서도 차별받는 비정규직"이라는 제목으로 보도되었습니다.[2]

면벌부를 팔던 교황청을 향해 분노를 내뿜었던 루터가 오늘날 한국에서 살았다면, 이러한 사회권력을 향해 분노하지 않았을까요? 당시 교황청은 종교권력이자 정치권력이었습니다. 우리는 권력에 대한 루터의 분노를 박제화해 놓고 기존 체제에 순응하는 노동 윤리만을 선별적으로 강조하고 있는 것은 아닐까요? 물론 현대 개신교의 신학적 입장에 루터가 전혀 책임이 없다고 할 수는 없습니다. 종교개혁의 메시지가 일깨운 농민들의 의식이 혁명의 불길이 되어 쇄도할 때, 루터는 그들을 강하게 비판하고 그 불을 진화하는 데 앞장섰습니다. 사회학자 막스 베버의 추정에 따르면, 루터에게는 자신이 제시한 새로운 교리의 미래가 더 중요했으며 농민전쟁으로부터 그 교리를 보호하고 싶은 마음으로 가득 찼을 것입니다. 루터는 갈라디아서 2장의 안디옥 사건을 주해하면서 베드로가 "사망에 이르는 죄"를 범했다고 단언합니다. 자신이 살던 시대의 타락한 교황의 모습을 베드로에게 투사한 결과로 보입니다. 바울의 일차적 관심이 함께 식사하는 관계의 보호에 있었으므로 루터가 이 본문을 주해하면서 "함께 식사하는 공동체"의 의미를 좀 더 깊이 탐구했으면 어땠을까 하는 아쉬움이 남습니다.

고린도 교회의 성찬모임에 대한 질책에서도 그와 같은 바울의 관심이 드러납니다.

> 그런즉 너희가 함께 모여서 주의 만찬을 먹을 수 없으니 이는 먹을 때에 각각 자기의 만찬을 먼저 갖다 먹으므로 어떤 사람은 시장하고 어떤 사람은 취함이라. 너희가 먹고 마실 집이 없느냐. 너희가 하나님의 교회를 업신여기고 빈궁한 자들을 부끄럽게 하느냐. 내가 너희에게 무슨 말을 하랴. 너희를 칭찬하랴. 이것으로 칭찬하지 않노라(고전 11:20-22).

평등하게 먹을 수 없다면, 그들은 이미 주의 성찬을 거행할 자격이 없다는 말씀입니다. 아무리 탁월한 은사가 나타나고 영적 지식이 풍성해도 소용없습니다. 여기서 바울이 '집'과 '교회'를 대비하고 있다는 점에 주목하십시오. 그는 집이 어느 정도 불평등이 존재할 수밖에 없는 공간이라는 점을 인정하고 있습니다. 나란히 놓았을 때 '에클레시아'는 그래서는 안 된다는 말입니다.

헬라어나 라틴어에는 정확히 '가정'(family)에 해당하는 단어가 없습니다. 가족을 이루는 집단과 구성원을 말할 때도 오늘날과 같은 친밀한 뉘앙스는 없습니다. 라틴어 '파밀리아'(familia)는 놀랍게도 한 집안의 노예들을 가리키는 집합명사로 쓰였습니다. 가정 운영을 의미하는 헬라어 '오이코노미아'(oikonomia)는 '이코노미'(economy, 경제)의 어원이 되었습니다. 인류 최초의 본격적인 경제학 교과서라 할 수 있는 크세노폰의 『오이코노미코스』는 농업사회에서의 가정 경영에 관한 책이었습니다.[3]

고대 그리스 사회의 두 축은 정치 단위로서의 '폴리스'(polis)와 경제 단위로서의 '오이코스'(oikos)였습니다. 폴리스는 인간 사회의 평등을 구현하고(물론 성인 남자 시민들만의 평등이라는 한계는 있었지만) 명예를 존중하는 이상적인 공간이었던 반면, 오이코스는 효율과 능률을 숭상하는 경제 단위였습니다. 이 두 사회 조직의 윤리(에토스)는 현격하게 대조됩니다.

이를테면 영어 '데스팟'(despot)의 어원이 된 '데스포테스'는 정치공동체인 폴리스에서 독재자를 가리킵니다. 경계대상 1호인 극히 부정적인 개념입니다. 그러나 경제공동체인 오이코스에서는 평범한 의미에서의 가장이 '오이코데스포테스'(oikodespotes)입니다. 폴리스에서 극도로 경계되던 절대적 권력이 가장에게는 자연스럽고 당연한 것이 됩니다. 로마의 가장들은 이론상 모든 식솔의 생사여탈권을 가지고 있었습니다.

이것은 오이코스가 효율성을 추구하는 경제단위인 것과 관련이 깊습니다. 바울은 교회를 '에클레시아'라고 부르면서 오이코스와 강하게 대립시킵니다. "너희가 먹고 마실 집[오이키아, 오이코스와 동의어]이 없느냐. 너희가 하나님의 교회[에클레시아]를 업신여기고 빈궁한 자들을 부끄럽게 하느냐"(고전 11:22). 집에서의 행동방식과 교회에서의 행동방식이 달라야 한다는 것입니다. 이 말에는 집은 빈궁한 자들이 멸시받을 수밖에 없고 노예에 대한 억압이 횡행하는 곳이라는 바울의 인식이 전제되어 있습니다. 복음서에 예수님을 따르기 위해 집을 떠나는 이야기가 자주 나오는 것은 우연이 아닙니다. "죽은 자들이 그들의 죽은 자들을 장사하게 하라"(마 8:22)는 말은 가정을 포기하라는 말씀이 아닙니다. 예수님을 따르는 에클레시아가 먼저 하나님 나라의 삶을 실현하고, 그 생활원리로 사회 전체를 변화시키는 것이 하나님의 목표입니다. 그리스도의 몸된 교회는 "만물 안에서 만물을 충만하게 하시는 이의 충만함"(엡 1:23)입니다. 물론 오이코스의 변화도 여기에 포함됩니다. 왜곡되고 억압적이 되어 버린 오이코스가 에클레시아의 삶을 통해서 변화하게 될 것입니다.

## 신자유주의 시대의 가정

고대인의 오이코스는 오늘날의 가정과 회사를 함께 묶어 놓은 개념입니다. 역사 속에서 가정에 대한 이데아와 현실이 서로 일치한 적은 별로 없습니다. 오히려 효율성의 잣대로 인간을 수단화하는 억압적인 제도로 기능한 예가 많습니다. 오늘날의 가정도 아름다운 사랑으로 넘쳐나는 평화로운 보금자리이기만 한 것은 아닙니다.

효율이 우상화된 경제 질서 아래에서는 가정도 온전하지 못합니다. 신자유주의의 발원지인 미국에서도 해고는 끔찍한 경험입니다. 그러나 해고되었다는 사실을 가족에게도 말하지 못하고 한동안 출근하는 척하는 이들을 저는 미국에서 보지 못했습니다. 한국에서는 해고된 가장이 해고 사실을 숨기고 퇴직금 일부를 월급이라고 속이면서 정기적으로 가정에 가져다주는 경우가 많고, 그러다가 노숙인이 된 예도 언론에 종종 보도되곤 합니다. 몇 년 전 공무원 시험에 합격했다고 부모를 속이고 일 년간 거짓으로 출퇴근하다가 마침내 자살한 어느 청년의 안타까운 이야기를 뉴스에서 접했습니다. 이 청년을 자살로 몰고 간 심적 부담에는 월급을 받는 척하려고 대출받았던 돈에 대한 압박도 포함되어 있었을 것입니다.

세상 모두가 나를 생산성의 기준으로 평가하고 효율성의 잣대로 재단해도, 가정만큼은 나를 있는 그대로 받아 주어야 하지 않겠습니까? 그것이 우리가 흔히 하는 "그래도 제 집에서는 귀한 자식이야!"라는 말이 담고 있는 의미 아닐까요? 취직을 못해도, 돈을 잘 벌지 못해도, 승진에서 연속 탈락해도, 비정규직을 전전해도, 하루 종일 하는 일이라고는 이력서 쓰는 것뿐이라 해도, 내가 천하보다 귀한 생명임을 깨우쳐 주는 공동체가 한 군데는 있어야 합니다. 그래야 사람이 살 수 있습니다. 이것이 가정에 대한 사람들의 기대입니다.

그러나 안타깝게도 현재 한국 사회에서 가정은 그 기능을 상실해 가고 있습니다. 과도한 경쟁사회에서 살아남기 위한 경쟁력 제고의 기지로 전락하였습니다. 살인적인 입시경쟁은 결국 좋은 대학을 거쳐 좋은 회사 입성에 유리한 '회사형 인간'을 만들기 위한 부모들의 눈물겨운 노력의 결과입니다. 이 가공할 경쟁의 압력 아래 가정의 가치는 흔들리고 있습니다. 자본주의의 무한경쟁, 신자유주의의 비인간성이 한국 사회를 막다른 골목으로 몰아 왔다고 할 수 있습니다. 물론 실직 이후의 사회 안전망이 미국만큼 갖추어지지 않은 탓도 있겠지만, 가정에 대한 책임과 체면을 중요시하는 한국 문화의 특성을 고려할 때 문화적 요인도 큽니다. 서구 경제이론인 신자유주의가 다른 가치관과 문화로 살아가는 한국에 와서 인간 삶의 근본을 심하게 흔들어 놓고 있는 것입니다.

### 다윗 이야기에 나타난 에클레시아

열심히 일하면서도 정당한 몫을 누리지 못하고 소외의 그늘에 신음하게 되는 현상은 단지 정책만의 문제도 아니고 회사만의 책임도 아닙니다. 우리의 문화와 가치관 전반에 미묘하게 얽혀 있는 문제입니다. 성경이 우리에게 어떤 가치관을 요구하는지 면밀히 살펴보아야 합니다.

다윗이 광야생활을 하면서 시글락이라는 성에 머물고 있을 때였습니다. 원정을 떠났다가 돌아왔는데, 성이 아말렉 군의 침입으로 이미 잿더미가 된 상태였습니다. 그들의 아내와 자녀들 또한 모두 포로로 잡혀간 뒤였습니다. 다윗의 무리는 크게 낙심하였으나 다시 추스르고 침략자들을 추격합니다.

다윗이 부하 육백 명을 데리고 브솔 시내에 도착했는데, 이 중 이백 명은 지쳐서 도저히 따라가지 못하는 상태였습니다. 다윗은 이들을 쉴 수 있도록 배려하고, 나머지 사백 명을 이끌고 아말렉 군이 있는 전장으로 뛰어듭니다. 이 전투에서 다윗의 군대는 큰 승리를 거두고 가족을 포함하여 아말렉 군에게 빼앗긴 모든 것을 되찾습니다. 그와 함께 많은 전리품을 확보합니다. 그런데 이 전리품을 나누는 과정에서 문제가 생깁니다. 다윗과 함께 출전했던 사람들이 이렇게 주장했던 것입니다.

> 다윗과 함께 갔던 자들 가운데 악한 자와 불량배들이 다 이르되 그들이 우리와 함께 가지 아니하였은즉 우리가 도로 찾은 물건은 무엇이든지 그들에게 주지 말고 각자의 처자만 데리고 떠나가게 하라 하는지라(삼상 30:22).

한마디로 우리가 목숨 걸고 싸워서 확보한 것이니 브솔 시내에 남아서 쉰 사람들과 똑같이 배분하는 것은 불공평하다는 것입니다. 세상적인 기준으로 보면 나름대로 설득력을 갖춘 주장입니다. 하지만 성경은 이런 사람들을 무엇이라 말합니까? 함께 출발했지만 중간에 어쩔 수 없이 낙오한 사람들의 몫을 주지 않으려는 사람들을 가리켜 “악한 자와 불량배들”이라고 말합니다. 성경의 기준은 타협의 여지 없이 분명합니다.

이와 같은 가치관에 따르면, 오늘날 한국인들의 평균 의식 수준은 어떠할까요? 한국의 비정규직 종사자 가운데는 정규직 종사자 못지않은 실력을 가지고 그들보다 훨씬 힘들게 일하면서도 형편없이 낮은 임금을 받는 이들이 많습니다. 그나마 계속 일할 수 있다는 보장이 없기에 불안감은 더욱 큽니다. 비정규직으로 입사한 이들을 정규직화하고자 할 때, 기존의 정규직 근로자들이 반대하는 예가 많습니다. 어려운 과정을 통과하여 들어온 자신들과 다르다는 것입니다. 그 회사의 정규직으로 입사하기 위해 준비하고 있는 사람들 입장에서도 기회가 불공정하다고 느낄 수 있습니다. 복잡한 이해관계가 얽힌 문제이기에 쉽게 답을 찾기는 힘들 것입니다. 이해당사자들이 자신의 입장을 밝히기도 하고, 서로 인내를 갖고 대화하며 풀어가야 할 것입니다. 문제는 공정한 대화가 힘들다는 것입니다. 노사의 관계에서는 노동자가 주로 약자이지만, 정규직과 비정규직의 관계에서는 비정규직 근로자가 대체로 약자이며, 권익향상을 위해 목소리를 낼 기회도 정규직 근로자에게 한정되어 있습니다. 같은 능력에 같은 노동을 한다면, 직업의 불안정성이 상대적으로 높은 비정규직 근로자의 임금이 조금 더 높은 것이 합리적이며 공정하다고 해야 하지 않을까요?

성경은 수고한 사람들끼리만 나누어 가지자고 한 사람들도

"악한 자와 불량배들"이라고 말하는데, 같은 일을 하고도, 아니 더 많고 위험하며 험한 일을 하고도 더 작은 몫을 가져가야 하는 우리 사회를 가리켜 하나님은 뭐라고 하실까요?

다윗은 다음과 같이 말합니다.

> 이 일에 누가 너희에게 듣겠느냐. 전장에 내려갔던 자의 분깃이나 소유물 곁에 머물렀던 자의 분깃이 동일할지니 같이 분배할 것이니라 하고(삼상 30:24).

"소유물 곁에 머물렀던 자"를 '전투에 참여하지 않았기 때문에 아무런 기여를 하지 않았던 자'로 규정하지 않습니다. 나름의 중요한 역할이 있었다고 말합니다. 물론 목숨을 걸고 싸운 것과는 다르다고 말할 수 있을 것입니다. 그러나 다윗의 주장은 확고합니다. 그 판단 뒤에 있는 가치관을 들여다볼 필요가 있습니다.

> 다윗이 이르되 나의 형제들아, 여호와께서 우리를 보호하시고 우리를 치러 온 그 군대를 우리 손에 넘기셨은즉 그가 우리에게 주신 것을 너희가 이같이 못하리라(삼상 30:23).

다윗에게는 승리를 주신 분은 하나님이시고, 풍성한 재물을 주신 분도 하나님이시라는 확신이 있었습니다. 내 것이 아닙니다. 내가 잘나서 여기까지 온 것이 아니고, 내가 탁월해서 이만큼 성취한 것이 아니고, 내 능력으로 이만큼 번 것이 아닙니다. 하나님이 은혜로 주신 것입니다. 그렇다면 그 재물을 나누는 데 있어서도 하나님의 뜻을 반영해야 한다는 것이 다윗의 생각이었습니다.

이것은 다윗의 광야생활 막바지에 발생한 사건입니다. 하나님이 다윗을 왕으로 삼으시기 위해서 광야의 훈련을 거치게 하셨습니다. 광야는 다윗 한 사람의 태도뿐 아니라 함께 살아가는 공동체의 문화를 만들어 가는 과정이기도 했습니다. 이것은 하나님이 다윗을 통해서 다스리실 '하나님 나라'의 원리를 보여주는 사건입니다. 나라를 통치하기 전에 자신의 작은 공동체에서 나라 전체를 위한 비전을 체화하라는 하나님의 뜻으로 볼 수 있습니다.

다윗 군이 아말렉 군의 행방을 찾을 수 있었던 것은 한 애굽 사람을 만났기 때문이었습니다. 다윗은 광야에서 사흘 동안 굶어 거의 죽게 된 소년을 살려 주었습니다. 갈 길이 바쁘지만 죽어가는 소년을 그냥 두고 볼 수 없기에 친절을 베푼 것입니다. 알고 보니 이 소년은 아말렉 군이 부리다가 병이 들자 버리고 간 것이었습니다.

> 무리가 들에서 애굽 사람 하나를 만나 그를 다윗에게로 데려다가 떡을 주어 먹게 하며 물을 마시게 하고 그에게 무화과 뭉치에서 뗀 덩이 하나와 건포도 두 송이를 주었으니 그가 밤낮 사흘 동안 떡도 먹지 못하였고 물도 마시지 못하였음이니라. 그가 먹고 정신을 차리매 다윗이 그에게 이르되 너는 누구에게 속하였으며 어디에서 왔느냐 하니 그가 이르되 나는 애굽 소년이요 아말렉 사람의 종이

더니 사흘 전에 병이 들매 주인이 나를 버렸나이다(삼상 30:11-13).

다윗의 친절로 목숨을 건진 애굽 소년이 아말렉 군이 간 곳을 가르쳐 줍니다. 이 소년이 없었더라면 다윗 군은 전리품은 고사하고 가족도 찾지 못했을 것입니다. 내 갈 길도 바쁘지만, 내 먹을 것도 부족하지만, 주린 자를 돌보는 마음 위에 하나님께서 복을 주십니다.

우리 사회가 아말렉 군처럼 필요할 때 쓰고 병들면 버리는 사회인지, 아니면 다윗 군처럼 낙오자도 돌보는 사회에 가까운지 생각해 보아야 합니다. "무리가 들에서" 이 애굽 사람을 만나 다윗에게 데려왔다는 것은 이 원리가 다윗 혼자의 것이 아닌 공동체의 문화가 되어가고 있음을 보여줍니다.

약한 자를 배려하고 함께 살아가는 삶, 먹는 것에서부터 차별이 없는 삶을 다윗이 보여주고 있습니다. 구약의 이스라엘은 신약에 나타난 에클레시아의 예표라는 점에서 하나님의 백성이 어떤 가치관으로 살아가야 하는지를 보여줍니다. 다윗이 자란 가정도 막내에게는 기회를 주지 않는 차별의 문화 속에 있었습니다(삼상 16:11). 하나님의 통치가 임하면, 국가의 통치구조뿐 아니라 가정의 문화와 직장생활을 이끌어 가는 원리까지 바뀌게 됩니다.

## 효율성을 숭상하는 사회에 던지는 도전

10년 전, 직장인의 고달픈 삶을 그린 윤태호의 인기 웹툰「미생」이 드라마로 방영되어 큰 인기를 끈 적이 있습니다. 이 드라마의 배경인 무역상사는 극한의 직업처럼 묘사되지만, 사실 많은 젊은이들에게 꿈의 직장이라 할 수 있습니다. 이 드라마에 이런 장면이 나옵니다. 전쟁터 같은 직장에서 허덕이며 스트레스가 극에 달한 오 차장에게 몇 해 전 회사를 퇴직한 선배가 찾아옵니다. 회사가 전쟁터라고 불평하자 선배가 말합니다.

"회사 안이 전쟁터라고? 밖은 지옥이다."

오 차장뿐 아니라 시청자들의 간담을 서늘하게 하는 대사였습니다. 회사 밖이 지옥이니 어떤 수를 써서라도 붙어 있어야 한다면, 회사는 점점 더 무리한 요구를 할 수 있는 여지가 생깁니다. 결국 회사 밖이 지옥이라는 사실과 회사 안이 견디기 힘든 극한 경쟁의 장이라는 관찰은 동일한 사실의 양면일 뿐입니다. 그렇게 들어가기 힘든 회사가 결국 버티기도 힘든 회사가 되면서 사회 전체가 숨막히는 공간이 됩니다.

몇 년 전에는「극한 직업」이라는 영화가 크게 흥행한 바 있습니다. 경찰의 마약전담 수사팀이 능력을 인정받지 못하고 팀 해체 위기에 처하자, 사활을 걸고 마약 용의자들을 수사한다는 설정입니다. 그들은 용의자들의 아지트 앞 치킨집에서 잠복하고 감시합니다. 그러다가 우연찮게 치킨집을 인수하게 되는데, 뜻밖에도 대박이 나고 맛집으로 등극하게 됩니다. 별로 현실성 없어 보이는 그와 같은 설정이 어떻게 관객들의 폭발적인 공감을 얻을 수 있었을까요? 영화 중에 이런 대사가 있습니다.

"우리 같은 소상공인들 다 목숨 걸고 일하는 사람들이야."

마약을 판매하는 무시무시한 범죄조직과 싸우는 것보다 치킨 튀기고 배달하는 것이 더 힘들다는 말입니다. 영화 마지막에 범인들과 결투하는 장면이 나오는데, 아주 쉽고 경쾌하게 제압하고 체포합니다. "범인 체포가 가장 쉬웠어요!"라고 할 만합니다. 오늘날 소상공인들 삶의 고단함을 잘 표현해 낸 것이 폭넓은 공감을 얻은 비결이었습니다.

효율성이 지배적 가치가 될 때 우리 사회는 비인간적이 됩니다. 신자유주의라는 이름의 효율성 숭배는 인간사회의 모든 가치를 위험에 빠트립니다. 회사는 더 이상 빵을 함께 먹는 'company'가 아닙니다. 교육도, 자아상도, 가정도 제자리를 떠나 일탈하고 있습니다.

예수님은 효율성을 숭상하는 사회 가운데 깜짝 놀랄 도전을 던지십니다. 아흔아홉 마리 양을 산에 두고 길 잃은 양 한 마리를 찾아 나서는 목자의 이야기를 보십시오(눅 15:4-7). 이것은 인간의 생각을 넘어서는 충격적인 도전입니다. 경제가 우상이 된 시대에 우리는 인간을 어떻게 이해해야 합니까? 한국 사회에서 존경받는 한 경제학자는 자신이 교수로서 가르친 50년 동안 최소한 처음 25년은 잘못 가르쳤다고 고백하면서 그 이유를 이렇게 설명합니다.

나는 경제 주체인 피(血)와 살(肉)과 혼(靈魂)을 가진 사람(homo sapiens)을 놓치고, 피도 눈물도 감정도 없는 합리적인 경제인(homo economicus)을 상정하여 그 시장경제 행위만을 분석의 대상으로 삼아 연구하고 가르쳤다.[4]

## 함께하는 기쁨 회복하기

한 마리 양을 찾아 나선 목자의 이야기는 한 인간이 얼마나 귀한지 보여주는 한편, 양을 찾았을 때 기쁨으로 잔치를 벌이는 장면은 제대로 사는 것이 과연 어떤 모습인지를 보여줍니다. 이어서 등장하는 잃은 드라크마를 찾은 여인 이야기, 잃은 아들을 되찾은 아버지 이야기(탕자의 비유)도 마찬가지로 잔치 장면으로 마무리됩니다. 고작 한 마리 양, 한 드라크마 때문에 벗과 이웃을 불러 잔치를 벌인 것입니다(눅 15장).

효율 지상주의 논리의 극복은 함께 먹는 잔치와 생명의 소중함을 경축하는 축제의 공동체에서 시작되어야 합니다. 그것이 사람 사는 세상입니다. 잔치에 사용되는 재물이 아까운 나머지 그 잔치에 기쁜 마음으로 참여하지 못하고 있다면, 그가 하나님 나라로부터 얼마나 멀리 떨어져 있는지, 그 역시 탕자 못지않게 회개하고 뉘우칠 필요가 있음을 탕자의 비유는 역설합니다. 아버지의 집에서 묵묵히 일하는 맏아들은 종교개혁이 말하던 좁은 의미에서의 일의 영성에 들어맞는 인물입니다. 그러나 한 사람을 아끼는 마음이 없고, 생명의 회복을 기뻐하며 함께 잔치를 즐길 만한 여유가 없다면 성경적 영성의 사람은 아닌 것입니다.

우리가 변화해야 한다면 어디에서 출발해야 할까요? 바로 함께 밥을 먹는 공동체입니다. 바른 교리만으로는 부족합니다. 입으로는 이방인도 하나님의 자녀라고 말하면서 그들과 함께 밥을 먹을 용기와 관용이 없다면, 그 사람은 위선자입니다(갈 2:13). 그리스도의 사랑은 말의 사랑이 아니라 몸의 사랑입니다. 말씀이 육신이 되신 성육신의 사랑이며, 그 사랑을 구현하는 공동체가 그리스도의 몸인 교회입니다. 교회는 모든 사람이 천하보다 귀하다는 진리를 삶으로 새겨가는 공동체입니다. 진정한 교회 공동체를 맛본 사람들은 자신의 삶의 소중함을 압니다. 또한 자신이 처한 자리에서 한 사람을 있는 그대로 사랑하며 천하보다 귀하게 여기는 삶을 삽니다. 그러한 가운데 우리의 가정도 회복될 수 있습니다.

예수님을 제대로 믿는다면, 세상이 몰아가는 맹목적인 경쟁의 광풍에 저항하며 자신의 길을 가게 해주는 영적 근력이 조금씩 생길 수밖에 없습니다. 하나님이 주신 자신의 삶의 조건을 존중하고 자신을 계발해 나갈 것입니다. 정말 내가 사랑할 수 있는 일의 종류와 방식을 진지하게 고민하고 열심히 찾을 것입니다. 핵심은 함께 일하는 사람들과 관계를 맺는 방식입니다. 직업 현장에서 함께 일하는 사람들을 존중하고 사랑하는 관계를 형성하는 데 보다 욕심을 내야 할 것입니다. 서로를 이용하고 경계하고 착취하는 직장이라면, 아무리 연봉이 높아도 불편하고 괴로울 수밖에 없습니다.

그리스도께서는 우리에게 진리의 말씀을 몸으로 살아낼 용기와 자유를 주셨습니다. 그 자유를 살아낼 힘을 지속적으로 공급받는 것이 함께 빵을 나누는 공동체이며, 우리는 그렇게 살면서 세상의 소금과 빛이 되어 갑니다. 그리스도인이라면 자신이 맡은 삶의 영역에서 자신의 책임으로 결정할 수 있는 부분에서라도 사람을 귀하게 여기는 작지만 구체적인 실천을 할 것입니다. 또한 천하보다 귀한 인간보다 돈을 더 중요하게 여기는 풍조, 차별을 키우고 소외를 심화시키는 정책에 대해 분노하고, 함께 문제의식을 가진 이들과 연대하며 길을 모색할 것입니다.

초대교회는 노예와 주인이 세상의 모든 사회적 차별을 내려놓고 형제와 자매로 만나는 공동체로서 삶의 모판 역할을 했습니다. 우리도 그런 교회를 세워야 합니다. 평등의 관계를 매일의 삶 가운데 지속적으로 훈련한 사람들이 가정과 직장에서 모든 사람을 사랑하고 존중하는 삶을 실천할 수 있을 것입니다.

## 말씀과 씨름하기

1. 사무엘상 30:1-25을 읽어 보십시오. 인생 가운데 지칠 정도로 울어 본 경험(삼상 30:4)이 있습니까? 직장을 구하거나 직장생활을 하거나 사업을 하다 보면 그와 같이 괴롭고 힘든 상황을 맞이하는 경우가 많습니다. 이런 사회를 살아가는 우리에게 다윗의 이야기는 어떤 도전을 줍니까?

2. 아말렉 군과 다윗 군의 사람을 대하는 태도가 서로 어떻게 다른지 나누어 봅시다(삼상 30:11-13).

3. 직장에서 나보다 약한 이를 배려하고 함께하는 문화를 만들어 가기 위해 우리가 할 수 있는 일은 무엇입니까? 건강한 문화를 만들어 가는 데 있어서 사무엘상 30장 본문에서 배울 수 있는 것은 무엇입니까?

4. 한 마리 양을 찾아 험한 길을 나서고, 찾았을 때 큰 잔치를 벌인 목자 이야기는 비효율의 전형이라 할 수 있습니다. 효율을 숭상하고 효율을 위해 사람을 희생시키는 현대 문화에 이 말씀은 어떤 도전을 줍니까? 사무엘상 30장의 다윗 이야기와 누가복음 15장의 세 이야기(잃은 양, 잃은 드라크마, 잃은 아들)는 서로 어떤 연관이 있습니까?

# 힐링 시대의 신앙

# 6

## 고지론에서 힐링으로

'교회는 자신의 목소리를 갖고 있는가?' 이것은 한국 교회와 관련한 가장 뼈아픈 질문입니다. 교회는 사회 안에 존재하고 사회에 대한 책임을 가지고 있기 때문에 사회의 변화를 반영하되 사회와 구별되는 지향과 태도를 갖추어야 합니다.

한국 경제가 고도로 성장하던 1980-90년대, 강남에 빌딩이 들어서고 벼락 땅부자가 속출하던 시기에 한국 교회는 급성장했습니다. 저마다 야망을 불태우던 시기에 한국 교회는 "고지를 정복하라"는 말을 '주력 상품'으로 내세웠습니다. "하나님의 영광을 위하여"라는 단서가 붙기는 했지만, 세속적인 야망을 추구하는 양태는 세상 사람들과 별반 다르지 않았습니다. 하나님의 영광이라는 목표가 있어서인지 더 열심히 목표를 향해 달렸습니다. 많은 성공 사례가 나왔고, 간증이라는 이름으로 세속적 성공을 종교적 언술로 포장하는 문화는 강화되어 갔습니다. 이러한 문제점을 직시하고 고지론에 대한 신학적 문제와 반성적 성찰이 치열하게 제기되었습니다. 고지가 아니라 남이 가지 않으려는 곳으로 가야 한다는 미답지론이 등장하는가 하면, 사회정의에 대한 책임을 강조하는 목소리도 점차 높아졌습니다. 그렇지만 교회 현장에서 고지론의 위세는 좀처럼 수그러들지 않았습니다.

그러던 고지론이 이제는 종적을 감추었습니다. 젊은이들이 열심히 달려왔지만 그 앞에 거대한 장벽이 있음을 발견하게 되었기 때문이었습니다. 'N포 세대', '흙수저·금수저', '헬조선'이라는 말이 시대의 키워드가 되면서, 저 고지에 있는 사람들은 나의 밝은 미래를 보여주는 모델이 아니라 현재 내 처지의 어두움을 강조하는 장치가 되었습니다. 고지에 올라 있는 이들의 부도덕함이 드러나면서 사회의 '지도층'들은 분노와 질시 혹은 조소의 대상이 되었습니다. 안타깝게도 기독교인들도 그러한 비호감 기득권층에서 예외가 아니라는 사실이 확인되면서 고지론은 설 자리를 잃었습니다.

30여 년 전 일입니다. 열심히 공부하던 한 법대생이 은혜를 받고 목회자가 되어야 하는 것이 아닌가 하고 고민하다가 교회 청년부 목사를 찾아갔습니다. 그때 청년부 목사는 "열심히 공부해서 대법원장이 되거라. 그게 목회자 못지않게 소중한 소명이다"라고 권했습니다. 이 목사는 그 이후로 이 사례를 자주 인용하면서 고지론을 열심히 외쳤습니다. 저도 젊은 시절 그 설교에 크게 감동한 기억이 있습니다. 그리스도인들이 제대로 하면 이 사회가 밝아질 것이라 기대했습니다.

그 학생이 후에 상당한 고위직에 올랐다는 후일담을 듣기도 했습니다. 그 학생뿐 아니라 많은 그리스도인들이 사회 각계의 고위직에 진출했습니다. 묘하게도, 2019년에 전 대법원장이 구속되는 일이 있었습니다. 법원의 이익을 위해 재판권을 부당하게 행사했다는 소위 '사법농단' 사태였습니다. 그 대법원장은 교회에 정기적으로 출석하는 교인이었습니다. 그리스도인들이 사회 지도층을 차지하면 사회가 밝아질 것이라는 기대가 부끄러워지는 순간이었습니다. '그리스도인 대법원장 구속' 사건은 '고지론'뿐만 아니라 지난 30년간의 한국 기독교를 평가해 볼 수 있는 상징적 사건일 수 있습니다. 물론 그가 제대로 된 그리스도인이 아니었다고 말할 수 있을 것입니다. 그렇다면 우리는 '제대로 된 그리스도인이란 무엇인가', '우리는 어떠한 삶을 살아야 하는가' 자문해 보아야 합니다.

성공을 주제로 하는 간증이 젊은이들에게 짜증으로 다가오는 시대입니다. 고지론이 무너지면서 그 자리에 미답지론이나 건강한 도전의식을 갖춘 비전이 자리 잡은 것이 아닙니다. 그 목표가 무엇이든, 개인의 욕망이든 시대를 위한 사명이든, 젊은이들을 향해 무언가 열심히 해보자고 역설하는 목소리 자체에 힘이 빠지게 되었습니다. 청년들이 믿고 따를 깃발을 제시하지 못한 교회에서 청년들의 모임은 눈에 띄게 활력을 잃어 가고 있습니다.

그나마 청년들에게 통하는 코드는 힐링입니다. 젊은이들은 피곤하고 지친 모습으로 교회에 옵니다. 학업과 취업 준비, 아르바이트 등을 병행하느라 몸은 피곤하고, 미래에 대한 불안, 정체성의 혼란, 또래들과의 비교의식으로 마음은 위축되어 있습니다. 지적 도전이나 역사에 대한 책임감을 강조하는 메시지는 공중에 겉돌고, 유일하게 뜨거운 시간은 찬양과 기도 시간입니다. 이 찬양과 기도가 청년들을 영적으로 무장시켜 삶의 현장으로 내보내기보다는 위로하고 달래 주는 방향으로 기능하고 있습니다. 예전에 "이 산지를 내게 주소서" 하던 청년들이, 이제는 "주 나의 눈물 아네" 하고 있습니다. 예배와 찬양이 하나님께 초점을 맞추기보다는 나 자신, 그중에서도 정서적 측면에 집중되는 것 같습니다.

이러한 경향은 힐링을 요청하는 시대의 변화와 궤를 같이합니다. 『아프니까 청춘이다』라는 책이 20대에게 큰 반향을 일으키며 한국 출판 역사상 최장기 베스트셀러가 된 것이 2011-2012년입니다.[1] 이 책이 기록적인 베스트셀러가 되기도 했지만, 보기 드문 악평과 비판의 대상이 되기도 하였습니다. 그 후에 스님들이 쓴 책이 베스트셀러가 되는 흐름이 이어졌는데, 대체로 "평안을 얻으려면 자신의 마음을 고치면 된다"는 메시지를 전하고 있습니다. 욕심을 줄이고 삶의 속도를 천천히 가져가면서 삶을 음미하고 관조한다면 평안을 누릴 수 있을 것이라는 권면은 고도성장과 속도경쟁 시대에 지친 우리들에게 반가운 충고입니다. 힐링을 요청하는 시대의 경향에 부합하는 면이 불교에 있습니다. 이 책들이 불교의 지혜를 깊이 있게 풀어내는 것은 아닙니다. 어떤 면에서 석가모니는 탁월한 심리학자입니다. 있는 상황을 그대로 받아들이고 자신의 마음을 다스리는 것을 수행의 목표로 삼았다는 점에서 불교에는 현대 대중심리학의 힐링 열풍과 맞닿는 면이 있습니다. 2020년에는 『죽은 자의 집 청소』라는 책이 독자들의 이목을 끌었습니다. 누군가가 세상을 떠났는데 그의 집을 청소할 사람이 없어서 청소업체에 의뢰해야 하는 상황은 우리 시대의 아픔을 집약적으로 보여줍니다. 저자는 이런 '특수청소부'의 시각으로 현재 한국 사회의 '일반적' 아픔을 섬세하게 풀어냅니다. 그는 스스로 삶을 마감한 한 청년의 집에 놓여 있던 책들에 집중합니다.

> 이 세상에 캠핑을 온 것처럼 실로 간단한 살림을 꾸리면서도 그녀의 곁을 지켜 준 책이 무엇일까 궁금했다. 『아무것도 하지 않을 권리』, 『참 소중한 너라서』, 『행복이 머무는 순간들』, 『아주, 조금 울었다』, 『내 마음도 모르면서』……. 누군가 그녀의 마음을 알아주고 이해했다면 스스로 삶을 저버리겠단 생각 따위는 하지 않고, 어느덧 서른을 맞이하고, 소중한 '너'를 만나 사랑에 빠지고, 가끔은 울기도 하겠지만 행복한 시간 속에 머물며 살아갈 수 있었을까?[2]

이 청년이 읽었던 책들은 비교적 최근에 나온 책들로 삶의 위로가 필요할 때 찾는 에세이입니다. 지금도 서점에 가면 이런 분위기의 책들이 메인 데스크에 배치되어 있습니다. 어떤 책은 "가슴

절절한 위로를 전하는 책"이라는 홍보 문구를 달고 있습니다. 이런 책의 소개글에는 "지치고 힘들 때, 인생이 수렁에 빠진 듯할 때 이 책의 글귀를 붙잡고 탈출할 수 있었다"는 기적 같은 이야기도 나옵니다. 위의 책에 등장하는 청년도 그런 탈출을 바라고 이 책들을 샀을 것입니다. 그러나 그런 기적은 일어나지 않았나 봅니다. 이 대목을 읽으면, 필사적으로 위로와 희망을 구하는 이 세대의 사람들을 위해서 우리가 어떻게 기도하고 무엇을 해야 할지 고민하지 않을 수 없습니다.

### 우리 시대의 과제, 균형 잡힌 영성

복음은 희망입니다. 그 안에 마음의 평안도 있습니다. 마음의 평안이라는 것이 그리스도 안에서 구원과 함께 선물로 주어지기는 하지만, 복음이 포괄하는 시야는 훨씬 넓고 큽니다. 거듭난 자아와 진정한 해방이라는 점에서 힐링이라는 면을 포함합니다. 성경이 말하는 복음에는 이 세상에 현존하는 악과의 대결, 그리고 세상의 근본적인 변혁에 대한 소망이 담겨 있습니다. 그 포괄적인 구원의 다면적인 측면을 함께 고려하면서, 각 시대의 그리스도인들은 자신의 시대의 요구에 반응해야 합니다. 성경적 복음의 총체성과 오늘이라는 시대의 요구를 고민하면서 다음과 같은 그림을 구상해 보았습니다.

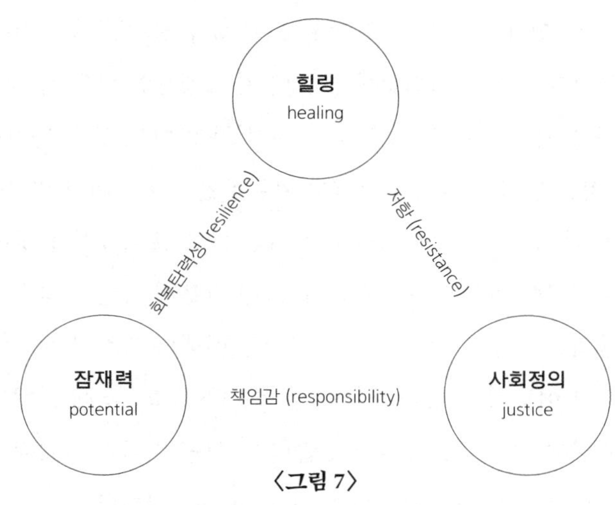


**〈그림 7〉**

### 힐링

예수님의 사역 중 병자들을 고친 이야기, 마음이 상하고 아픈 이들을 위로한 이야기는 중요한 부분을 차지합니다. 흔히 예수님의 3대 사역으로 "가르치고 선포하고 고치시는" 사역을 이야기합니다. 갈릴리에서 예수님이 행하신 사역은 궁극적으로 하나님 나라, "모든 눈물을 그 눈에서 닦아 주시니 다시는 사망이 없고 애통하는 것이나 곡하는 것이나 아픈 것이 다시 있지 아니하리니"(계 21:4)라는 모습으로 완성될 나라의 도래를 보여주는 것이었습니다. 같은 맥락에서, 사도 바울이 위로의 하나님(고후 1:3-11)이나 우리 마음의 평안(빌 4:7)에 대해 강조하는 부분도 큰 맥락에서 힐링(healing) 사역의 중요성을 보여줍니다.

그러나 오늘날 한국 사회와 교회를 돌아보면, 힐링 담론 과잉이라 할 수 있습니다. 주위를 살펴보면 '치유 집회', '내적 치유'라는 이름으로 모이는 집회들이 많습니다. 오랫동안 치유 사역에 전념한 한 사역자로부터 '치유 중독 신자'가 많다는 말을 들었습니다. 한 치유 집회에 가서 감동받고 치유받았다고 기뻐하며 간증도 하다가, 몇 달 지나면 또 시들해져 다른 치유 프로그램을 찾아 나서는 사이클이 반복된다고 합니다. 그런 가운데 자신이 받은 상처를 과장하는 경향도 생깁니다. 일반적인 예배나 집회의 중심이 힐링 쪽으로 이동된 것도 관찰됩니다. 설교나 성경공부에도 내적 치유와 관련된 내용이 크게 늘어났습니다. 청중이 이런 설교에 반응하다 보니, 반응에 민감한 설교자들은 성경을 개인의 심리적 불안이나 열등감, 소외감 해결이라는 시각으로 해석하려는 쪽으로 밀려갑니다. 찬양 중심의 젊은이 집회에 이런 경향이 두드러집니다. "오늘 예배 좋았어"라고 할 때, 이런저런 일이 있어서 기분이 좋지 않았는데 예배를 드리는 가운데 위로를 받았다는 의미인 경우가 많습니다. 이와 같은 모습과 관련하여 선지자 예레미야는 날카롭게 지적합니다.

> 내 백성이 망가졌다. 아주 결딴나 버렸다! 그런데도 그들은 반창고나 붙여 주면서, '별일 아니다. 괜찮다'고 말한다. 그러나 절대 괜찮지 않다(렘 6:14, 『메시지』).

이사야서에 "내 백성을 위로하라"(사 40:1)는 명령이 있는 것처럼, 우리의 신앙과 예배에 하나님의 백성을 위로하는 기능이 있습니다. 우리를 어루만지시고 눈물을 닦아 주시고 토닥여 주시는 하나님을 아는 것은 소중합니다. 그러나 그것이 예배의 전부가 되어서는 안 됩니다. 이사야서는 위로에서 시작하여 "일어나라. 빛을 발하라. 이는 네 빛이 이르렀고 여호와의 영광이 네 위에 임하였음이니라"(사 60:1)고 하며 세계의 변화를 맞는 하나님 백성의 자세와 사명을 함께 강조하고 있습니다.

문제는 힐링 자체가 아닙니다. 이 힐링이 "나의 마음"이라는 좁은 범위 안으로 신앙을 축소시키느냐, 아니면 세계와 역사의 문제로 확대시키느냐 하는 고민을 해보아야 합니다. 정서적인 측면에서의 힐링과 위로가 너무 강조될 때 신앙이 나약해질 수 있습니다. 오늘 위로받고 내일 세상에 나가서 얻어맞고, 다음 주일에 또 교회 와서 울면서 위로를 구하는 식으로 반복되는 신앙에는 문제가 있습니다. 성경의 신앙은 근본적으로 삶의 태도와 세계관, 목표를 바꾸는 것입니다. 거기서 고난 가운데도 현실과 당당히 맞설 수 있는 힘이 나옵니다.

정신과 의사 정혜신 박사는 『홀가분』이라는 책에서 인간이 느낄 수 있는 최상의 상태를 '홀가분'이라는 말로 표현할 수 있다고 말합니다.[3] 대단히 기대하고 흥분하고 애쓰는 것보다 홀가분의 상태가 편한 상태인 것은 맞습니다. 힐링이 효과적으로 이루어진다면 그러한 상태가 될 것입니다. 인간 정서에 대한 심리학적 접근이 이런 상태를 목표로 한다는 점에서 적절한 통찰입니다. 그러나 우리 삶 가운데 그 이상의 단계가 있어야 하지 않을까요? 세상의 깨어진 모습을 보고 불편한 마음을 갖는 동시에, 자신의 현실에 만족하지 않고 더 노력해야겠다고 다짐하며 긴장하는 삶 말입니다. "의에 주리고 목마른 자가 복이 있다"(마 5:6)는 말씀은 현실에 만족하지 않고, 더 나은 세계를 꿈꾸는 갈망과 그 갈망이 가져오는 긴장을 감수하는 삶의 복을 말합니다. '홀가분'을 넘어서는 삶의 차원이 있어야 합니다.

**사회정의**

과도한 힐링 열풍을 비판하는 그리스도인들 가운데 사회정의(justice)를 강조하는 분들이 많습니다. 젊은이들의 삶을 이렇게 암울하게 만드는 구조적인 문제에 눈을 감고, 교회가 뒤에서 눈물 닦아 주는 일이나 하고 피상적인 위로만 전하는 것은 무책임하고 비겁한 일이라는 것입니다. 한국 교회의 전반적인 모습을 볼 때 설득력 있는 주장입니다. 건강하고 정의로운 사회를 만들기 위해 시민으로서 책임을 다해야 합니다. 유권자로서 책임 있게 투표하기 위해서라도 우리는 사회를 보는 눈을 가다듬을 필요가 있습니다. 사회의 불의에 대해서는 광장에서 자신의 의견을 당당하게 말하는 것이 구약 선지자들의 전통을 이어가는 것입니다.

문제는 힐링을 강조하는 교회 흐름과 사회정의를 강조하는 교회 흐름이 분리되어 있다는 점입니다. 대체로 사회 변화를 지향하는 운동에서는 개인에 대한 돌봄과 배려가 약합니다. 변혁을 위한 투쟁에 집중하면서 개인이 대의를 위한 도구로 소비되는 경향을 보이기도 합니다. 반대로 힐링을 강조하는 흐름은 나약한 신자를 만들 뿐 아니라 자신의 문제에만 집중하는 이기적인 신자를 만들 수 있습니다. 지금 우리 사회가 당면하고 있는 문제들, 특히 젊은이들의 앞날을 가로막는 문제를 해결하기 위해서는 사회정의를 위한 체계적이고 의식적이며 공동체적인 노력이 필요합니다. 언제까지 "괜찮아, 아프니까 청춘이야"라고 하면서 젊은이들을 다독이기만 하고 있을 겁니까? 그러는 동안 사회는 점점 더 불공평해집니다. "오직 정의를 물같이, 공의를 마르지 않는 강같이 흐르게 할지어다"(암 5:24) 하고 외치는 선지자들의 음성을 잊어서는 안 됩니다. 하나님은 우리 한 사람 한 사람의 마음을 어루만져 주시는 것과 사회 전체가 건강하고 정의롭게 되는 것 모두에 관심을 가지고 계십니다. "우리 신앙에서 이 둘을 어떻게 연결할 수 있을까 하는 것이 문제입니다. 저는 '저항'에서 연결 고리를 찾습니다.

### 저항

힐링이라는 말을 썼으니 '몸의 건강'이라는 비유를 사용해 보겠습니다(사실 힐링이 적절한 의학용어는 아닐 수 있습니다). 약물 같은 외부의 도움으로 어느 정도 치료는 시작되지만, 몸의 면역력을 회복하고 저항력을 가져야 치유가 완성됩니다. 건강은 자신의 면역력으로 나쁜 균과 싸워서 이기는 힘을 갖추는 것입니다. 중증환자라면 무균실에서 치료하고 돌보아야겠지만, 치유는 바깥의 적대적인 환경에서 살아갈 수 있는 상태를 지향해야 합니다. 한 인간으로서 자기 삶을 잘 살아가려면 밖에서 오는 여러 가지 환경과 이데올로기, 문화로부터 자신을 지키고 저항할 수 있어야 합니다. 외부의 도전에 저항하지 않고서는 살 수 없습니다. 몸도 그렇고 정신도 그렇습니다. "아니요"라고 말할 수 있는 힘, 다르게 생각하고 행동할 수 있는 힘이 저항(resistance)입니다.

구약학자 월터 브루그만이 『안식일은 저항이다』라는 책을 썼습니다.[4] 어떻게 안식이 저항이 될 수 있을까요? 왜 우리가 안식하지 못합니까? 일의 절대적인 분량도 있지만, 욕심 혹은 불안 때문일 것입니다. 당장 먹고살 것이 없어서가 아니라, 경쟁사회가 주는 압박에 사로잡혀 쉬지 못하는 것입니다(이 문제에 대해서는 9장에서 보다 자세히 살펴보겠습니다). 이 책은 "안식은 불안으로부터의 저항이다"라고 말합니다. 비교의식이나 누군가보다 뒤처지는 느낌, 자신을 나타내 보이고 싶은 욕망들이 작용하여 우리는 스스로의 안식을 빼앗습니다. 내가 가진 것으로, 혹은 내가 성취해 놓은 것으로 나를 증명해야 하는 삶은 불안합니다. 그런 불안에 대해 저항하는 영적 근육이 있어야 우리는 안식할 수 있습니다. 안식은 저항의 근육을 키우는 마음의 운동입니다.

소비문화에 대한 저항도 필요합니다. 예전의 보수적인 교회에서는 주일에 돈을 쓰지 못하게 했습니다. 이것을 너무 기계적으로 지킨 나머지 교회에 가는 버스마저 타지 않는 사람도 있었습니다. 요즘에는 지나치게 문자적으로 주일을 지키려는 사람은 많지 않습니다. 그러나 가급적 주일에 돈을 안 쓰려고 노력하는 것은 좋은 훈련입니다. 1992년 캐나다에서 시작한 '아무것도 사지 않는 날'(Buy Nothing Day) 캠페인은 어떤 날짜를 정해서 그날 하루만이라도 돈을 안 쓰고 살아 보자는 시도입니다. 'TV를 켜지 않는 날'을 정하는 것도 작은 저항에 해당합니다. 미국 목회 시절, 성도들에게 사순절 기간 동안 TV를 보지 않는 주간을 정해 보자고 권했습니다. 성도들이 소그룹별로 지혜를 모아 실천하였는데, 많은 분들이 집에 들어가면 자신도 모르게 리모컨을 누르게 되고, 의식하지 못하는 사이에 TV가 켜져 있었다고 합니다. 그래서 어떤 소그룹에서는 각 가정의 리모컨을 모두 거두어 공동 보관하기도 했습니다. 한 주 동안 쉽지 않았지만 참 좋은 경험이었다는 고백을 들을 수 있었습니다.

'꽃다운친구들'이라는 청소년 안식년 운동은 중학교 졸업 이후 고등학교 진학을 일 년 보류하고 자기 속도대로 인생의 방향을 생각하고 탐색하는 방학 프로그램입니다. 쉬고, 놀고, 여러 가지 활동을 하고, 심지어 해외여행도 갑니다. 이러한 프로그램을 꼭 해야 되는 것은 아니지만, 필요하면 이런 선택을 할 수 있는 자유가 필요합니다. 그런 자유를 행사하는 것이 저항입니다. 일 년 늦으면 큰일 날 것처럼 생각하는 부모의 불안이 아이들을 몰아가는 경우가 많기 때문입니다. 이 프로그램에 참여해 본 아이들과 가정 이야기를 들어 보면 감사하면서 자신에 대해서 새로운 발견을 했다는 이들이 많습니다. 어떤 아이는 첼로를 배우면서 너무 스트레스를 받은 나머지 첼로 현이 끊어지듯 인생이 끊어지기 직전까지 갔는데, 일

년 동안 쉬면서 회복되고 자신감을 얻었다고 말합니다.

신학대학에서 가르칠 때 어느 신대원생이 청소년 아이를 입양했습니다. 그런데 아이가 가정에 잘 적응하지 못하자, 이 아버지가 어떻게 할지 고민을 하다가 소달구지를 캠핑카처럼 만들었습니다. 소달구지 위에 텐트를 싣고 밥도 해먹고 잠도 잘 수 있게 만든 뒤, 아들을 휴학시키고 "우리 소달구지 타고 전국 일주 한번 해볼까?" 하면서 길을 나섰습니다. 소달구지의 느린 걸음대로 나아가는 것입니다. 그때 하필 구제역이 발생하여 어느 지역에 들어가지 못하게 되었습니다. 계획이 완전히 틀어졌는데도 그저 산 밑에 텐트를 치고 구제역이 해결될 때까지 한 달 이상을 아들과 밥을 해먹고 나무 열매를 따러 다니고 족구도 하면서 지냈는데, 그 사이에 아이가 많이 바뀌었습니다. 안식이 저항이며 치유의 길임을 보여주는 한 예라 할 수 있습니다.

어떤 이가 다음과 같이 말했습니다. "길을 가다가 멈추어 서서 들꽃을 몇 분이라도 들여다볼 수 있는 사람이라면, 결코 명품가방을 갖지 못했다고 열등감에 빠지지 않을 것이다." 우리 가운데 여유와 내적인 힘이 없기 때문에 누군가가 조종하는 상업주의 문화에 속절없이 휩쓸려 가는 것입니다. 우리 세대가 가져야 할, 특히 그리스도인이 가져야 할 삶의 태도는 저항입니다. 그래야 개인적인 힐링도 되고 저항력을 가진 사람들이 모여서 건강한 사회와 문화, 경제 구조를 만들 수 있습니다. 불의하고 불공정한 세상은 그대로 놓아두고 나 혼자 어떻게 기회를 잡아 보려는 생각을 넘어서야 합니다. 그럴 때 아모스 선지자가 말한 "정의가 물같이, 공의가 마르지 않는 강같이 흐르는"(암 5:24) 사회를 향해 한 발이라도 더 나아갈 수 있습니다.

**잠재력**

경쟁력(competence)을 지나치게 강조하는 것은 문제입니다. "고지를 정복하라"는 식의 목표 설정은 타락하기 쉽습니다. 그러나 열심히 노력해서 보다 나은 미래를 꿈꾸겠다는 마음을 부정할 수 없습니다. 아이들이 경쟁에 대한 과도한 부담 없이 살 수 있는 환경을 만들기 위해 노력하는 것이 중요하지만, 그렇다고 해서 내 아이에게 "그냥 알아서 놀아라"고 할 수는 없습니다. 어른들도 마찬가지입니다. 이웃을 돕고 사랑으로 아름다운 세상을 만들기 위해 노력해야 하지만, 그와 동시에 지금 주어진 사회 속에서 자신의 역량을 최대한 계발하려는 노력도 필요합니다.

복음은 예수님이 자신을 내어주실 만큼 나를 사랑한다는 믿음입니다. 이 믿음은 하나님의 형상으로 지음받은 자신을 만나게 함으로써, 자신을 용납하고 사랑할 수 있는 능력을 선물로 줍니다. 건강한 자기애를 바탕으로 우리는 자신의 모습을 들여다보기 시작하게 되고, 거기에서 자신이 가지고 있는 고유한 아름다움을 계발해 갈 수 있습니다. 자신의 잠재력(potential)에 집중하는 사람은 과도한 비교와 경쟁 압박에 저항할 수 있습니다. 누군가와 비교해서 더 잘하는 것이 아니라, 나를 창조하신 하나님, 세상 그 누구와도 같지 않게 나를 지으신 하나님의 뜻을 실현해 가는 것이 목표가 될 수 있습니다. 아인슈타인이 말했습니다. "물고기가 나무를 타는 능력으로 자신을 다람쥐와 비교한다면, 그는 평생 자책하면서 살 수밖에 없을 것이다."

토끼와 거북이의 경주에서 토끼는 거북이와 경쟁했습니다. 이 정도면 여유 있게 이길 것이라 생각하고 방심했습니다. 그러나 거북이는 자신과 경쟁했습니다. 저만치 앞서가는 토끼를 보면서, "내가 아무리 열심히 해도 가망이 없겠구나" 하며 포기하지 않았습니다. 자신이 할 수 있는 만큼 묵묵히 앞으로 나아갔습니다. 당장은 토끼 같은 사람이 앞서는 것 같아 보여도, 인생의 긴 레이스를 보면 의외로 잘 달린 거북이들이 많습니다. 비교하지 마십시오. 유일하게 긍정적인 비교는 나의 잠재력과 나의 실천을 비교하는 것입니다.

이 잠재력은 총체적인 것입니다. 직업적인 측면에서 자신의 숨겨진 재능과 역량을 발견하는 것뿐 아니라 이웃들과 따뜻한 관계를 맺을 줄 아는 능력, 인격적인 측면에서 많은 사람들을 품어 주고 용서하며 삶의 상처들을 극복하고 앞으로 나아갈 수 있는 능력도 포함합니다. 여기에는 하나님과의 관계도 포함합니다. 기도할 수 있는 능력, 하나님을 사랑하는 능력, 하나님의 뜻을 알고 그것을 삶에 적용하면서 자신의 삶을 건강하게 가꿀 능력이 우리에게 있습니다. 그리고 그 능력은 사람마다 다르게 나타납니다. 인간은 그런 잠재력을 가진 존재인데, 보통은 평생 자신의 잠재력을 발휘하지 못하고, 많은 경우 발견하지도 못한 채 살아갑니다.

교회에서 일정한 단계를 정해 놓고 여러 가지 교육이나 제자 훈련을 하는 것을 볼 수 있는데, 이때 성도들을 특정한 스타일의 사람으로 만들어 가려는 태도를 지양해야 합니다. 나태주 시인의 「풀꽃」이라는 시가 있습니다.

자세히 보아야
예쁘다.

오래 보아야
사랑스럽다.

너도 그렇다.[5]

무엇보다 성도 한 사람 한 사람 속으로 들어가서, 그가 어떤 사람이며 어떤 특성을 가졌는지 주목하고 존중할 필요가 있습니다. 그래서 그 사람 본래의 아름다움과 가능성이 꽃필 수 있도록 해야 합니다. 영감을 주고, 자랄 수 있는 환경을 제공하며, 돌보아 주고, 기다려 주는 것입니다. 이를 위해 목회자들의 역할과 여러 가지 프로그램도 필요하지만, 성도 간에 서로의 삶을 함께 나누고 축복하고 격려할 뿐 아니라 서로의 장점에 관심을 갖고 서로의 꿈을 소중히 여기는 관계, 때로는 책망도 하고 도전도 하는 관계가 필요합니다.

**회복탄력성**

요즘 회복탄력성(resilience)이라는 표현을 많이 사용하는데, 저는 이것이 힐링과 잠재력을 연결시키는 특성이라고 생각합니다. '리질리언스'라는 말은 본래 물리학 용어입니다. 농구공을 땅에 떨어트리면 튀어 오릅니다. 그런 성격을 사람에게 적용해서, 어려운 상황을 만나도 극복하고 다시 튀어 오르는 특질을 회복탄력성이라 부릅니다. 우리 자녀가 평생 살면서 어려운 일을 만나지 않고 좋은 일만 생기도록 기도하고 싶겠지만 그것은 현실적이지 않습니다. 학교에서 따돌림을 받을 수도 있고, 취업에 어려움을 겪을 수도 있고, 실직이나 실연을 당할 수도 있고, 그보다 더 힘든 상황에 처할 수도 있습니다. 이것은 누구의 인생이나 마찬가지며, 앞으로의 세계를 사는 우리 자녀들은 지금보다 급변하는 환경을 감당해야 하는 세대가 될 것입니다. 우리 주변을 보면 어려운 상황을 만났을 때 어떤 사람은 완전히 침몰해서 재기하지 못하는가 하면, 어떤 사람은 그 위기를 극복하고 삶을 잘 수행해 나갈 뿐 아니라 오히려 보다 발전하는 계기로 삼기도 합니다. 김수영 시인의 「풀」이라는 시가 이런 성격을 잘 표현해 줍니다.

풀이 눕는다
비를 몰아오는 동풍에 나부껴

풀이 눕고
드디어 울었다
날이 흐려서 더 울다가
다시 누웠다

풀이 눕는다
바람보다 더 빨리 눕는다
바람보다도 더 빨리 울고
바람보다 먼저 일어난다

날이 흐리고 풀이 눕는다
발목까지
발밑까지 눕는다
바람보다 늦게 누워도
바람보다 먼저 일어나고
바람보다 늦게 울어도
바람보다 먼저 웃는다
날이 흐리고 풀뿌리가 눕는다[6]

풀은 약한 것 같지만 아름드리나무를 쓰러트리는 바람도 견디어 냅니다. 누웠다 다시 일어섭니다. 주변 사람들이 누가 공부를 잘한다거나, 좋은 대학에 갔다거나, 어느 회사에 취직했다거나, 누구와 결혼했다고 말하는 것에 너무 신경 쓰지 마십시오. 인생을 장기적으로 놓고 보면, 그런 개별적인 성공보다 회복탄력성이 높은 사람이 될 수 있는지가 더 중요합니다. 누구의 삶에나 크고 작은 어려움, 이제까지의 성공들을 모두 뒤엎어 버릴 수 있는 위기가 찾아오기 때문입니다.

자신의 삶을 잘 돌아보십시오. '나는 어떤 사람인가? 온실에서 자라서 그저 성공의 길만 걸어온 사람인가? 아니면 광야에서 자신의 발로 길을 개척할 수 있는 사람인가?' 앞으로의 시대에는 보다 강한 자생력이 요구될 것입니다. 공부를 잘해서 좋은 대학 가고 대기업에 취직한다 하더라도, 대다수가 오십대와 육십대가 되면 은퇴를 합니다. 평균수명이 늘어난다는데, 그 이후 수십 년을 어떻게 살아야 할까요? 지금은 오십대와 육십대가 예전에 젊은이들이 하던 고민을 하고, 도전을 받고, 변화에 적응하고, 미래를 준비해야 하는 시대가 되었습니다. 그래서 회복탄력성은 더욱 중요합니다.

### 책임감

책임감(responsibility)은 반응(response)하는 능력(ability)입니다. 또한 잠재력과 사회정의를 연결시키는 태도라 할 수 있습니다. 자신에 대한 책임감이 있어야 삶을 잘 가꿀 수 있고, 이웃에 대한 책임감이 있어야 사회정의를 이루어 갈 수 있습니다. 사회에 대한 문제의식만으로는 결코 사회정의를 이룰 수 없습니다. 교과서대로 살면 잘살 수 있을까요? 어떤 교과서도 우리가 살아가는 사회의 복잡다단함과 변화무쌍함을 다 반영하지 못합니다. 우리는 교과서 집필자가 예상하지 못한 방식으로 사회의 흐름에 반응해야 하고, 하나님과 나 사이에서만 통하는 방식으로 하나님께 반응할 수 있어야 합니다. 또한 이웃과 시대, 그리고 자기 자신에 대해서 잘 알고 반응하는 것이 중요합니다.

### 그렇다면 나의 잠재력은?

여러분께 권합니다. 현재 나이에 상관없이, 여러분이 가진 에너지의 10분의 1은 지금의 삶이 아니라 미래의 삶을 계획하고 고민하고 준비하는 데 사용하십시오. 그렇게 하지 못할 정도로 바쁘다면, 지금 당신의 직업은 좋은 직업이 아닙니다. 비록 단기간은 바쁠 수 있습니다. 때로는 당장의 일에만 매달려 전력으로 돌파해야 할 때가 있습니다. 그러나 장기간 그런 상황이 지속된다면, 그만둘 것을 진지하게 권하고 싶습니다. 내 미래를 꿈꾸고 나 자신이 누구인지를 돌아보는 데 시간을 전혀 쓸 수 없다면 정상적인 삶이 아닙니다. 현재 삶의 조건은 얼마 안 가서 끝날 것이기 때문에 지금 준비해야 합니다.

> 그런즉 너희가 어떻게 행할지를 자세히 주의하여 지혜 없는 자 같이 하지 말고 오직 지혜 있는 자 같이 하여 세월을 아끼라. 때가 악하니라. 그러므로 어리석은 자가 되지 말고 오직 주의 뜻이 무엇인

가 이해하라(엡 5:15-17).

이 말씀은 신앙의 선택이 오·엑스 퀴즈의 정답을 맞히는 정도의 문제가 아니라는 뜻입니다. 하나님의 뜻이 분명해서 하나님이 하라는 것만 하고, 하지 말라는 것은 안 하고, 교회 열심히 출석하고, 술·담배 안 하고, 도둑질 안 하면 신앙생활을 잘하고 있다고 생각하는데, 이것은 매우 초보적인 인식입니다. 우리가 삶의 구체적인 상황에서 하나님의 뜻이 무엇인지 이해하는 것은, 자세히 주의하여 고민하며 추구해야 할 미묘한 문제라는 것입니다.

"세월을 아끼라"는 말은 헬라어의 독특한 표현입니다. 각주로 "기회를 사라"고 풀어놓은 성경도 있습니다. 헬라어에 시간을 가리키는 두 가지 단어가 있습니다. 하나는 '크로노스'(χρόνος)입니다. 계속 이어가는 시간을 말하는데, '크로놀로지'(chronology)라는 단어가 여기서 나왔습니다. 예를 들어 일 년은 열두 달, 하루는 스물네 시간이라는 개념이 크로노스입니다. 다른 하나는 '카이로스'(καιρός)로 특별한 시간을 의미합니다. 질적인 부분에서 차별화된 의미를 가진 시간이라는 것입니다. 시간을 지혜롭게 사용하는 출발점은 우리의 모든 시간이 동일한 의미와 가치를 가지고 있지 않다는 것을 깨닫는 것입니다. 예를 들어, 포항에서 서울로 가기 위해 KTX 역에 갔는데 일 분 늦게 도착하여 열차를 놓쳤다면 두 시간 늦은 것입니다. 학교에 진학하거나 기업에 입사하기 위해 원서를 내야 하는데 하루 늦게 내서 기회를 놓쳤다면 일 년 늦은 것입니다.

사실 일 년 후에 똑같은 기회가 오리라는 보장도 없습니다. "세월을 아끼라"고 할 때, 세월이라는 단어는 크로노스가 아니라 카이로스입니다. 하루가 24시간인 동일한 시간이 아니라, 특별한 의미를 갖는 다른 시간을 말합니다.

시간의 이러한 특성은 물리적 시간을 아끼는 것, 일일 계획표 짜듯 기계적으로 되풀이되는 시간을 아끼는 것 이상의 지혜를 요구합니다. 그래서 많은 영어성경이 카이로스를 '기회'(opportunity)라고 번역하고 있습니다. '기회를 사라'는 말은 기회를 잡기 위해서 대가를 지불해야 한다는 것입니다. 그 대가는 때로 모험일 수 있습니다.

다윗이 처음으로 세상에 이름을 알린 '다윗과 골리앗 이야기'의 초반부를 살펴보면(삼상 17:12-40), 한 사람의 잠재력이 확인되고 성취되는 과정이 선연히 드러납니다. 다윗으로부터 얻는 교훈을 다음과 같이 한 문장으로 정리할 수 있습니다. "평소에 주어진 일을 충실히 행하는 동시에 기회에 민감하라."

주위를 보면 주어진 일을 성실히 잘하는 사람들이 있는 반면, 큰 꿈을 가지고 새로운 것들을 시도하며 여기저기 다니기를 좋아하는 사람들도 있습니다. 이 두 요소가 모두 중요한데 둘 다 겸비한 사람을 찾기란 쉽지 않습니다. 다윗이 바로 그러한 사람, 곧 주어진 일을 충실히 행하는 동시에 기회에 민감한 사람이었습니다. 다윗이 골리앗과 대적하기 전 사울 왕 앞에 나아가 이렇게 말합니다.

주의 종이 아버지의 양을 지킬 때에 사자나 곰이 와서 양 떼에서 새끼를 물어가면 내가 따라가서 그것을 치고 그 입에서 새끼를 건져 내었고 그것이 일어나 나를 해하고자 하면 내가 그 수염을 잡고 그것을 쳐죽였나이다(삼상 17:34-35).

이것은 양 한 마리를 지키기 위해 최선을 다하는 행동입니다. 목동 일은 그 당시 보잘것없는 일로 여겨졌지만, 다윗은 목숨을 걸고 싸울 정도로 주어진 일에 최선을 다했습니다. 그 일을 충실히 행하는 과정에서 발전시킨 능력을 하나님이 사용하셨습니다.

다윗은 작은 일에 충실하면서도 기회가 올 때 그 모든 것을 포기하고 앞으로 나설 수 있는 담대함을 가지고 있었습니다. 그 담대함은 자신의 야망 성취를 위한 욕심이 아니라, 하나님의 영광과 민족을 위한 열정에서 나왔습니다.

큰 안목에서 다윗의 일생은 잠재력에 대한 이야기입니다. 다윗은 시골에서 보잘것없는 집안의 막내로 양치기를 하다가 왕이 됩니다. 하나님은 다윗이 가지고 있는 잠재력을 아시고 그를 왕으로 삼으십니다. 그렇지만 하나님이 그 자리에 어느 순간 단숨에 앉혀 주신 것이 아닙니다. 다윗이 자신의 발로 그 험로를 걸어 올라가야 했습니다. 다윗 입장에서는 자기 스스로 잠재력을 발견하고 성취해 가야 했던 것입니다.

다윗의 여정을 살펴보면 다음과 같은 특성들이 있습니다. 우선, 골리앗이 하나님을 모욕하는 말을 듣고 책임 있게 반응했습니다(책임감). "이 할례 받지 않은 블레셋 사람이 누구이기에 살아 계시는 하나님의 군대를 모욕하겠느냐"(삼상 17:26). 또한 잠시의 성공 뒤에 찾아온 긴 광야 시절에 무너지지 않고 오히려 더욱 강해졌습니다(회복탄력성). 마지막으로, 압도적인 불의 앞에서 저항할 줄 알았습니다(저항). 사울이 잠들었을 때 그를 몰래 죽일 수 있었음에도 두 번이나 살려 준 장면은 다윗이 자신의 욕망에 저항할 수 있었음을 보여줍니다. 사울이 무력으로 자신을 죽일지도 모른다는 불안과도 싸워 이겼기에 가능한 행동이었습니다.

그렇다면 다윗은 우리 삶의 모델일까요? 그럴 수도 있고, 그렇지 않을 수도 있습니다. 사실 저마다 처한 시대와 상황이 너무나 다르기 때문에 어느 한 사람을 모본으로 삼는 것은 쉽지 않은 일입니다. 또한 모본으로 삼는 순간, 기계적인 모방으로 그칠 위험이 있습니다. 똑같은 상황이라도 우리 각자가 가진 잠재력은 저마다 다릅니다. 다윗의 삶은 우리에게 잠재력 성취를 위한 영감을 주는(inspiring) 것만으로도 충분합니다. "아, 저렇게 살 수도 있구나!" 하면서 "그러면 나는 어떻게 살 것인가?"를 고민하게 하는 것입니다. 인생의 모델은 나름대로 갖춘 사람 혹은 무언가 성취한 사람이어야 될 수 있지만, 영감을 주고받는 것은 여러분들 서로 간에도 가능합니다. 이 책을 읽으면서 함께 소그룹으로 모여 토론하는 것이 중요한 이유도 여기에 있습니다. 서로가 서로에게 도전하고, 열망(aspiration)을 자극해 주는 역할을 하기를 기대합니다. "서로 돌아보아 사랑과 선행을 격려하며"(히 10:24)라는 말씀을 저는 이렇게 읽습니다. "서로 영감을 주고, 서로의 열망을 자극하라!"

**말씀과 씨름하기**

1. '그림 7'을 보고 내게 도전을 주는 것은 어떤 부분이며, 그 이유가 무엇인지 나누어 봅시다. 다윗의 삶에서 이 요소들을 어떻게 발견할 수 있으며, 나의 삶에서는 어떤 노력이 필요한지 나누어 봅시다.

2. 힐링과 사회정의를 잇는 자질은 저항입니다. 안식일이 저항이라는 말이 무엇을 의미하는지 나누어 봅시다. 우리의 신앙에 도전하는 이 시대의 타락한 문화에 우리는 어떻게 저항할 수 있을지, 안식일의 정신이 그 저항에 어떤 도움을 줄지 나누어 봅시다.

3. 잠시 성공한 듯 보이는 사람이 아닌, 인생의 긴 경주에서 승리하는 사람은 회복탄력성을 갖춘 사람입니다. 우리 삶에는 여러 굴곡이 있게 마련이기 때문입니다. 김수영의 「풀」이라는 시를 읽고 느낀 점을 나누어 봅시다. 내가 아는 사람들 중 혹은 성경의 인물 중 회복탄력성이 강하다고 생각하는 사람이 있다면 나누어 봅시다.

4. 하나님이 나에게 주신 잠재력을 발견하고 성취하는 것은 우리의 가장 중요한 사명입니다. 우리가 서로의 잠재력 성취를 위하여 도울 수 있는 방법에는 어떤 것이 있을지 나누어 봅시다.

# 혼밥 시대의 품위

# 7

## 외로움은 위험하다

외로운 사람들이 점점 많아지고 있습니다. 소통이 단절되고 대화가 겉돌고 있습니다. 어긋남과 갈등이 있어도 만나서 부대끼다 보면 매듭이 풀어지고 정도 쌓이기 마련인데, 요즘에는 어색한 자리는 피하고 힘들면 아예 만나지 않고 피해가는 문화가 굳어져 가고 있습니다. 온라인 소통 기술은 새로운 관계의 가능성을 열어 놓았지만, 다른 한편으로는 굳이 얼굴 보지 않아도 생활을 영위할 수 있는 편리함 뒤에 숨어서 스스로를 소외시키는 시대를 만들기도 했습니다. 코로나 팬데믹으로 인한 거리두기와 비대면 문화, 서로를 경계하는 분위기는 고립을 심화시키고 있습니다. 문제의 심각성을 인지하고 행동에 나선 나라들도 있습니다. 영국은 세계 최초로 '외로움부'(Minister of Loneliness)를 신설하여 정부 차원에서 대응에 나섰습니다. 국가적인 문제로 인식하고 있다는 것입니다. 이웃 나라 일본도 비슷한 인식하에 고독의 문제를 담당할 각료를 임명했습니다.

경제학자 노리나 허츠는 『고립의 시대』에서 외로움은 코로나보다도 훨씬 더 심각한 피해를 가져올 것이라고 주장합니다. 무엇보다 외로움은 건강에 해롭습니다. 외로움은 운동을 전혀 하지 않는 것보다 큰 해를 끼칩니다. 알코올의존증과는 비슷한 수준으로, 비만보다는 두 배나 더 우리 몸을 상하게 합니다. 담배를 매일 15개비씩 피우는 정도의 부담입니다. 외로운 사람이 그렇지 않은 사람에 비해 관상동맥질환에 걸릴 확률은 29퍼센트, 뇌졸중에 걸릴 확률은 32퍼센트, 임상적 치매로 진단될 확률은 64퍼센트 높습니다. 사회적으로 고립되었다고 느낄 경우, 그렇지 않은 경우보다 조기 사망의 위험이 거의 30퍼센트나 높아진다고 합니다. 그는 현대 직장의 시스템 및 조직 문화가 외로움을 부추기는 경향이 강하며, 이것은 직원들 개개인을 불행하게 할 뿐 아니라 기업의 성과에도 부정적인 영향을 끼친다고 말합니다.

> 직장에 친구가 없는 사람은 자기 일에 지적으로나 정서적으로 몰입해 있을 가능성이 7분의 1밖에 안 된다. 더 나아가 외롭고 단절된 노동자는 그렇지 않은 사람보다 병가를 더 자주 내고, 동기부여가 잘 되지 않으며, 덜 열성적이고, 실수가 잦으며, 작업성과도 낮다.[1]

외롭다는 말을 얼굴에 써 놓고 다니는 듯한 사람에게는 사람들이 잘 다가가지 않습니다. 단기적으로는 스스로에게만 집중하여 능률이 오를 수 있습니다. 그러나 늘 혼자서 일을 해나가다가 난관에 봉착하게 되면 도움을 요청하기가 쉽지 않습니다. 누구에게나 그런 순간이 오기 때문에 고립된 사람은 결국 성공하기 어렵고 직을 유지하기도 힘들다는 것입니다. 개인의 성과와 성공이 단기적으로는 강한 동기가 되겠지만, 함께 일하는 보람이나 동료들의 지원 없이 일하는 의욕을 오래 유지하기란 힘듭니다.

> 직장에서 외로울 때는 이직하거나 퇴직하기도 쉽다. 예를 들어 10개국에서 2,000명의 관리자와 직원을 대상으로 조사한 결과 응답자의 60퍼센트가 직장에 친구가 있다면 회사에 더 오래 다닐 것이라고 답했다.[2]

자주 직원이 바뀌는 회사가 잘될 리가 없습니다. 기업이 성장하려면 직원들 간에 관계가 좋고 서로 신뢰할 수 있어야 합니다. 부하직원들을 서로 경쟁시키고 긴장하게 하고, 서로 적을 만들어서 일을 시키는 것은 어리석은 일입니다.

이 책에서 고립의 결과 중 가장 중요하게 다루는 부분은 정치적 문제입니다. 허츠는 세계적으로 정치적 극단주의, 남의 견해를 수용하거나 입장을 헤아릴 줄 모르고 자기주장만 과격하게 내세우는 현상이 늘어나는 원인에 대하여 외로움 때문이라고 진단합니다. 이것은 철학자 한나 아렌트가 전체주의의 출현에 대한 연구에서 이미 말한 바 있습니다. 이런 경향이 2016년 영국에서 국민투표를 통해 브렉시트(Brexit) 곧 영국의 유럽연합 탈퇴가 결정된 것과 같은 과격한 포퓰리즘의 시대를 열었다는 것입니다. 2021년에 벌어진 미국 국회의사당 점거폭동 사건은 민주주의 국가에서는 상상하기 힘든 일이었습니다. 허츠는 사회에서 자신의 자리가 없다고 느끼는 사람들은 강력한 이데올로기에 투항하여 자신의 정체성과 소속감을 찾으려 한다고 설명합니다.

> 사회적으로 덜 연결되어 있을수록 고립되어 있다고 느끼고, 차이를 적절히 조율하고 서로를 시민답게 협력적으로 대하는 연습이 부족해지며, 동료 시민을 좀처럼 신뢰하지 못하고, 그 결과 포퓰리스트가 제시하는 배타적이고 분열적인 형태의 공동체에 매력을 느낀다.…… 주변화되고 무시당한다고 느끼는 사람 앞에 그를 바라봐 주고 그에게 귀 기울여 주겠다고 약속하는 누군가가 나타난다면 어찌 매혹적이지 않겠는가.[3]

이러한 설명을 하면서 허츠는 1930년대 독일의 한 청년의 섬뜩한 말을 소개합니다.

> 우리가 설 자리는 아무 데도 없었다.
> 나의 조국에서조차 아무도 나를 원하지 않는다면……

바로 그때 나는 히틀러를 만났다.[4]

외로움은 인간성의 위기이자 경제의 위기이며 민주주의의 위기입니다. 오늘날 급속하게 양극화되는 한국의 정치지형과, 극단적으로 거칠어지는 정치적 의사표현은 외로움과 무관하지 않습니다. 이러한 가운데 교회는 무엇을 할 수 있을까요? 정치적 논쟁의 한복판에 뛰어들어 "당신이 틀렸다"고 말하는 것이 효과가 있을까요? 교회는 보다 근본적인 문제에 집중해야 합니다. 외로움을 다루는 것도 근본적인 대책에 속합니다.

## 혼자 밥 먹는 사람이 점점 늘어난다

우리 사회에서 고립의 대표적인 징후로 '혼밥'을 들 수 있습니다. 혼밥의 증가 원인은 무엇보다 구조적 문제에 있습니다. 우리나라 1인 가구가 해마다 급격히 늘어나고 있는데, 2022년에는 전체 가구수의 33.4퍼센트가 1인 가구로 조사되었습니다. 반면 오랫동안 한국 사회의 가구 기준이었던 5인 가구는 3.3퍼센트밖에 되지 않습니다. 혼자 살다 보니 혼자 먹는 사람들도 자연스럽게 늘어날 수밖에 없습니다.

또한 혼밥은 라이프스타일의 문제이기도 합니다. 혼자 밥 먹고(혼밥), 혼자 영화 보고(혼영), 혼자 술 마시는 것(혼술)이 하나의 생활양식이 되어가고 있습니다. 2020년에 실시한 조사에 따르면,

성인 4명 중 3명이 "나는 나홀로족에 가깝다"고 대답했다고 합니다.[5] 문화평론가인 김헌식 교수는 "나홀로족은 결혼 여부나 주거형태와 상관없이 혼자만의 시간을 즐기는 사람들을 가리키는 말로 1인 가족이나 싱글족보다 포괄적인 개념"이라고 정의합니다.

직장에서도 혼밥 경향이 생겨나고 있습니다. 직장의 집단주의 정서가 함께 식사하는 것을 힘들게 하는 면도 있습니다. 상사와 함께하는 단체 식사는 업무의 연장이나 다름없고, 식사 자리에서의 대화도 일방적이기에 핑계만 있으면 자리를 피하고 싶은 직장인들이 많습니다. 점심시간을 자신만의 방식으로 유용하게 쓰고 싶은 마음도 인정할 필요가 있습니다. 우리 사회가 집단주의에서 개인의 삶과 선택을 존중하는 방향으로 가는 길목에서 일어나는 현상이라 볼 수 있습니다.

그러나 또 다른 관점에서 주의를 기울여야 할 부분이 있습니다. 한국보건산업진흥원 조사에 따르면, 세끼 모두 혼자 식사할 경우, 칼슘, 철, 비타민A 등 필수 영양소를 일일 권장량의 75퍼센트 미만으로 섭취해 영양 섭취 부족 상태에 빠지기 쉬운 것으로 나타났습니다. 세끼 모두 혼자 식사할 경우 12-18세 청소년은 38.8퍼센트, 19-29세는 19.5퍼센트, 65세 이상은 13.6퍼센트의 영양부족 상태를 보인다고 합니다.[6] 혼밥 비율이 높을수록 비만 유병률과 질병에 걸릴 확률은 눈에 띄게 올라갑니다. 혼자 밥을 먹을 때 시간이 얼마나 걸리는지 조사한 결과를 보니, 평균적으로 12분, 심지어 8분이라는 통계도 있습니다. 또한 혼자 밥을 먹을 때 텔레비전이나 스마트폰을 보기 때문에 무엇을 먹는지 잘 모르고 균형 있는 식사를 하기 힘든 점도 있습니다.

미국에도 집에서 가족이 함께 식사하는 횟수, 식사하는 데 들이는 시간이 아이들의 삶에 미치는 영향에 대한 연구들이 많습니다. 가족과 더 자주 밥을 먹을수록 더 건강하고, 성적도 좋고, 의사소통 능력도 뛰어나고, 부모와 친구들 간의 관계도 좋다고 합니다. 콜롬비아 대학의 연구에 따르면, 일주일에 3-4회라도 충분한 시간 동안 함께 식사하는 가정은 청소년 비행이나 범죄, 음주나 흡연의 가능성이 현저하게 낮다고 합니다. 인종적으로 비교하면, 백인 가정들은 가족 간 식사 횟수가 적고, 상대적으로 아시아와 라틴아메리카계 가정들이 많습니다. 이 아이들이 훨씬 더 가정적이고 안정된 어른으로 자라나는 것으로 관찰되기에 아시아의 집밥 문화를 부러워하는 서구인들이 많습니다. 그런데 정작 우리나라에서는 그 문화가 급격히 사라지고 있습니다.

물론 혼밥의 이점도 있습니다. 입시 공부, 취업 준비 등으로 일 분, 일 초라도 아껴야 한다는 마음으로 혼밥의 효율성을 강조하기도 합니다. 사람이 함께하는 것에는 기쁨만 있는 것이 아니고 부담이 있는 것도 사실입니다. 서로 간에 어색함을 견디어야 하고, 싫어하는 대화에 참여해야 할 수도 있습니다. 문제는 부담되는 상황을 피하고 혼자 식사하다 보면 함께 먹는 시간을 견딜 수 있는 근육이 점점 약해질 수 있다는 것입니다. 관계가 계속 축소되고 자신도 모르는 사이에 고립에 이를 수 있습니다.

허츠는 혼자서 '먹방'(먹는 방송)을 틀어 놓고 밥 먹는 사람이 늘어나는 것은 세계적인 현상이며 그중 한국에서 가장 두드러지고 있다고 말합니다. 그러면서 먹방이 수동적이기만 한 것이 아니라 일종의 사회적 상호작용이라고 분석합니다.[7] 먹는 모습을 보여주는 유튜버를 응원하고 별풍선도 보내는 일련의 행위를 가리켜 '낮은 단계의 우정'이라 볼 수 있다는 것입니다.

문제는 이러한 우정이 매우 손쉽고 언제든지 끊을 수 있는 '편리한 관계'라는 점입니다. 이런 관계에 길들여진 사람들은 좀 더 노력이 필요한 관계, 얼굴을 직접 맞대야 하는 관계에 적응하기가 더 힘들어질 수 있습니다. 한두 번 혼자서 밥을 먹다 보면, 혼자 먹는 횟수가 점점 늘어나게 됩니다. 요즘에는 '공방'(공부 방송) 영상도 있습니다. 공방 구독자들은 혼자 공부하는 영상을 실시간으로 틀어 놓기도 하고, 독서실 공부 장면을 녹화한 영상을 켜 놓고 공부하기도 합니다. 방해받지 않고 자기 페이스대로 공부하고 싶은 마음과 고립되기 싫은 본능이 찾은 타협점이라 할 수 있습니다.

## 사람이 혼자 사는 것이 좋지 아니하니

코로나19가 한창이던 2021년 개봉된 영화 「혼자 사는 사람들」은 혼밥 문제를 진지하게 다루고 있습니다. 주인공 진아는 콜센터에서 매월 우수사원으로 선정되는 직원입니다. 그녀는 수많은 사람들과 연결되는 위치에 있지만, 개인의 삶에서는 그 누구와도 연결되지 않는 삶을 촘촘하게 꾸려 갑니다. 맡은 일을 능수능란하게 처리하고, 점심시간에는 혼자 밥 먹기 좋은 식당에 걸어가서 무표정하게 식사를 합니다. 그러던 중 회사에 신입사원 수진이 입사합니다. 스스로를 고립시키는 진아와 달리 사람들과 어울리기 좋아하는 수진은 점심시간에도 자신의 사수인 진아와 함께하려고 합니다. 하지만 진아는 자신만의 시간을 방해받는 것이 불편한 나머지 따라오지 말라고 하면서 냉정한 거리를 유지합니다. 이후 진아의 태도를 이해할 만한 가족사가 드러나고, 진아 스스로 자신을 돌아보는 경험을 이웃들 사이에서 하게 됩니다. 이 영화의 하이라이트는 우여곡절 끝에 콜센터를 그만둔 수진에게 진아가 전화하는 장면입니다. 사적인 일로 전화하는 것은 이전의 진아가 꿈도 꾸지 않았던 일입니다.

> 사실 저도 혼자 밥 못 먹는 거 같아요. 혼자 잠도 못 자고, 버스도 못 타고, 혼자 담배도 못 피우고, 사실 저 혼자 아무것도 못 하는 거 같아요. 그냥 그런 척하는 것뿐이지. 그냥 저는 수진 씨에게 제대로 된 작별 인사를 하고 싶어요. 잘 가요, 수진 씨. 만나서 반가웠어요. 못 챙겨 줘서 미안해요.

진아도 직장을 그만둘 결심을 하고 휴직계를 냅니다. 그러고는 자신의 상사에게 정리되면 밥 한번 먹자는 말을 건넵니다. 물론 사람들이 쉽게 하는 빈말의 전형이지만, 이런 평범한 말을 했다는 것 자체가 진아가 변화되었다는 것을 보여줍니다.

성경에도 '혼자 사는 것'에 관한 말씀이 있습니다.

여호와 하나님이 이르시되 사람이 혼자 사는 것이 좋지 아니하니 (창 2:18).

이 말씀에 이어서 하나님이 남자의 배필을 지어 주셨기 때문에 이 구절을 결혼의 중요성과 연결지어 받아들이곤 합니다. 그러나 고린도전서 7장을 보면, 결혼을 하는 것과 하지 않는 것의 장단점을 함께 말하고 있습니다. 창세기의 말씀은 인간이 반드시 결혼해야 함을 강조한다기보다 인간의 공동체적 본성을 말한다고 보아야 합니다. 다시 말해, 가구 형태의 문제라기보다 라이프스타일의 문제입니다. 가급적 결혼을 하는 것이 좋습니다. 하지만 만일 어떤 이유로 결혼을 하지 않고 사는 것을 선택한다면, 더욱더 풍성하고 든든한 관계를 유지하고 살 수 있도록 노력해야 합니다.

### 하나님 나라, 함께 먹는 잔치 자리

성경에서 먹는 것은 중요한 주제입니다. 『예수님이 차려 주신 밥상』이라는 책은 "누가복음의 예수님은 늘 식사하러 가거나 식사 중이거나 식사를 끝내고 나오는 중이셨다"고 말합니다.[8] 또한 신약의 네 복음서 가운데 모두 등장하는 기적은 오병이어의 기적 하나

뿐입니다. 그만큼 먹는 게 중요하다고 말할 수 있습니다. 오병이어를 영어성경에서는 주로 '급식 기적'(feeding miracle)이라고 말합니다. 음식을 공급해 주는 기적이라는 것인데, 이렇게 부르는 것이 맞는지 질문해 보아야 합니다. '급식'이라고 하면 어떤 이미지가 떠오릅니까? 아마도 학교나 회사, 군대에서 줄을 서서 음식을 받는 장면이 떠오를 것입니다. 2008년 미국에서는 서브프라임 모기지 사태로 금융산업 전체가 타격을 받아 실업자가 속출하는 일이 발생했습니다. 그 시절 『타임』지 표지에 1929년 미국 대공황 때 일자리를 잃은 사람들이 급식소 앞에서 줄을 서고 있는 장면이 실렸는데, 이것을 보고 미국인들의 가슴은 얼어붙는 것만 같았습니다. 미국 워싱턴에 있는 루스벨트 대통령 기념관에도 동일하게 대공황 시절 사람들이 줄을 서서 급식을 받고 있는 모습의 동상들이 있습니다. 베트남 전쟁 및 한국 전쟁과 함께 기념되고 있는 이 역사는 미국인들의 심리 근저에 있는 불안을 보여줍니다. 그들이 두려운 것은 배고파서 굶는 것이 아니라, 줄을 서서 음식을 받아먹는 급식의 대상이 되어야 한다는 것입니다.

성경은 오병이어 기적의 장면을 이렇게 묘사합니다.

> 제자들에게 명하사 그 모든 사람으로 떼를 지어 푸른 잔디 위에 앉게 하시니 떼로 백 명씩 또는 오십 명씩 앉은지라(막 6:39-40).

한번 그 장면을 상상해 보십시오. 푸른 잔디 위에 50-100명씩

앉았다는 것은, 급식소보다는 여유와 낭만이 있는 피크닉을 연상하게 하는 장면입니다. 헬라어 본문에서 "떼를 지어"라는 말은 "심포지아, 심포지아"라고 표현되어 있는데, 이 단어를 보면 '심포지움'이라는 단어가 생각날 것입니다. 플라톤의 대화편에서 그 구성과 내용이 가장 뛰어난 작품 중 하나인『향연』이 바로 그 단어입니다. 그래서 이어지는 '앉다'라는 단어를 '리클라인'(recline)이라 번역하는 영어성경들도 있습니다. 편안한 자세로 기대어 눕는 정도의 자세를 말합니다. 본래 심포지움은 이와 같이 여유 있는 자세로 하는 파티였습니다. 이 단어들로 우리는 수천 명의 사람들이 만찬을 나누는 장면을 상상해 볼 수 있습니다. 격조와 품위, 여유와 같은 단어가 떠오릅니다. 물론 배고픈 고통은 인간이 경험하는 최악의 고통 중 하나입니다. 배고픈 이가 굶지 않게 먹이는 일은 매우 숭고한 일입니다. 그러나 예수님은 거기서 만족하지 않으셨습니다.

인간은 주린 배를 채우는 것으로 만족할 수 있는 존재가 아닙니다. 그렇기 때문에 우리가 '급식'을 선행의 차원에서 실천할 때에는 주의를 기울여 사람들의 자존심을 배려할 필요가 있습니다. 그런데 예수님의 기적은 그 정도를 훨씬 넘어섭니다. 단순히 자존심을 상하지 않게 하는 정도가 아니라, 하나의 축제인 것입니다. 오병이어의 기적은 단순히 주린 배를 채우는 자리가 아니라, 앞으로의 인생에서 결코 잊지 못할 축제를 경험하는 자리였습니다. 예수님이 그런 장면을 의도적으로 명령하시고 연출하셨다는 것입니다. "심포지아, 심포지아!" 하고 그런 분위기를 거듭 강조하면서 푸른 잔디 위에 앉히셨습니다. 이 표현에 제자들의 생생한 기억이 있고, 성경 기자들의 강조점이 있습니다. 하나님 나라는 축제입니다. 사람들이 푸른 잔디 위에서 여유 있게 대화를 나누는 가운데, 간간이 함박웃음이 터지고, 아이들이 즐겁게 뛰어노는 장면을 충분히 상상할 수 있습니다. 예수님은 함께 먹는 기쁨을 소중히 여기십니다.

## 오늘 '우리'에게 일용할 양식을 주시옵고

예수님의 첫 번째 기적인 가나의 혼인 잔치 역시 파티의 현장입니다(요 2:1-12). 나중에 '성찬'으로 발전한 최후의 만찬 또한 함께 먹는 자리입니다(마 26:17-30). 엠마오 도상에서 부활하신 예수님을 만난 두 제자가 예수님을 알아보지 못하다가 영의 눈이 열리는 것도 떡을 떼어 함께 나누는 대목에서입니다(눅 24:30-35). 예수님이 자신을 부인한 베드로와의 관계를 회복하시는 것도 손수 조반을 차려 주시면서입니다(요 21:9-13). 함께 먹고 잔치를 하며 관계를 회복하시는 하나님의 모습을 우리는 성경에서 만납니다.

또한 우리는 이런 기도를 명령받았습니다. "오늘 우리에게 일용할 양식을 주시옵고"(마 6:11) '나'의 일용할 양식이 아닌 '우리의' 일용할 양식입니다. 함께 먹는 것입니다. 내가 먹을 것을 내가 획득하고 확보하며 살아가야 하는 고달픈 삶이 아닌, 하나님이 주시는 은혜를 누리고 그 은혜를 함께 나누는 삶입니다.

진리를 향해 자라간다는 것은 내 속에 있는 환상을 깨는 과정입니다. 함께 먹는 것은 다음의 두 가지 환상을 넘어서게 합니다.

첫째, 나 혼자 살아갈 수 있다는 환상입니다. 우리는 하나님께 의존해 있고 또한 서로에게 의존해 있습니다. 농부가 농사를 짓지 않았으면, 쌀을 싣고 우리 동네까지 운전하는 이가 없었으면, 지난 여름의 바람과 햇살, 천둥과 비가 없었으면 우리는 삶을 이어갈 수 없을 것입니다. 「쌀 한 톨의 무게」라는 홍순관의 노래를 들어 보십시오.

쌀 한 톨의 무게는 얼마나 될까
내 손바닥에 올려놓고 무게를 잰다
바람과 천둥과 비와 햇살과
외로운 별 빛도 그 안에 스몄네
농부의 새벽도 그 안에 숨었네
나락 한 알 속에 우주가 들었네
버려진 쌀 한 톨 우주의 무게를
쌀 한 톨의 무게를 재어 본다
세상의 노래가 그 안에 울리네

입에 밥을 넣으면서 우리는 자신의 삶이 농부의 수고에 의존해 있다는 사실을 깨닫습니다. 밥을 소화시키면서 우리는 이 쌀알을 통해 그 바람과 햇살 그리고 온 우주와 만나는 것입니다. 쌀 한 톨의 무게만 헤아려 보아도 사람이 혼자 살 수 없음을 깨닫게 됩니다.

둘째, 영양만 공급되면 살아갈 수 있다는 생각입니다. 인간은 배고프면 죽습니다. 그러나 예수님은 사람이 떡으로만 살 것이 아니라고 하셨습니다(마 4:4). 우리는 스스로의 욕구와 필요에 대해 무지합니다. 우리 안에 있는 욕망이나 좌절감 등이 그 욕구를 교란시킬 때가 많습니다. 정서적인 욕구를 음식으로 채우려 할 때가 있습니다. 실연을 당했거나 자존심이 상했을 때 폭식을 하는 경향이 있습니다. 외로움을 이겨 보려고 음식을 계속 입안으로 밀어 넣는 것은 안타까운 일입니다. 음식뿐 아니라 술, 성관계, 과도한 오락, 컴퓨터 게임 등 정서적인 필요를 다른 것으로 채우려 합니다. 사람이 떡으로만 살 것이 아니라는 말씀은, 인간은 일정 수준의 칼로리가 채워져 배고픔을 면한다고 잘살 수 있는 것이 아니라는 말입니다.

## 내 끝사랑은 가족입니다

이규리의 「안녕 편의점」이라는 시가 있습니다.

옆에서 아는 듯 악수를 청하던 사람이 있었는데
그는 누구인지
면발 위에 뜨거운 물을 부을 때나
믹스 커피를 저을 때까지도 생각나지 않았다
……
나는 나를 모르는데

당신은 누구입니까
우리는 각자 다른 일인이 되어
일인으로 살며
일인의 밥을 먹고
일인의 시위를 하며
처음부터 일인이었던 일인으로 돌아와
어디로든 나는 숨어들고 싶은 사람
한 시간 전의 일출이 한 시간 후의 일몰에게
자꾸 안녕하냐 안녕하냐
그딴 거 물어보지 마세요[9]

"나는 나를 모르는데"라는 표현은 누군가가 자신에게 아는 척 하는 것이 귀찮고 불편한 마음을 보여줍니다. 편의점에서 혼자 밥 먹는 '나'는 내가 인정하기 싫은 '나'라는 말입니다. 낮에 집에서 일하는 어느 프리랜서가 편의점에 자주 가서 밥을 먹는데, '젊은 사람이 이 시간에 왜 여기 있지?' 하듯 바라보는 사람들의 시선이 부담스럽다는 말을 들은 적이 있습니다. 그러다 보면 집에서 편하게 입던 운동복이 아니라 좀 차려 입고 나가야 하나 하는 고민도 하게 되고, 나중에는 편의점 직원의 눈길마저 부담스러워진다는 것입니다. 그러던 차에 집 부근에 무인 편의점이 생겨서 얼마나 좋은지 모른다고 했습니다.

오래전에 『나는 초라한 더블보다 화려한 싱글이 좋다』라는 제목의 책이 많은 관심을 받았습니다.[10] 이 제목에는 매력적인 부분이 있습니다. 혼자 살아도 다른 사람들이 부러워할 만큼 살 수 있으면 구차하게 함께 사는 것보다 낫다는 판단이 담겨 있습니다. 그러나 이 책을 찬찬히 읽어 보면, 화려함을 유지하고 산다는 것이 보통 힘들고 까다로운 게 아니라는 것을 알게 됩니다. 화려한 삶은 극소수에게만 허용된 것입니다. 그 극소수도 외로움으로부터 자유로울 수 없습니다. 때로 구차하고, 때로 없어 보이는 것은 누구나 피할 수 없습니다. 내 삶은 화려해야 한다는 강박은 사람을 피폐하게 만듭니다. 주위 사람들에게 화려하게 보여야 한다는 부담을 극복해야 여유가 생기고 진정한 품위도 가능하게 됩니다.

2015년에는 「응답하라 1988」이라는 가족 드라마가 인기를 끌었습니다. 그 드라마의 홍보 포스터에는 "내 끝사랑은 가족입니다"라는 문구와 함께 쌍문동 어느 골목에서 다섯 가족이 함께 찍은 사진이 등장합니다. 한 골목에서 아옹다옹하며 살아가던 시절에 대한 그리움이 빛바랜 사진을 통해 진하게 전달됩니다. 앞서 방송된 「응답하라 1994」는 신촌의 어느 하숙집을 배경으로 펼쳐집니다. 주인이 엄마 같고 아빠 같은 이 하숙집에는 마침 하숙생들과 같은 또래의 딸이 있고, 어려서부터 가족처럼 지낸 남학생도 하숙하고 있습니다. 여기에 갓 상경한 '진짜 하숙생'이 이들과 스스럼없이 어울리면서 하나의 '큰 가족'이 되는 장면을 보여줍니다.

이 두 드라마를 관통하는 주제가 있는데, 바로 '확대 가족'(extended family)입니다. 오늘날 시대를 살고 있는 사람들의 그리움이 어느 지점을 향해 있는지를 그대로 보여줍니다. 초대교회는 서로를 형제자매라 부르면서 가족보다 더 깊은 유대를 지향했습니다. 교회는 하나님을 가장으로 모신 가족입니다. 이 가정에서 함께 먹는 것은 대단히 중요했습니다. 「응답하라 1994」의 하숙집에서는 비현실적이라 할 만큼 많은 음식을 계속해서 차려 냅니다. 밥상이 드라마의 주인공이라 할 만큼 화면을 가득 채우던 장면들이 기억에 남습니다.

## 관계의 스트레칭

모든 혼밥을 부정적으로 볼 필요는 없습니다. 영화 「리틀 포레스트」에서 주인공 혜원은 서울생활에 지쳐 고향으로 내려옵니다. 시골집 텃밭에서 나는 재료로 매 끼 다채로운 식사를 하는 것이 영화의 주요 내용입니다. 혜원은 왜 고향에 내려왔냐는 친구의 물음에 "배가 고파서"라고 대답합니다. 그녀가 서울에서 일하던 곳이 편의점이라는 것이 인상적입니다. 주리지 않을 만큼의 음식이 삼각김밥부터 도시락까지 쌓여 있는 곳이 편의점입니다. 편의점 음식이 자신의 허기를 채워 줄 수 없었다는 것입니다. 이 영화에서 음식을 먹는 배경이 모두 '함께'인 것은 아닙니다. 수많은 혼밥 장면이 등장합니다. 그러나 아르바이트를 하던 편의점에서 먹는 음식과는 달리 이 밥들은 혜원의 허기를 채우고 생기를 돌게 합니다.

혼밥 자체가 나쁜 것이라 할 수는 없습니다. 혼자 먹어야 한다면, 영양을 갖추어서 여유 있게 음악도 틀어 놓고 먹을 수 있으면 좋겠습니다. 자신을 잘 대접하는 자세면 좋겠습니다. 그리고 나는 밥만 먹고 살 수 없는 존재라는 것을 기억해야 합니다. 내가 살기 위해서는 나를 보고 웃어 주는 누군가의 미소가 필요합니다. 힘들 때 수고했다고 등 두드려 주는 사람이 있어야 합니다. 내가 불안할 때 다른 사람들도 불안해하고 있으며, 그 불안한 존재들끼리 등 맞대고 살 수 있다는 것을 느끼게 해주는 관계들이 필요합니다. 이런 관계를 소중히 여기고 만들어 가야 합니다.

팔은 안으로 굽는다지만, 건강하게 살려면 안으로만 굽히지 말고 최대한 밖으로 뻗는 연습을 계속 해야 합니다. 안으로만 굽히면 가용범위는 점점 줄어듭니다. 근육도 그렇고, 우리의 인간관계도 그렇습니다. 관계의 스트레칭이 필요합니다.

1인 가구가 아니고 함께 밥을 먹는 가족이 있어서 복 받은 사람이라면, 그 복을 나누십시오. 여러분 식탁에 다른 식구들이나 혼자 밥을 먹겠다 싶은 이들을 초대해서 같이 식사하십시오. 우리 가족의 식탁에 가끔씩이라도 이웃을 초청하는 것이 곧 관계의 스트레칭입니다.

옛날 우리 말 중에 "숟가락만 하나 더 놓으면 되는데, 같이 먹자" 하는 말이 있었습니다. 손님이라 생각해서 잘 차리려 한다면 쉽게 오라고 하지 못할 것입니다. 함께하는 데 의미가 있는 것입니다. 집에 초대하는 것이 부담이 된다면 식당에서 만나셔도 됩니다. 함께 먹는 것 자체에 의미를 두는 사람과 함께하십시오. 소박한 음식으로도 감사할 사람, 함께한다는 것 자체로 소중하게 여길 사람들이 주위에 많습니다. 관계의 팔을 있는 힘을 다해 밖으로 뻗는다면, 우리 삶은 더욱 건강해질 것입니다. 너댓 명이 고정적으로 만나는 좋은 친구관계가 있다면, 그 자리에 다른 사람들도 가끔씩 초대하는 것도 좋습니다. 관계는 친밀하면서도 개방적일 때 장기적으로 더욱 건강해집니다.

혼밥족의 시대는 우리가 경험해 보지 못한 황량한 시대가 될 것입니다. 인구 상당수가 1인 가구로 살아야 하기 때문에 이전과 다른 관계의 상상력이 필요한 시대입니다. 이 상상력이 어디로 향할지 어디까지 갈지 알 수 없습니다. 주거 형태를 보면, 이미 주방이 최소화되거나 없는 주택들이 생기고 있습니다. 밥을 거의 하지 않는 가구들이 많기 때문입니다. 이와 관련해서 적절한 규모의 공동 주방이나 응접실 등을 갖춘 공동 주택을 생각해 볼 수 있습니다. 그리고 조금씩 함께하는 폭을 넓혀 간다면, 함께 아이들 돌보는 '공동 육아'로 발전할 수 있습니다.

예전에 뉴욕의 한 식당에서 큰 테이블을 중간에 놓고 서로 모르는 손님들이 마주 앉아 자유롭게 이야기를 나누면서 식사하도록 하는 시도를 한 적이 있습니다. 미국에서 젊은 사람들이 모이는 식당에서는 가끔씩 볼 수 있는 장면입니다. 교회도 공동 식사를 중심으로 하는 소규모 공동체로 꾸릴 수 있습니다. 예배를 드리고 나서 시간 되는 사람끼리 남아서 식사하는 것이 아니라, 순서를 바꾸어 정한 시간에 모여 함께 식사를 하면서 대화를 나누고, 그 대화를 정리하면서 성경 이야기도 하고, 기도하고 찬양도 하는 식의 모임을 시도하는 교회들이 생기고 있습니다.

## 밥으로 말하기

어떤 사람이 사업을 하다가 실패하였습니다. 탈탈 털어도 남은 것이 아무것도 없었는데, 그의 아내가 따로 가지고 있던 통장에 몇십 만원이 남아 있었다고 합니다. 아내가 이것을 가지고 무엇을 할까 고민하다가, 시장에 가서 장을 보고, 탁자를 장식하고, 촛불을 켜고, 지금까지 한 번도 차려 본 적이 없는 풍성하고 멋진 밥상을 차렸습니다. 그런 다음 남편을 앉혀 놓고 말했습니다. "You deserve it!", "당신은 이 만찬을 누릴 권리가 있어요. 세상에서 실패했을지 모르지만, 이렇게 멋진 식사를 즐길 권리가 있는 귀한 사람입니다." 그가 나중에 재기에 성공한 뒤 "내 인생에서 가장 소중한 순간이 그날의 만찬이었다. 그 밥심으로 오늘까지 달려올 수 있었다"고 회고했다고 합니다.

베드로가 부활하신 예수님이 차려 주신 밥상을 마주하고 나서 훗날 그렇게 고백하지 않았을까요. 배신하고 도망간 자신에게 다시 찾아오셔서 아무 말 없이 아침을 차려 주신 예수님과의 식사가 있었기에 지금까지 이 길을 걸어올 수 있었다고 말입니다. 굶주린 오천 명을 먹이실 때 그저 '급식'하지 않으시고, 품위 있고 여유 있는 잔치를 베풀면서 하시고 싶었던 말씀은 "너는 이런 잔치를 즐길 만한 자격이 있는 사람이다"일 것입니다. 예수님의 사랑 안에서 자신의 존귀함을 깨닫게 되는 것이 바로 하나님 나라입니다.

혼밥에는 효율적인 측면이 있습니다. 그러나 치열한 경쟁사회를 살아가면서 마음 놓고 밥 먹을 시간마저 빼앗기고 있는 현실에서, 우리는 예수님의 여유를 들여다볼 필요가 있습니다. 앞서 6장에서 안식이 어떻게 저항이 될 수 있는지 살펴보았습니다. 이 안식은 주일에만 필요한 것이 아니라 매일의 삶에서 누릴 수 있습니다. 여유 있게 밥 먹는 시간과 마음을 확보하는 것에도 저항이 필요합니다. 이 세상이 우리를 편하게 식사하도록 내버려두지 않기 때문입니다. 저항하십시오. 잘 먹고 잘 살기로 작정하십시오. 그리고 팔을 펼치십시오. 관계의 스트레칭이 곧 영혼의 스트레칭입니다. 그 안에 이웃을 담으십시오. 그 팔에 하나님이 그 나라의 꿈과 생명력을 담아 주실 것입니다.

## 말씀과 씨름하기

1. 혼자 밥 먹게 될 때 어떤 느낌이 듭니까? '혼밥'의 좋은 점과 좋지 않은 점을 나누어 봅시다.

2. 성경에 나오는 오병이어의 기적 장면을 함께 읽고(막 6:30-44), 그 현장을 구체적으로 상상해 봅시다. 만일 내가 그 현장에 있었다면 그날의 경험을 가족이나 친구에게 어떻게 설명했을지 나누어 봅시다.

3. 예수님의 이야기 중 유독 먹는 것과 관련된 이야기가 많은 것은 하나님 나라의 어떤 면을 보여줍니까?

4. 나의 식습관 가운데 바꾸고 싶은 부분이 있다면 나누어 봅시다. 나에게 함께 밥 먹고 싶은 사람이 있는지 생각해 봅시다.

# 엔터테인먼트 시대의 예배

# 8

## 일과 놀이, 그리고 예배

인간의 삶에서 가장 중요한 세 가지 활동은 일과 놀이(쉼)와 예배입니다. 인간인 이상 이 셋을 피할 수 없습니다. 일하지 않고 살 수 없고, 쉼과 놀이 없이 삶을 유지할 수 없습니다. 그리고 의식하든 의식하지 않든 우리는 어떤 대상을 예배하거나 숭배합니다. 하나님 외에도 사회 변화나 국가 번영 등의 대의, 자신이 추구하는 진리를 숭배하는 사람이 있는가 하면, 영웅적인 대상이나 욕망, 쾌락을 숭배하는 사람이 있습니다. 현대인들의 삶에는 이 세 가지 요소가 혼재되어 있습니다. 많은 사람들이 일을 예배하고, 놀이를 일처럼 하며, 예배를 놀이처럼 합니다.

### 일을 예배처럼

먼저 일을 우상화하고 예배하는 경향을 볼 수 있습니다. 우리는 마치 인생 전체의 목적을 일의 성공에 둔 것처럼 살아갑니다. 학생들이 "행복은 성적순이 아니잖아요"라고 외치는 것은 성적을 본래의 가치 이상의 높은 자리에 올려놓았다는 말입니다. 지나치게 과열된 입시경쟁도 결국 좋은 일자리를 찾는 성공을 향해 있습니다. 일을 숭배하며 인생의 모든 소망과 의미를 일에서 찾으려 노력하는 현상은 현대에 와서 점점 두드러지고 있으며, 오늘날 한국 사회의 심각한 문제이기도 합니다.

한국 사람들은 매우 실용적입니다. 심지어 종교도 실용적으로 대합니다. 종교생활을 통해 내 마음에 평안이 오든지, 좋은 친구를 사귀든지, 혹은 내가 뭔가 그럴듯한 사람이 된다는 식의 결과를 기대합니다. 탁상공론이 아닌 실용을 추구하는 실사구시의 정신은 필요합니다. 문제는 지나치다는 데 있습니다. 지금 우리는 역사상 가장 실용주의가 강한 시대를 살고 있습니다. 한국이 짧은 시간 동안 비약적인 경제 성장에 성공한 이유도 소위 돈 되는 것에 대한 예리한 감각과 거기에 올인(all-in)하는 태도 덕분이었습니다. 그러나 이제 고도성장 시대는 지나갔습니다. 자원과 노력을 아무리 쏟아부어도 옛날처럼 성장하는 때가 아니기 때문에 가시적 성과에만 집중할수록 공허함만 더욱 커질 것입니다.

현대인들은 일을 예배합니다. 지금 우리는 인생의 의미를 직업에서의 성공, 경제적인 번영으로 축소시켜 버린 시대를 살고 있습니다. "일에 올인한다"는 말은 일 이외의 다른 모든 가치를 뒤로 미룬다는 것입니다. 이와 유사한 표현으로 '영끌'(영혼까지 끌어모아 대출)이라는 말이 있는데, 부동산을 확보하기 위해 가능한 자원을 최대한 동원한다는 말에 '영혼'이라는 단어가 포함되는 것이 섬뜩합니다. 괴테의 『파우스트』에 나오는 메피스토필레스가 오늘의 한국에 온다면, 훨씬 낮은 가격에 사람들의 영혼을 살 수 있을 것 같습니다. 영끌 현상은 부동산에만 국한되지 않습니다. 학부모들은 자녀 입시를 위하여, 젊은이들은 취업을 위하여 영끌합니다. 인턴으로 시작한 직장에서 정규직이 되기 위해 "영혼까지 갈아 넣었다"는 표현도 자주 봅니다. 영혼까지 바치는 것은 예배하는 것입니다. 보통의 한국 사람들은 직장에서 해고되면 자신의 인생이 실패했다고 생각합니다. 심지어 인간관계도 일에서 성공하기 위해서 관리해야 할 하나의 수단으로 봅니다.

### 놀이를 일처럼

일을 예배하는 사람들이 놀이는 일처럼 합니다. 휴일을 보내고, 휴가를 가고, 가족과 함께 놀고, 친구들과 시간을 보낼 때도 보란 듯이 잘 놀아야 한다는 압박감이 있습니다. 그래서 휴가 계획을 세울 때부터 부부싸움을 하는 가정이 많고, 휴가 후유증도 만만치 않습니다. 놀이 자체가 승부를 걸어야 할 대상이 되어 버렸습니다.

놀이와 쉼을 가리켜 '레크리에이션'(re-creation)이라 칭하며 강조하던 시절이 있었습니다. 놀이와 쉼을 통해 다시 창조할 수 있는 힘이 축적된다는 것입니다. 여기에는 핸드폰도 충전을 해야 쓸 수 있다는 설명이 뒤따릅니다. 그런데 이 말이 갖는 철학적 전제에 대해 한번 짚고 넘어갈 필요가 있습니다. 놀이나 쉼을 단지 일을 보다 잘하기 위한 수단으로 전락시키기 때문입니다. 일이 예배의 대상이 되어 버린 현대인의 심각한 질병을 드러내는 증상 가운데 하나가 아닐까 싶습니다.

쉼은 그 자체로 인생에서 의미가 있습니다. 아이들은 공부를 더 잘하려고 놀지 않습니다. 직장인들의 휴가는 생산성을 높이기 위한 수단이 아닙니다. 생산성이라는 목표를 먼저 세워 놓고 수단으로서 '레크리에이션'을 해야 한다는 사고를 경계해야 합니다.

창세기에 나오는 안식일 기사를 "하나님이 여섯 날 동안 열심히 일하신 뒤 모든 에너지가 방전되어 쉼을 가져야 했다"고 해석하면, "일이 가장 중요하고, 일을 보다 잘하기 위해 쉼이 필요하다"는 논리가 됩니다. 그러나 창조 기사를 자세히 읽어 보면, "안식이 모든 창조의 목적"이라는 것을 알 수 있습니다. 모든 피조물이 각자 할 일을 열심히 한 뒤 잠시 멈추고 평화를 누리는 상태가 안식입니다. 안식일은 하나님이 천지를 창조하신 목적을 잘 보여줍니다. 창조의 최고 정점은 인간 창조가 아니라, 그다음 날 이어진 '안식'입니다.

창조 기사에 따르면, 가장 첫날이 무슨 요일일까요? 월요일일 것입니다. 그런데 인간의 입장에서 보면 창조 이후 처음 맞은 날이 안식일이었습니다. 하나님은 6일 동안 일하시고 안식하셨지만, 인간은 일하지도 않고 바로 쉬기부터 한 것입니다. 이 부분에서 우리는 인간의 본성과 운명에 대한 중요한 진리를 발견합니다.

우리는 밥을 먹으려면 밥값을 해야 한다는 생각을 가지고 있습니다. 하지만 이것은 성경적이지 않습니다. 모든 사람이 밥을 먹어야 합니다. 우리 사회에는 장애인도 있고, 어린아이와 치매노인도 있습니다. 모두가 존귀한 존재입니다. 그들 또한 먹어야 하고 적절한 돌봄과 존중을 받아야 합니다. 밥값을 해야 밥을 먹을 자격이 있다는 개념은 인간들의 얕은 생각일 뿐입니다.

하나님이 세우신 본래의 창조 질서에 따르면, 하나님은 모든 것을 다 지으신 뒤 마지막으로 인간을 만드셨고, 인간이 하룻밤을 보내고 나서 맞은 첫날 창조를 누리고 쉬게 하셨습니다. 핸드폰은 충전과 방전을 반복하다가 마침내는 버려질 것입니다. 그러나 인간에게는 '영원한 안식'(히 4:9-11)이 예비되어 있습니다. 안식일은 인간의 본질적인 가치에 관한 계시입니다.

**예배를 놀이처럼**

인간의 삶에서 가장 중요한 세 가지 활동 중 마지막이 예배입니다. 또한 이번 장의 주제가 엔터테인먼트로서의 예배'입니다. 우리는 예배를 드리고 나서 "은혜 받았다"는 말을 많이 합니다. "은혜 받았다"는 영어로 옮기기 힘든 말입니다. 주로 "I am moved" 혹은 "I am touched" 정도로 표현합니다. 설교에 대해 말할 때는 "It's beautiful sermon", "Your sermon is really eye-opening"과 같이 표현하기도 합니다. 아무튼 문자 그대로 "은혜 받았다"는 표현은 없습니다. "은혜 받았다"는 우리말 표현을 통해 우리가 예배를 대하는 태도에 대해 돌아볼 필요가 있습니다.

우리가 "오늘 예배 좋았어"라고 할 때, 그것은 나에게 좋은 느낌을 주었다는 말입니다. 현대인들은 자신의 귀를 만족시켜 주는 설교, 좋은 음악, 적절하고 품위 있으면서도 어느 정도 선을 넘어가지 않는 교제라는 종교상품을 '소비'합니다. 소비자의 이런 욕구를 자극하고 맞추어 주는 교회가 수적으로 성장하고, 그렇게 큰 교회의 '성공'을 다른 교회들이 모방하면서 엔터테인먼트로서의 예배는 강화됩니다.

## 예배는 하나님을 위한 것이다

여기서 우리는 예배의 본질에 관해 다시 생각해 볼 필요가 있습니다. 로버트 웬버그의 『기도해 보라는 뻔한 대답 말고』라는 책이 있습니다.[1] 나는 지성적으로 설득되어야 믿을 수 있는데 교회에서는 너무 뻔한 말만 하니("기도해 봐, 그럼 될 거야") 지친다는 사람들이 주변에 있지 않습니까? 그런 사람들도 이해할 수 있도록 기독교 신앙을 설명해 주는 책입니다.

의심은 불신과는 다릅니다. 여러분은 예수 믿는 데 의심이 없습니까? 믿고 싶고 또 부분적으로 믿기도 하는데 납득이 안 되는 부분도 있을 것입니다. 이 책은 의심하는 것을 정죄하거나 판단하지 않고, 의심하는 마음을 이해하고 품는다는 의미에서 좋은 책입니다. 저자는 하나님의 존재에 대한 의심을 가진 사람을 위한 대답을 풀어가는 중 예배의 의미에 대해서 이렇게 말합니다.

예배는 내가 즐기기 위한 파티나 공연이 아닙니다. 오히려 존경하는 사람의 취임식이나 은퇴식, 환갑잔치에 참석하는 것과 비슷합니다. 예배에 참석하는 이유가 '나의 재미'가 아니라 취임하거나 퇴임하는 '그분'에게 있기 때문입니다. 이런 자리가 설령 지겹고 재미없을 수는 있지만 괜히 갔다고 말하지는 않습니다. 오히려 행사를 마치고 집에 돌아오면서 뿌듯한 마음이 드는 이유는 내가 그 자리에 간 목적이 그분을 위한 것이었고, 그분이 내가 자리에 앉아 있는 것을 보고 기뻐하는 듯한 느낌이 들면서 가길 잘했다고 생각하는 것입니다. 예배를 통해 우리가 누리는 기쁨이 있다면 바로 이런 모습입니다. 예배는 하나님을 위한 것입니다.[2]

명절이 되면 우리는 고향에 가기 위해 많은 노력을 합니다. 기차표를 사려고 분초를 다투며 경쟁을 합니다. 운전을 해서 간다면 차량 정체 때문에 얼마나 걸릴지도 모릅니다. 그 고생을 하며 고향에 가는 이유가 무엇입니까? 어머니가 맛있는 음식을 해주고, 아버지가 용돈을 주기 때문이 아닙니다. 내가 그 자리에 있음을 부모님이 기뻐하시기 때문입니다. 부모님이 기뻐하시니 나도 좋습니다. 바로 예배가 그와 같습니다. 예배의 목적은 하나님의 기쁨입니다.

물론 우리는 예배를 통해서 많은 유익을 누립니다. 정말 '은혜'를 받고 풍성함을 누리며 위로와 힘을 얻습니다. 하지만 이것이 예배의 목적은 아닙니다. 예배는 은혜를 받기 위해서 드리는 것이 아니라, 은혜를 받았기 때문에 드리는 것입니다.

우리가 사랑함은 그가 먼저 사랑하셨음이라(요일 4:19).

여기서 "먼저"가 중요합니다. 우리가 하나님을 사랑해야 하지만, 그보다 우리가 사랑받을 만한 존재가 되지 못한 상태에서 하나님이 먼저 우리를 사랑하신 것이 복음의 핵심이고 예배의 출발입니다. 그래서 예배는 예수를 믿는 사람만이 드릴 수 있습니다. 물론 예수를 안 믿는 사람도 예배의 자리에 와서 앉아 있을 수 있습니다. 하지만 그저 참석하고 구경하는 데 그칠 뿐입니다. 하나님의 은혜를 받고 아는 사람이 예배를 드릴 수 있습니다. 이미 우리가 천국을 약속받았고, 하나님의 자녀가 되었으며, 은혜를 받았기 때문에 예배를 알 수 있고 예배를 드릴 수 있습니다. 예배의 목표는 내가 좋은 느낌을 갖는 것이 아닙니다.

### 어떻게 예배를 드릴 수 있는가

예배가 무엇인지를 깨달으면 자연스럽게 예배를 어떻게 드릴 수 있는지 알게 됩니다. 예배가 무엇인지를 다음의 세 가지 키워드를 중심으로 살펴볼까 합니다.

## 관심

첫 번째 키워드는 관심입니다. 예배는 내 잔치가 아니라 남의 잔치입니다. 하나님이 예배의 주인공이 되어야 합니다. 결혼식 참석과 비슷합니다. 축하해 주러 가는 자리입니다. 한 결혼정보회사가 미혼남녀를 대상으로 결혼식 날 가장 꼴불견인 하객 행동을 조사했습니다. 그중 가장 대표적인 사례가 "신부보다 예쁘게 치장하고 오는 사람"이라고 합니다. 그런 유형의 사람들은 다른 사람의 결혼식에 가면 그 자리에서 내가 어떻게 보일까에 관심을 둡니다. "나는 언제 결혼하지?", "내 자녀는 언제 결혼시키나?" 하는 생각에 빠져 있습니다. 인간은 모든 상황을 자기중심으로 해석하는 굴절된 렌즈를 가지고 있습니다. 안타깝게도 인간은 치유 불가능할 정도로 자기중심적입니다. 세상의 어떤 약으로도 고치기 힘든 자기중심성을 가지고 있기에 무엇을 말하든 자기중심적으로 받아들입니다.

하지만 예배의 중심은 하나님이십니다. 예배는 자기중심성을 깨뜨릴 수밖에 없는 자리입니다. 내가 아니라 하나님이 영광을 받으셔야 할 분이라는 단순한 메시지가 자기에 대한 이해를 얼마나 바꾸어 놓는지 모릅니다. 예배는 하나님을 높이고 내가 낮아지는 시간입니다. 무엇보다 내가 얼마나 자기중심적이었는지를 발견하고 인정하는 시간입니다.

카메라에 비유하자면 인간은 수동카메라입니다. 예배에 온다고 해서 자동적으로 하나님께 초점이 맞추어지지 않습니다. 의지를 동원하여 하나님께 집중해야 예배할 수 있습니다. 그리고 대부분 성능이 시원찮고 때로는 고장난 수동카메라입니다. 하나님께 집중하려 해도 계속 자신에게 향합니다. 인간의 한계를 제대로 이해해야 우리의 예배를 내가 아닌 하나님께 집중하는 시간으로 바꾸어 갈 수 있습니다. 「시선」이라는 찬양의 가사처럼, "모든 시선을 주님께 드리는" 것이 예배입니다.

> 내게로부터 눈을 들어
> 주를 보기 시작할 때
> 주의 일을 보겠네
>
> 내 작은 마음 돌이키사
> 하늘의 꿈 꾸게 하네
> 주님을 볼 때
>
> 모든 시선을 주님께 드리고
> 살아 계신 하나님을 느낄 때
> 내 삶은 주의 역사가 되고
> 하나님이 일하기 시작하네
>
> – 김명선 작사, 작곡 「시선」 중

그래서 예배를 드리기 위해서는 의도적인 준비가 필요합니다. 설교가 시작되기 전에 "지금은 예배를 시작하는 시간이오니 마치는 시간까지 함께해 주소서"라고 기도하는 것을 한 번쯤 들어 보셨을 것입니다. 이미 예배가 시작된 지 20분 정도 지났는데 '시작하는 시간'이라고 하는 것은 적절하지 않은 표현입니다. 물론 설교가 중요하지만 예배의 모든 순서가 중요합니다. 그런 점에서 "예배드리기 전에 준비찬송 하겠습니다"라는 말도 적절하지 않습니다. 그 찬송 또한 하나님이 받으시는 예배입니다.

시편에서 많이 사랑받는 시 가운데 '성전에 올라가는 노래'라는 표제가 붙어 있는 시들이 있습니다. 순례자들이 각자의 처소에서 예루살렘 성전을 향해 걸어서 올라가는 동안 부르는 노래들입니다. 그렇게 보면 성전에 도착해서 성전 뜰에 들어가는 순간이 아니라, 예배하러 가기 위해 길을 나서는 순간부터가 이미 예배의 시작이라 할 수 있습니다. 우리 삶에 적용해 보면, 예배드리기 위해 집을 나서는 순간부터 혹은 자동차에 시동을 거는 순간부터 예배가 시작된다고 할 수 있습니다.

유대인들의 안식일은 토요일입니다. 하지만 엄밀히 말하면 금요일 저녁부터 토요일 저녁까지입니다. 예전에 보수적인 교회에서는 '주일성수'라는 관점에서 주일에 절대로 공부를 하지 말라고 했습니다. 그래서 월요일에 시험을 치르는 학생의 경우, 주일에 일찍 자고 밤 12시에 일어나 시험공부를 하는 경우도 있었습니다. 주일을 잘 지키려는 노력은 본받을 만하지만, 지나치게 문자적이었다는 생각도 듭니다. 정말로 주일을 온전히 지키고 싶다면, 토요일 저녁부터 주일 저녁까지로 상정하는 편이 더 성경적입니다.

주일을 잘 보내려면 '준비'가 필요합니다. 예배를 잘 드리고 싶다면, 토요일 저녁부터 성전에 올라가는 모드로 사는 게 좋습니다. 토요일 저녁에 무리한 활동이나 지나친 오락을 삼가고 자신을 준비하기를 권합니다. 다음 날 예배를 생각하면서 몸과 마음을 포함한 영적 컨디션을 미리 조정하는 습관을 들일 필요가 있습니다.

예배는 자신의 관심을 오롯이 하나님께 드리고 집중하는 것인데, 사실 현대인들은 무언가에 집중하기를 힘들어합니다. 주의를 분산시키는 문화 속에서 살고 있기 때문입니다. 진위 여부를 놓고 의견이 분분하지만, 한적한 시간에 산책을 하다가 떨어지는 사과를 보고 위대한 원리를 발견한 뉴턴과 같은 과학자를 오늘날 만나기란 쉽지 않을 것입니다. 사과나무 밑에서도 SNS를 확인하느라 분주할 테니 말입니다. 우리의 마음이 고요해지거나 무언가에 집중하기 힘든 환경입니다. 그러한 가운데 한 대상에 집중하는 능력 또한 점점 사라지고 있습니다.

미국의 어떤 교회에서 이렇게 안내하는 것을 보았습니다. "예배당에 들어가기 전에 핸드폰을 끄십시오. 그리고 당신의 모든 염려도 끄십시오." 여러분도 핸드폰을 끄는 행동을 하면서 내가 무언가를 끌 수 있는 사람임을 자각해 보십시오. 끊임없이 찾아오는 걱정, 다른 사람들을 계속 판단하는 그 마음도 함께 꺼 보십시오. 그렇게 의도적으로 노력하는 가운데 하나님께 온전히 집중하게 되기를 바랍니다.

**사랑**

두 번째 키워드는 사랑입니다. 사랑하는 마음을 하나님께 표현하는 것이 예배입니다. 하나님은 제물을 반기지 않고 사람을 반기십니다. "마음을 다하고 뜻을 다하고 힘을 다하여 네 하나님 여호와를 사랑하라"고 하셨는데(신 6:5), 우리가 하나님을 어떻게 사랑할 수 있을까요? 핵심은 바로 예배입니다. 취임식에 간 보람은 그가 나를 보고 웃는 것에 있는 것처럼, "주님, 주님께서 웃으시는 모습을 보고 싶습니다!"라는 고백이 바로 예배자의 마음입니다. "나 주님의 기쁨 되기 원하네"라는 찬양 가사처럼 말입니다.

최고의 사랑 표현은 시간입니다. 돈 없이 사랑할 수는 있지만, 시간 없이는 사랑할 수 없습니다. 제가 이민교회 목회를 하면서 그런 모습을 많이 봤습니다. 이민생활은 이민가방 몇 개 들고 공항에 도착하면서부터 시작합니다. 돈을 벌어야 살 수 있으니 열심히 일합니다. 누구나 아이들을 위해서 그렇게 열심히 돈을 번다고 말합니다. 그러나 정작 아이들과 함께할 시간은 없습니다. 아이들을 잘 먹이고 입히고 가르치지만, 돈으로 대신할 수 없는 부모의 존재가 늘 아쉽습니다. 우리가 함께하는 시간은 그 무엇으로도 바꿀 수 없습니다.

큐티(QT)도 하나님께 시간을 드리는 것입니다. 잘 알려진 큐티 책자 홈페이지에서 "큐티 하면 행복해집니다"라는 문구를 본적이 있습니다. 큐티를 처음 시작하는 분들에게 행복을 말하면서 권할 수는 있습니다. 말씀 묵상을 통해 누리는 행복이 큽니다. 그러나 계속 큐티를 하면서 신앙생활을 하다 보면 큐티는 내가 행복해지기 위해서가 아니라, 내가 하나님을 위해 드리는 시간을 하나님이 사랑하시기 때문에 하는 것임을 깨닫게 됩니다.

하나님이 나를 기뻐하신다는 감각이 생겨나고 예민해지고 자라가야 합니다. 그런 감각 없이 성경을 해석하고 적용하는 방법에만 초점을 맞추게 된다면, 큐티와 성경공부의 차이를 영영 깨닫지 못하게 될 것입니다. 큐티는 글자 그대로 내 삶에 조용하고 내밀한 시간을 갖는 것입니다. 가령 하나님을 위해 하루 중 20분의 시간을 떼어 놓기로 결심했을 때, 처음에는 무작정 성경부터 펼치기보다 이 시간 자체가 하나님을 위한 시간이니 온전히 드리겠다는 마음을 우선적으로 확보해야 합니다.

어느 굵직한 회사의 대표가 매일 일정표의 한 부분에 'Quiet Time'이라 적어 놓고 잘 지키려 노력했다고 합니다. 하지만 바쁜 일이 생기면 그 시간은 양보할 수 있는 시간으로 인식되었습니다. 그래서 그는 'Quiet Time'이라는 일정을 'God'이라고 바꾸어 적었습니다. 거래처 미팅, 대학교 동창 미팅, 시장 미팅 등의 스케줄 가운데 '하나님'이 계신 것입니다. 그러자 그 시간에 대한 그의 자세가 바뀌었습니다. 옆에서 일을 돕는 직원도 하나님을 제치고 "어느 국회의원에게 전화 왔습니다"라고 하려니 머뭇거리더라는 것입니다. 예배는 그 누구를 위한 시간도 아닌 바로 하나님을 위한 시간입니다.

## 삶

세 번째 키워드는 삶입니다. 예수님이 말씀하십니다. "나의 계명을 지키는 자라야 나를 사랑하는 자니"(요 14:21). 종교개혁가 마르틴 루터는 수녀 출신인 카타리나 폰 보라와 결혼했습니다. 수사 출신의 루터가 아이 기저귀 빨고, 침대 정리하고, 아이 울음소리에 잠 못 이루면서 겪었던 고통을 호소한 글이 있습니다. 이 문제로 고민하면서 루터는 인간의 몸을 통해 아기를 주신 하나님의 뜻이 있으실 것이라고 결론을 내립니다. "하나님은 아빠가 아기 기저귀를 빠는 모습을 보고 모든 천사와 피조물들과 함께 기뻐하실 것이다. 아빠가 그 일을 그리스도인의 믿음으로 행하기 때문이다!"

하나님의 기쁨이 되는 행동이 예배라면, 우리가 그 뜻에 맞게 사는 것 역시 예배에 포함됩니다. 우리의 행동과 섬김 하나하나에서 하나님의 미소를 발견하고 그것이 나의 기쁨이 된다면 예배가 될 수 있습니다. 삶으로 예배하면서 우리는 하나님이 어떤 분이신지 알아갑니다.

C. S. 루이스는 이렇게 말했습니다. "하나님 사랑하기를 배우지 않는 한 내 이웃을 내 몸같이 사랑할 수 없습니다. 또한 하나님께 순종하는 법을 배우지 않는 한 그분을 사랑할 수 없습니다." 예배는 인간의 치명적인 자기중심성을 하나님 중심으로 바꾸어 놓는 작업이기도 합니다. 예배를 통해 자기중심성에 균열이 가면 그 틈으로 이웃도 받아들일 수 있습니다. 하나님 사랑과 이웃 사랑, 예배의 은혜와 순종의 삶은 매우 밀접히 연결되어 있습니다.

설교를 듣고 은혜를 받거나 찬양을 들으면서 전율하지만, 그 효과는 오래가지 못하고 금방 사라져 버릴 때가 많습니다. 하나님께 순종하여 자신의 삶을 바꾸려는 노력이 부족하기 때문입니다. 말씀대로 살려는 순종 없이는 내 정서를 울리는 예배, 심지어 내 영혼을 뒤흔드는 예배라 하더라도 오래가지 못합니다. 교회를 오래 다닌 많은 사람들이 "교회가 좀 변한 것 같아"라고 하거나 "우리 목사님 설교 참 좋았는데, 요즘 좀 달라진 것 같아"라고 말하는 경우를 종종 봅니다. 실제로 그럴 수도 있지만, 근본적 원인은 목사가 변한 게 아니라 내가 변하지 않았다는 데 있습니다. 무엇보다 내가 변해야 합니다. "예배가 좋다. 내 마음을 만진다"는 마음이 들었다면, 분명히 내가 순종하고 바뀌어야 할 부분이 있을 것입니다.

우리는 설교를 들으며 보통 고개가 끄덕여지는 대목이나 내 생각을 합리화하는 대목에서 "은혜 받았습니다"라고 말합니다. 그러나 진정으로 은혜를 받았다면 이렇게 고백할 것입니다. "내가 틀렸구나. 이렇게 살아서는 안 되겠구나." 교회에 왜 옵니까? 나 혼자 잘살 수 있으면 교회에 올 필요가 없습니다. 하나님의 말씀을 들을 필요가 없습니다. 내가 잘났으면, 내가 최고면, 예배할 필요도 없습니다. 그렇지 않으니까 예배하러 오는 것입니다. 카프카는 "책은 우리 안의 얼어붙은 바다를 깨는 도끼여야 한다"고 했습니다. 그러면서 "나는 우리를 찌르고 상처를 줄 수 있는, 오직 그런 종류의 책만을 읽어야 한다고 생각한다"고 밝혔습니다. 예배야말로 우리의 고정관념을 깨뜨리고 다가오시는 하나님의 은혜입니다.

예배 중에 하나님은 우리에게 다가오십니다. 교회마다 차이는 있지만, 다소 산만한 예배나 어눌한 설교라 하더라도 하나님이 우리를 사랑하시고 잘 아시기 때문에 그 예배를 통해서도 한 사람 한 사람을 만지십니다. 그러한 가운데 하나님과의 접촉이 그저 피상적인 울림으로 끝나 버려서는 안 됩니다. 예배는 결코 한 시간 남짓한 의식 안에 고립되어 있지 않습니다. 예배는 내 삶 전체에 반드시 영향을 줍니다.

설교를 듣고 너무 많이 실천하려고 애쓰지 마십시오. 내 삶의 모든 것을 다 바꾸고 오늘부터 완벽한 그리스도인이 되려고 노력하지 마십시오. 하나님 때문에 자그마한 한 가지라도 내 삶이 바뀌고 양보하는 부분이 있으면 됩니다. 누가복음 4장에 보면, 세례 요한이 하나님의 말씀을 선포할 때 사람들이 회개하고 자신들이 무엇을 해야 할지 묻습니다. 그러자 요한이 세리에게는 과잉징수하지 말라 하고, 군인에게는 강탈하거나 거짓 고발하지 말라고 명합니다(눅 3:10-14).

큐티를 열심히 하는 사람들의 경우, 매일 아침에 적용하다 보면 일주일만 지나도 적용거리가 많이 쌓입니다. 하루에 두세 개씩만 생겨도 실천하기도 기억하기도 힘듭니다. 일주일에 하나라도, 심지어 몇 달에 단 하나라도 하나님 때문에 바꿀 수 있다면 좋습니다. 부부간의 대화 습관이라든지, 너무 쉽게 절망하는 습관이라든지, 자기중심적으로 판단하는 경향이라든지, 무엇이 되었든 하나님이 그 예배를 통해서 나에게 도전하시는 부분이 있을 것입니다.

하나님의 말씀은 우리의 생각과 마음과 뜻을 살피십니다. "살아 있고 활력이 있어 좌우에 날선 어떤 검보다도 예리하여 혼과 영과 및 관절과 골수를 찔러 쪼개기까지"(히 4:12) 한다는 것은, 마치 의사들이 몸을 쪼개기 전까지 알지 못하는 것을 쪼갠 뒤 발견한다는 말과 같습니다. 하나님 말씀의 능력입니다.

하나님의 말씀을 만날 때 그전에는 몰랐던 나 자신의 모습을 발견합니다. 하나님과의 만남이 일어날 때 순종의 표시는 어렵지 않습니다. 아주 간단합니다. 단 하나라도 나 자신을 말씀의 거울에 비추어 보고 바꾸려는 노력을 시작하면, 그것을 통해 하나님이 일하십니다. 나를 향한 하나님의 계획이 있음을 믿어야 합니다. 우리 삶 전체를 바꾸시고 우리를 바꾸면서 세상을 바꾸시지만, 처음부터 그 로드맵을 내밀면서 "네가 이렇게 살면 이렇게 될 거야"라고 말씀하시지 않습니다. 일용한 양식을 주시고 먹이시면서, 하루만큼의 실천을 요구하시면서 우리를 키워 가시고 세상을 바꾸십니다.

### 예배, 하나님이 나를 독점하시는 시간

지난 시절, 저는 시카고에서 목회를 했습니다. 유서 깊은 무디 신학교와 무디 교회가 지금도 그곳에서 역동적인 사역을 감당하고 있는데, 가끔씩 방문하여 예배하거나 신학생들을 만날 때마다 D. L. 무디가 남긴 영향력에 놀라곤 했습니다. 무디는 100여 년 전 미국 땅에 큰 부흥을 일으킨 인물로, 생전에 그를 질투하는 사람들도 많았고 시비와 공격도 만만치 않았습니다. 더구나 그가 제대로 교육을 받지 못했고 목사도 아니었으니 더욱 공격할 거리가 많았을 것입니다. 어떤 사람이 "무디가 성령을 독점하기라도 했단 말입니까?"라고 빈정거렸는데, 이를 두고 누군가가 이렇게 대답했다고 합니다. "제가 보기에는 성령께서 이 시대에 무디를 독점하고 계신 것 같습니다!" 성령충만은 하나님이 나를 독점하시는 것입니다. 그럴 때 일자무식인 사람도 하나님이 얼마나 놀랍게 사용하시는지 우리는 역사를 통해 볼 수 있습니다. 그 증거가 여전히 시카고에 남아 있습니다.

하루 24시간 동안 내 마음과 관심을 주님께 내어드리지는 못하지만, 적어도 주님께 나아가 예배하는 시간만이라도 온전히 주님이 나를 독점하시도록 우리 마음을 내어드릴 수는 없을까요? 그리고 예배를 위해 토요일 저녁부터 몸과 마음을 준비할 수는 없을까요? 그것 하나만으로도 주님이 얼마나 기뻐하실지 아는 감각을 키워 가시기 바랍니다. 그래서 나로 인한 주님의 기쁨 때문에 함께 기뻐하는 우리가 되면 좋겠습니다. 그러면 하나님을 참으로 예배하는 것이 무엇인지 알게 될 것입니다. 세상에서 열심히 일하지만 그 일을 숭배하는 자리에는 가지 않게 됩니다. 열심히 일하면서도 제대로 놀고 깊은 안식을 누릴 줄 아는 삶, 예배와 일과 쉼이 각각 제자리를 찾아가는 삶이 가능해집니다. 이 모든 것이 예배가 예배되는 자리에서부터 시작합니다.

## 말씀과 씨름하기

1. 일과 놀이와 예배는 인간 삶의 중요한 요소입니다. 이 세 요소는 내 삶 가운데 어떤 의미가 있습니까? 지금 나의 삶을 들여다볼 때 혹은 내 인생의 여정을 돌이켜 볼 때, 특별히 세 요소 중 어떤 요소가 강하게 자리하고 있던 시절이 있었습니까?

2. "인간은 의식하든 의식하지 않든 무언가를 숭배하고 있다"는 명제에 대한 생각을 나누어 봅시다.

3. 현대인은 일을 예배하고, 놀이를 일처럼 하고, 예배를 놀이처럼 한다는 분석을 이해한 대로 설명하고, 나의 경험은 어떠한지 나누어 봅시다.

4. 예배는 나를 위한 것이 아니고 하나님을 위한 것입니다. 이것을 구현하기 위한 세 가지 키워드는 무엇입니까?

5. 창세기 2:1-3을 읽고, 이 본문이 쉼과 일, 예배, 인간 삶에 대해 어떤 통찰을 주는지 나누어 봅시다.

# 피로 시대의 쉼

# 9

## 피로 사회

“시대마다 그 시대에 고유한 주요 질병이 있다.”[1] 독일에서 활동하는 한병철이라는 철학자가 10여 년 전 출간하여 큰 반향을 불러일으킨 『피로 사회』의 첫 문장입니다. 그는 21세기 초반 우리 사회의 가장 큰 질병은 ‘신경증’이라고 말합니다. 우울증, 주의력결핍과잉행동장애, 경계성성격장애와 같은 신경성 질환들이 과거 어느 때보다 우리 시대에 많이 나타나고 있다는 것입니다. 한 통계에 따르면, 미국에서 혈압약, 당뇨약과 함께 가장 많이 처방되는 약이 항우울제라고 합니다. 심지어 이라크전에 출전했던 병사들 중에서조차 우울증 약을 먹는 비율이 높았습니다. 우울증 약을 먹을 정도면 언제 어떤 총기 사고를 낼지 모르기 때문에 출전시키지 말아야 하는데, 그 숫자가 너무 많아서 어쩔 수 없이 약을 먹이고 출전시켰다고 합니다. 참으로 정상적인 상황이라 할 수 없습니다.

한병철은 이 책을 통해 현대인들이 왜 피로한지를 철학적으로 다룹니다. 미셸 푸코, 한나 아렌트, 하이데거 등 많은 철학자들의 주장을 검토하며 비평적으로 서술하는데, 특히 미셸 푸코에 대해서는 그가 말한 '규율 사회'는 옛날이야기이고 지금은 '성과 사회'의 담론을 말해야 한다고 주장합니다.

전통적인 사회는 규율을 정해 놓고 그 규율로 사람들을 속박하고 얽매는 '규율 사회'였습니다. 미셸 푸코는 근대의 감시권력을 설명하기 위해 제레미 벤담이 설계한 파놉티콘이라는 감옥 개념을 가져옵니다.[2] 파놉티콘 감시자의 입장에서 매우 효율적인 원형 감옥입니다. 감옥을 원형으로 만들어 놓고 중간에 감시 타워를 세우면, 감시자가 죄수들의 방을 중간 타워에서 모두 감시할 수 있습니다. 이때 감옥 전체가 어두운 상태에서 강한 빛이 중간 타워에서만 비추어 나오도록 장치하면, 죄수들은 누가 지금 자신들을 감시하고 있는지 모릅니다. 타워 안에 감시자가 있는지 없는지도 모릅니다. 죄수들은 감시자의 존재 여부를 모르기 때문에 오히려 감시당하고 있을 가능성을 늘 염두에 두어야 합니다. 미셸 푸코는 이러한 원형 감옥의 은유를 통해 사회 전체를 설명합니다.

감시의 시선은 보이는 듯할 필요는 있으되 확인될 필요는 없습니다. 시선은 확인되지 않을 때 더욱 공포를 자아냅니다. 파놉티콘이야말로 단순히 시선 하나로 가동되는 효율적인 권력 장치입니다. 이때 시선은 앎과 직결됩니다. 죄수를 바라보는 감시자는 죄수에 대해서 모든 것을 알게 되지만, 감시자를 바라보지 못하는 죄수는 감시자에 대해 아무것도 알 수 없습니다. 시선의 불균형은 앎의 불균형을 낳고, 앎의 불균형은 권력의 불균형으로 이어집니다. 그리고 앎은 담론이 되어 사람들을 억압하는 교묘한 수단이 됩니다.

미셸 푸코가 사용하는 '담론'은 그저 단순한 말이 아니라 '힘을 가진 말'입니다. 한 사회의 법과 도덕, 윤리와 상식, 교양과 체면 등이 모두 포함될 수 있습니다. 어떤 행동을 비도덕적이라고 규정하거나 '훌륭하다' 또는 '멋있다'고 하는 다양한 담론이 사람들의 행동과 생각을 통제한다는 것입니다. D. L. 무디는 "아무도 보는 이 없을 때 당신은 누구인가"라는 말을 했습니다. 아무도 보지 않을 때의 모습이 참 자신이라는 말입니다. 여기에는 '모든 것을 알고 계시는 하나님'이라는 전제가 있습니다. 이 말이 위안이 됩니까? 혹시 섬뜩하게 느껴지지는 않습니까? 하나님과의 동행이 기독교 영성의 최고봉임에도 불구하고, 감시당한다는 느낌도 함께 있는 것이 사실입니다. 신앙도 우리를 감시하고 얽어매는 기재가 될 수 있습니다. '여성스럽다'는 개념에 대한 사회의 지배적인 담론이 있으면, 그 담론은 아무도 보지 않는 곳에서조차 여성의 행동에 영향을 끼칩니다. 이러한 억압이 도처에 존재하여 모든 사람이 감시를 받는 듯한 기분으로 가상의 감시자를 전제하고 살아야 하는 사회 구조를 미셸 푸코는 탁월하게 잘 풀어냈습니다. 공리주의자인 벤담은 파놉티콘을 설계할 때 노동자들을 감시하는 공장의 구조에서 출발했는데, 이러한 개념이 학교나 병원 등에도 적용될 수 있다고 보았습니다. 학교나 병원, 공장이 기본적으로 감옥과 비슷한 구조를 가지고 있듯이, 이 아이디어는 처음부터 사회 전체로 확장 가능한 측면이 있었던 것입니다.

## 규율 사회에서 성과 사회로

한병철이 오늘날의 사회가 '규율 사회'에서 '성과 사회'로 전환되었다고 규정하는 것은 우리의 일상적인 맥락에서 생각해 볼 수 있습니다. 예를 들어, 누군가가 직장에서 출근시간 체크를 안 해도 정시에 출근하려고 애쓰는 것은 내재된 감시의 작동일 수 있습니다. 그런데 9시까지 출근해도 되는데 일찍 일어나서 영어 학원도 다니고 그 밖에 자기계발을 하려는 노력을 과도하게 한다면, 그것이 과연 감시의 결과인지 생각해 보아야 한다는 것입니다. "열심히 살아야 된다"는 과도한 압박이 내재화되어 외부로부터의 감시가 아니라, 스스로 성과를 더 많이 내려고 자신을 몰아세우는 압박이 개인 안에 존재한다는 것입니다.

그런 면에서 규율 사회가 무엇을 해서는 안 된다는 '부정성'이 특징이라면, 성과 사회는 무언가를 해야 한다는 '긍정성의 과잉'이 특징이라고 말합니다. '할 수 있다', '하면 된다' 식의 자기계발 담론이 현대사회에서 힘을 발휘하는 것과 우리가 오늘날 이렇게 피곤한 것이 서로 연결될 수 있다는 것입니다. 현대사회는 일을 안 한다고 누가 채찍으로 때리지 않습니다. 오히려 우리가 스스로를 힘들게 하는 내재적인 장치를 가지고 자신을 착취하며 살아갑니다.

물론 이러한 시각에 대한 비판도 있습니다. 안 해도 되는 것을 더 잘살기 위해서 하는 사람들보다 생존을 위해서 어쩔 수 없이 일에 매달려 있는 사람들이 더 많다는 것입니다. 물리적인 근로시간과 업무량 자체가 너무 많고 경쟁이 극심합니다. '하면 된다'는 긍정의 과잉 상태라기보다 여기서 밀려나면 낭떠러지라는 '불안의 과잉 상태'라고 보아야 한다는 시각도 가능합니다(이 문제에 대해서는 다음 장에서 보다 자세히 살펴보겠습니다). 또한 자고 나면 오르는 전셋값 감당하기에도 아득한 처지의 대다수 한국 젊은이들을 설명하기에도 한계가 있습니다.

이러한 한계를 염두에 두더라도 우리 안에 있는 무엇인가가 우리를 쉬지 못하게 한다는 통찰, 우리가 쉬지 못하는 원인을 단지 외적 요인에서 찾을 수만은 없다는 지적은 중요합니다. 6장에서 저항의 중요성을 강조하면서 안식은 저항이라고 했습니다. 저자의 이론에 모두 동의하지는 않더라도 쉬지 못하는 원인을 자신 안에서 찾아보자는 문제 제기는 유효합니다.

### 면역학의 시대는 종식되었는가

『피로 사회』에는 흥미 있는 통찰이 한 가지 더 있습니다. 저자는 20세기를 가리켜 면역학의 시대였다고 말합니다.[3] 인체에 낯선

병균이 들어오면 싸우면서 건강을 유지하는 면역학의 패러다임이 우리 사회 전체가 작동하는 방식을 보여준다고 합니다. 가령 오늘날 한국 사회가 낯선 것에 대한 두려움 혹은 거부의 선상에서 동성애나 이슬람을 대하는 태도를 볼 수 있는데, 면역학적 반응의 대표적 사례라 할 수 있습니다. 아이들을 나쁜 친구들이나 좋지 않는 문화로부터 차단하고 보호하는 것이 교육의 가장 큰 목표가 된다면, 그 역시 면역학적 패러다임입니다.

그런데 최근 서구 사회에서는 이러한 패러다임이 흔들리고 있다고 한병철은 주장합니다. 예를 들어, '이국적'(exotic)이라는 단어는 최근 서양문화에서 선호되는 단어입니다. 옷차림, 음식, 아이들 이름에서 동양이나 다른 문화권의 이름을 선호하는 경향이 있습니다. 비슷한 예로, 최근 미국에서 인기를 얻고 있는 스시(Sushi)를 들 수 있습니다. 정작 주방장들에게 물어보면 백인들 중 스시 맛을 제대로 아는 사람 별로 없다고 말합니다. 그런데도 미국 젊은 세대는 이국적인 것을 선호하는 문화 코드로 스시를 애호합니다. 미국 영화에서 스시를 못 먹는 육십대와 스시를 즐기는 삼십대를 나란히 놓고 시대에 적응하지 못하는 무능과 즐길 줄 아는 유능이라는 구도로 제시하는 경우를 자주 봅니다. 스시를 못 먹는 것을 디지털 사회에 적응하지 못하는 것과 거의 동일시한 것입니다. 이렇듯 예전에는 이질적이고 이상하고 심지어 의심스러웠던 것들이 지금은 멋있게 보이는 시대라는 것입니다. 오늘날 K-컬처의 세계적인 강세 또한 이러한 흐름에서 바라볼 수 있습니다.

이러한 맥락에서 한병철은 과거 면역학 시대의 패러다임이 이제 종결되었다고 해석합니다. 최근 서양 사람들은 명상과 요가, 풍수지리 등에 많은 관심을 가지고 있습니다. 영화배우 톰 크루즈는 자기 딸의 이름을 수리(Suri)라고 지었습니다. 서양의 전통적인 이름이 아닌 다른 나라에서 쓰는 이름입니다. 외래적인 것이 낯설다고 거부하는 시대는 끝나고, 이제는 오히려 '긍정성 과잉'의 시대가 되었다는 것입니다. 이것도 옳고 저것도 옳고, 이것도 하고 싶고 저것도 관심이 가는 사회, 많은 선택지들이 짐이 되어서 우리의 어깨를 짓누르는 피로 사회가 되었다고 진단합니다.

물론 이러한 시각에 대한 비판도 있습니다. 2011년 발발한 시리아 내전 등의 영향으로 난민이 대거 발생한 상황을 예로 들 수 있습니다. 2015년 9월 피난 도중 튀르키예의 보드룸 해변에서 숨진 채 발견된 시리아 아이의 사진은 당시 난민이 처한 비극을 생생히 고발하며 난민에 대한 관심을 전 세계에 환기시켰습니다. 하지만 이주민들에 문호를 대폭 개방한 유럽 각국은 이후 증가하는 난민으로 국민 불만이 가중되어 정치적 역풍을 맞았습니다. 국경 단속과 난민 자격을 강화하는 쪽으로 선회했고, 이런 분위기 속에서 유럽에서는 난민을 차단하기 위한 물리적 장벽까지 등장했습니다.[4] 이러한 움직임의 근저에는 경제적인 동기뿐 아니라 이국의 종교나 문화의 영향에 대한 두려움이 작동하고 있는데, 영국의 브렉시트나 미국의 반이민 정서 등의 사례를 통해서도 들여다볼 수 있습니다. 무엇보다 2020년부터는 코로나 팬데믹으로 온 세계가 문을 걸어

잠그고 이질적인 요소를 의심하는 시대로 접어들었습니다.

그렇다면 우리는 다시 면역학의 시대로 회귀한 것일까요? 저는 면역학의 시대가 종식되고 인류가 다른 단계로 접어들었다는 관측이 다소 성급했다고 생각합니다.

### 피로 사회를 생각한다

그럼에도 불구하고 『피로 사회』에서 21세기 초반 사회의 특징을 피로 사회라고 규정한 것은 중요한 통찰입니다. 누가 나에게 성과를 강요해서가 아니라, 스스로를 피로하게 하는 인간 내면의 경쟁심과 불안에서 피로 사회의 원인을 찾았다는 사실 또한 중요합니다. 성경의 출애굽 사건을 들여다보면, 이스라엘 백성이 애굽에서 노예로 살던 때는 채찍질을 하니 어쩔 수 없이 일하는 시대였습니다. 그렇다면 그 물리적 속박에서 해방되고 난 뒤 그들의 모습은 어떻게 변했습니까? 출애굽 이후 자유인이 되어서 당당하게 살아가는 인간성을 회복하기보다 여전히 우상을 섬기고 노예 같은 상태로 계속 살아가지 않았습니까? 우리의 모습도 크게 다르지 않아 보입니다. 자유를 주면서 자유롭게 살라고 해도 자유롭게 살지 못하는 모습을 성찰해 볼 필요가 있습니다.

앞서 살펴보았듯이, 21세기는 규율 사회가 아니라 성과 사회라고 말합니다. 또한 규율 사회가 부정성의 사회라면, 성과 사회는 긍정 사회 혹은 긍정 과잉 사회입니다. 규율 사회가 금지하고 명령하는 사회였다면, 성과 사회는 자극하는 사회입니다. 미국 사회에서 동기부여 연설가가 영향력 있는 인물로 등장했고, 한국에서도 그와 같은 부류의 저서와 강사들이 인기를 얻고 있습니다. 적절한 감동을 수반하여 나도 할 수 있겠다는 생각을 가지게 만드는 담론들이 이전에 법률이나 감시 등이 수행하던 역할을 맡게 된 것입니다. 예전 규율 사회의 부정성은 광인과 범죄자였는데, 긍정 과잉 사회의 부정성은 우울증 환자로 사회의 낙오자입니다.[5]

한병철은 광인과 범죄자를 언급하면서 미셸 푸코를 염두에 둡니다. 광인에 대한 푸코의 연구는 잘 알려져 있습니다.[6] 몇십 년 전만 해도 동네마다 미친 사람이 한두 명씩 있었는데 지금은 대부분 격리되었습니다. 일상생활의 공간에 광인들이 함께 살아가는 사회와 미친 사람을 전혀 볼 수 없는 사회는 엄청난 차이가 있습니다. 여기에서 우리는 '정상이란 무엇인가' 혹은 '어디까지를 인간으로 인정할 것인가'에 대해 질문할 수 있습니다. 동네에는 미친 사람뿐 아니라 다소 모자란 사람, 괴팍한 사람들도 있지만, 미친 사람 때문에 보다 다양한 사람들이 '인간'의 범주에 들 수 있었습니다. 그런데 정상 혹은 표준과 다른 사람들을 하나씩 배제하다 보면 끝이 없습니다. 행동이 좀 특이하거나 이상한 행동을 하는 사람들을 가리켜 "저거 완전 정신병자야"라고 말하는 경우를 봅니다. 나와 의견이 다른 경우에도 이런 말을 사용합니다. 배제의 논리입니다.

광인을 우리 공동체와 함께 살아서는 안 되는 존재로 규정하여 배제하고 나면, 온전하게 정상적인 사람들끼리 건전하게 살아갈 수 있는 사회가 될까요? 그렇지 않습니다. 바로 이것이 미셸 푸코가 『광기의 역사』에서 말하는 핵심입니다. 배제는 광인, 범죄자, 외국인, 다른 종교, 특정 지역 출신, 여성, 장애인, 편모 가정 등 끊임없이 전선을 확대합니다. 정상과 비정상을 구별하여 비정상을 배제하는 것인데, '무엇을 정상이라 규정할 것인가' 하는 권력을 갖는 쪽이 사회의 기득권 세력입니다. 이런 배제가 권력을 쥔 쪽의 이익을 확대하는 쪽으로 작용한다는 것입니다. 한병철은 긍정성의 과잉으로 우울증 환자가 되는 사람들이 많은 것에 대하여 경쟁에서 낙오되는 사람들이 스스로를 배제의 대상으로 여기는 현상이라 봅니다.

경쟁의 낙오자들이 앞으로 사회에서 어떤 취급을 받고 어떤 자리를 점하게 될지는 중요한 문제입니다. 경제적 관점에서 인구의 90퍼센트가 잉여에 해당하는 시대가 곧 올 수 있습니다. 아직 젊은 사람들이 은퇴하기 전에 그런 시대가 올지도 모릅니다. 이 사회를 제대로 고찰하고 전망하는 시각이 필요합니다. 한병철의 이론이 비판을 받는 대목이기도 한데, 피로하게 살아가는 것을 개인의 문제로 한정지어 버리면 우리를 진짜 피로하게 만들고 착취하는 기득권과 사회의 억압을 시야에서 놓쳐 버립니다. 사회적 차원의 구조악도 함께 살펴보아야 합니다. 이것은 이 책 전체의 문제의식과 맞닿아 있습니다.

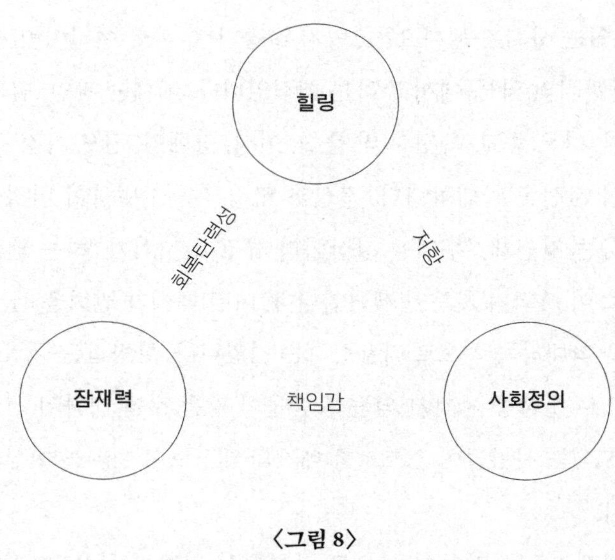


〈그림 8〉

앞서 6장에서 살펴본 도표입니다. 한병철의 문제의식을 우리는 '힐링'이라는 부분에 담을 수 있습니다. 우리 안에 나를 피곤하게 하고 나 스스로를 못살게 몰아가는 어떤 힘과 이데올로기가 있다면 치유받아야 합니다. '사회정의'라는 측면에서는 우리를 억압하고 피곤하게 만드는 구조와 문화가 무엇인지 함께 고민해 보아야 합니다. 앞에서 이 둘을 연결하는 자질을 가리켜 '저항'이라고 했는데, 여기에는 사회 구조에 대한 저항뿐 아니라 문화에 대한 저항도 포함합니다. 문화는 우리의 생각과 말, 라이프스타일의 모든 부분에 스며들어 있습니다. 문화에 저항하려면, 우리 안에 내면화된 억압에 대한 인식이 필요합니다.

## 수고하고 무거운 짐진 자들아

지난 8장에서는 예배에 대해 살펴보았습니다. 안식 없이 예배가 있을 수 없습니다. 피로 사회에 대한 반성 중 중요한 대목은 현대인들이 멍하게 있는 시간이 없다는 점입니다. 지하철에서 핸드폰 보고, 화장실에 가서 책 보고, 휴가지에 가서 이메일로 일하지 않습니까? 한국 사람들은 카톡으로도 일합니다. 시도 때도 없이 울리는 카톡이 당장 대답을 요구하는 압박이 될 때 삶이 얼마나 깨어질지 가늠해 보아야 합니다. 미국에서 치과에 가면 두려움에 떨지 않도록 TV를 보여주고, 그 밖에 공공장소에서 기다리는 시간도 모두 TV 프로그램과 광고로 가득 차 있습니다. 심지어 셀프주유소에서 신용카드를 넣으면 영상이 자동으로 돌아갑니다. 주유를 하는 그 짧은 시간에도 기획된 정보들이 끊임없이 우리의 눈과 귀를 흔들고 생각의 자리에 침입하는 것입니다. 그러한 정보의 홍수 속에서 우리의 눈과 귀와 마음이 얼마나 피곤한지 알아야 합니다.

유명한 교육학자 하워드 가드너는 오늘날의 젊은이들을 가리켜 "길을 잃어버린 적이 없는 세대"라고 했습니다.[7] 차를 타고 가든 걸어가든 스마트폰에 내장된 내비게이션으로 무장하고 있기 때문입니다. 스마트폰이 편리를 가져왔지만, 동시에 시간을 빼앗아 갔습니다. 예전에는 혼자서 멋쩍게 감당해야 하는 순간이 종종 있었지만, 요즘은 스마트폰 들여다보는 척하면 해결됩니다. 어색함을 느낄 필요가 사라진 세대입니다. 그러나 어색하거나 심심한 순간들은 우리 삶의 필수적인 요소일 수 있습니다. 과학사의 가장 유명한 발견인 아르키메데스의 부력의 원리는 머리 싸매고 책상 앞에 앉아 있는 순간이 아닌 목욕탕 안에서 머리를 식히다가 탄생했습니다. 심심한 순간이 만드는 창조성을 우리는 간과할 수 없습니다.

심심할 틈, 어색할 틈을 허락하지 않는 문화가 현대인을 신경증으로 몰고 갑니다. 이에 대한 저항이 필요합니다. 이와 관련하여 마태복음 11:28-30을 살펴보겠습니다.

> 수고하고 무거운 짐진 자들아, 다 내게로 오라. 내가 너희를 쉬게 하리라. 나는 마음이 온유하고 겸손하니 나의 멍에를 메고 내게 배우라. 그러면 너희 마음이 쉼을 얻으리니 이는 내 멍에는 쉽고 내 짐은 가벼움이라 하시니라(마 11:28-30).

우리가 신앙에 대해 갖는 두 가지 오해가 있습니다. 첫 번째는 예수를 믿으면 천국행 티켓을 얻기는 하지만 그다음부터는 다 내가 알아서 해야 한다는 것입니다. 하나님이 "알아서 열심히 천국에 오렴. 천국에 오면 입장은 시켜 줄 테니" 하시는 정도라고 생각합니다. 두 번째는 예수 믿으면 그때부터 모든 짐은 예수님이 대신 져주신다고 생각하는 것입니다. 다시 말해, 예수님을 제대로 믿으면 모든 것이 다 잘될 것이라는 시각입니다. 이 두 가지 모두 잘못된 생각입니다. 예수를 믿어도 져야 할 짐은 져야 합니다. 오늘 예배에서 넘치는 은혜를 받아도, 학생은 내일 학교에 가서 시험을 봐야 하고 직장인은 회사에 가서 성과를 내야 합니다. 집에 가면 설거짓거리가 쌓여 있고 인간관계가 실타래처럼 엉켜 있기도 합니다.

예수를 믿는다고 인생의 모든 짐이 단번에 사라지지 않습니다. 물론 하나님이 도와주시지만 우리는 예수님으로부터 짐을 지는 법도 배워야 합니다. "나의 멍에를 메고 내게 배우라"(마 11:29)는 말씀을 유진 피터슨은 『메시지』 성경에서 "자연스런 은혜의 리듬을 배워라"고 번역했습니다. 현대인의 삶은 꽉 짜인 스케줄대로 움직입니다. 몇 시에 무슨 약속, 무슨 회의, 언제까지 프로젝트 완료……. 이런저런 일에 쫓겨 살다 보면 강압의 리듬이 우리 안에 내면화됩니다. 도망 다니며 사는 사람은 쫓아오는 사람이 없어도 종종걸음으로 가듯 말입니다. 우리 시대의 가난입니다.

여러분은 스스로 부유하다고 생각하십니까, 가난하다고 생각하십니까? 제가 어릴 때만 하더라도 자동차 한 대만 가져도 동네 최고의 부자였습니다. 지금 한국에는 웬만하면 집에 차 한 대씩 있습니다. 한 통계에 따르면, 지구 전체 인구를 백 명이 사는 마을로 환산했을 때 대학에 가는 사람은 백 명 중 한 사람뿐이라고 합니다. 만일 여러분이 대학을 졸업했다면 상위 1퍼센트에 속하는 것입니다. 또한 컴퓨터를 가지고 있는 사람은 단 두 명이라고 합니다. 오늘날의 기준으로 그렇습니다. 예수님 시대와 비교하면 우리 모두가 대단히 부유하다고 할 수 있습니다.

그런데 우리는 지금 가난하게 살고 있습니다. 돈에 있어서는 부자일지도 모르지만, 시간에 있어서는 가난합니다. 미국의 경제학자 로버트 라이시는 빌 클린턴 대통령 정부의 노동부 장관으로 일하던 어느 날 출근길에 어린 아들의 방을 찾습니다. 장관의 격무에 시달리면서 매일 귀가가 늦어져서 아이들 얼굴조차 보기 힘들어지던 시절이었습니다. 아들은 잠에 취한 상태에서도 "아빠, 오늘 밤 집에 오시면 아무리 늦더라도 저를 깨워 주세요"라고 거듭 부탁합니다. 그 이유를 묻자 "제가 자고 있더라도 아빠가 집에 있는지 확인하고 싶어서요"라고 대답합니다. 이후 그는 아이들을 돌보고 가족들과 더 많은 시간을 보내기 위해 전격적으로 장관직을 사임합니다. 이 사건은 미국 사회에 큰 논란이 되었습니다. 인생의 소중한 가치를 선택한 용기 있는 결정이라고 찬사를 보내는 이들도 있었고, 나랏일의 엄중함을 내팽개친 무책임한 처사라고 비난하는 이들도 있었습니다. 외부의 시선이 어떠하든, 무조건 해야 한다는 압박 가운데 사는 현대인들의 인생에 다른 선택도 있음을 일깨워 준 중요한 사건임에는 분명합니다. 라이시는 미국인들이 전보다 훨씬 부유해졌지만 실제로 삶이 그만큼 좋아졌는지는 회의적이라고 주장합니다.[8] 예전에 비해 더 오랜 시간 일하면서 가족과 함께하는 시간은 그만큼 줄어들었고, 사회의 빈부 격차는 더욱 심해졌으며, 공동체도 해체되어 가고 있습니다. 모두가 성공을 향해 달리지만 성공할수록 더욱 노예의 삶이 되는 현실을 그는 지적합니다.

"수고하고 무거운 짐진 자들아, 다 내게로 오라. 내가 너희를 쉬게 하리라"(마 11:28)는 예수님의 초청은 이 시대를 향한 복음의 핵심이 되어야 합니다. 예수님은 '마음의 쉼'을 약속하십니다. 모든 피곤이 다 나쁜 것만은 아닙니다. 열심히 일하고 난 다음에 오는 적절한 피로는 삶의 건강한 리듬을 가져다줍니다. 문제는 '위험한 피곤'에 있습니다.

## 성공예감, 그리고 수면장애

사람을 극단적인 지경으로 몰고 가는 피곤의 예를 우리는 성경에서 찾아볼 수 있습니다.

> 돌아오사 제자들이 자는 것을 보시고 베드로에게 말씀하시되 시몬아, 자느냐. 네가 한 시간도 깨어 있을 수 없더냐. 시험에 들지 않게 깨어 있어 기도하라. 마음에는 원이로되 육신이 약하도다 하시고 다시 나아가 동일한 말씀으로 기도하시고 다시 오사 보신즉 그들이 자니 이는 그들의 눈이 심히 피곤함이라. 그들이 예수께 무엇으로 대답할 줄을 알지 못하더라. 세 번째 오사 그들에게 이르시되 이제는 자고 쉬라. 그만 되었다. 때가 왔도다. 보라, 인자가 죄인의 손에 팔리느니라. 일어나라. 함께 가자. 보라, 나를 파는자가 가까이 왔느니라(막 14:37-42).

예수님이 제자들에게 무엇을 부탁했습니까? 복음서 전체를 찾아보아도 예수님이 제자들에게 개인적으로 이렇게 간절히 부탁한 때가 없습니다. 여기서는 "내 마음이 심히 고민하여 죽게 되었으니 너희는 여기 머물러 깨어 있으라"(막 14:34)고 간절히 부탁하셨습니다. 나와 함께 가서 칼을 들고 싸우자는 것도 아니고, 자신이 체포될 때 함께 가자는 것도 아닙니다. 그저 나와 함께 깨어만 있어 달라는 것입니다. 그런데 제자들은 피곤한 나머지 그 간청을 따르지 못했습니다.

이것이 바로 위험한 피곤입니다. 우리의 모습과 많이 닮아 있지 않습니까? 우리가 가족이나 친구들, 사랑하는 사람들을 실망시키는 결정적인 이유는 피곤하기 때문입니다. 피곤해서 짜증도 내고, 바쁘게 살다 보니 아이들과 함께할 시간도 없습니다. 머릿속으로는 가족을 위해서라면 무엇이든 다 할 수 있을 것 같습니다. 그런데 현실은 30분 시간 내서 이야기 들어 주기도 벅찹니다.

위의 말씀에서 베드로는 왜 피곤했을까요? 다음의 말씀이 설명해 줄 수 있을 것 같습니다.

> 예수께서 성전에서 나가실 때에 제자 중 하나가 이르되 선생님이여, 이 돌들이 어떠하며 이 건물들이 어떠하니이까. 예수께서 이르시되 네가 이 큰 건물들을 보느냐. 돌 하나도 돌 위에 남지 않고 다 무너뜨려지리라 하시니라(막 13:1-2).

이 말씀에서 한 제자가 건물을 보고 "어떠하니이까"라고 말하는 부분은 다소 아쉬운 번역입니다. 의문문이 아니라 감탄문이어야 합니다. "예수님, 이 성전을 좀 보십시오! 정말 멋지지 않습니까!" 이 제자의 흥분 이면에는 어떤 생각이 있었을까요? 이 말씀에서 그는 성전을 처음 본 것이 아닙니다. 이스라엘 남자들은 최소한 일 년에 한 번은 성전에 갑니다. 그런데 왜 그렇게 감정이 북받쳐 올랐을까요.

예수님이 예루살렘에 입성하실 때, 그들은 군중들의 압도적인 환호와 지지 그리고 폭발적인 정치적 기대를 목격했습니다. 금방이라도 예루살렘의 권력을 차지할 것 같은 분위기가 형성되었습니다. 여러분이 대통령 선거의 핵심 참모인데 곧 당선될 것 같은 분위기를 느낀다든가, 사업을 하는데 정말 잘되어서 서울 중심에 있는 화려한 빌딩이 곧 넘어올 것 같은 시점에 이르면 어떤 마음상태가 될 것 같습니까?

이 순간 그 제자는 성공을 예감하지 않았을까요? 이제 역사의 한 페이지만 넘어가면 천하가 우리 손으로 넘어올 것 같습니다. 눈에 보이는 황금빛 성전은 성공과 번영의 핵심입니다. 이런 들뜬 마음은 예수님의 마음으로부터 아득히 멀리 떨어져 있었습니다.

예수님은 지금 이 성전의 영적인 피폐를 보고 계십니다. 돌 위에 돌 하나도 남지 않고 무너져야 할 미래를 보고 계십니다. 그 심판에 수반될 비참한 살육과 약탈, 아이들과 부녀들의 죽음, 그 아우성을 이미 듣고 계셨을 것입니다. 이스라엘의 영적인 상태를 보고 예수님은 마음 아파 하셨고, 그 죄 때문에 십자가에 달리시기 위해서 예루살렘에 입성하셨습니다.

그런데 베드로는 그 성전의 물질적인 화려함에 마음을 빼앗기고 흥분해서 하루 종일 아드레날린 과다분비 상태로 돌아다녔습니다. 어찌 피곤하지 않을 수 있겠습니까? 결국 진정으로 예수님이 원하실 때는 깨어 있지 못한 것입니다. 베드로는 "모두 주를 버릴지라도 나는 결코 버리지 않겠나이다"(마 26:33)라고 호기 있게 말했던 인물입니다. 그는 예수님을 위해서라면 칼을 들고 목숨을 버릴 각오도 되어 있다고 했습니다. 하지만 예수님이 원하시는 것은 자신과 함께 깨어 있는 것이었고, 베드로는 그렇게 하지 못했습니다. 결국 베드로가 피곤한 이유는 하나님의 뜻과는 다른 비현실적 기대감에 있습니다.

시편 131편에 나오는 다윗의 고백을 살펴보겠습니다.

> 여호와여, 내 마음이 교만하지 아니하고 내 눈이 오만하지 아니하오며 내가 큰일과 감당하지 못할 놀라운 일을 하려고 힘쓰지 아니하나이다. 실로 내가 내 영혼으로 고요하고 평온하게 하기를 젖 뗀 아이가 그의 어머니 품에 있음 같게 하였나니 내 영혼이 젖 뗀 아이와 같도다(시 131:1-2).

다윗은 왕으로서 누구나 인정할 만한 엄청난 일을 성취한 사람입니다. 골리앗 앞에 서서 민족을 구원한 적도 있습니다. 그러나 그의 마음가짐은 위대한 업적을 해내야겠다는 강박과는 거리가 멉니다. 아기가 젖을 배불리 먹고 만족해서 엄마 품에 포근히 잠든 모습에 빗대어 자신의 영혼 상태를 표현합니다. 큰일을 하는 것은 좋습니다. 그러나 큰 꿈이 욕심이 되고 강박이 되어 자신을 괴롭히게 두지 마십시오. 성과 사회라고 하는 자기착취의 문화 속에서 우리는 다윗의 평안하고 소박한 마음을 훈련할 필요가 있습니다.

베드로에게는 다윗과 같은 평안이 없었습니다. 우리에게 익숙한 마가복음 4:35-40에서 베드로의 모습을 발견합니다.

> 그날 저물 때에 제자들에게 이르시되 우리가 저편으로 건너가자 하시니 그들이 무리를 떠나 예수를 배에 계신 그대로 모시고 가매 다른 배들도 함께하더니 큰 광풍이 일어나며 물결이 배에 부딪쳐 들어와 배에 가득하게 되었더라. 예수께서는 고물에서 베개를 베고 주무시더니 제자들이 깨우며 이르되 선생님이여, 우리가 죽게 된 것을 돌보지 아니하시나이까 하니 예수께서 깨어 바람을 꾸짖으시며 바다더러 이르시되 잠잠하라 고요하라 하시니 바람이 그치고 아주 잔잔하여지더라. 이에 제자들에게 이르시되 어찌하여 이렇게 무서워하느냐. 너희가 어찌 믿음이 없느냐 하시니(막 4:35-40).

풍랑 가운데 요동치는 배에서 예수님은 주무시고 계시는데 제자들은 자지 못하고 불안하여 어찌할 바를 모릅니다. 그러한 모습을 보고 예수님은 "너희가 어찌 믿음이 없느냐" 하고 꾸짖으십니다. 예수님은 제자들의 모습을 평안을 누리지 못하는 불신앙으로 진단하고 계십니다. 예수님이 깨어 있으라고 할 때 자고, 예수님은 주무시는데 자지 못하는 수면과 관련된 문제입니다.

## 사랑하시는 자에게 잠을 주시는도다

성경에는 쉼과 잠에 관한 구절이 많이 나옵니다. 여호와께서 사랑하시는 자에게 잠을 주신다는 말씀은 현대인에게 참으로 소중한 복입니다.

> 여호와께서 집을 세우지 아니하시면 세우는 자의 수고가 헛되며 여호와께서 성을 지키지 아니하시면 파수꾼의 깨어 있음이 헛되도다. 너희가 일찍이 일어나고 늦게 누우며 수고의 떡을 먹음이 헛되도다. 그러므로 여호와께서 그의 사랑하시는 자에게는 잠을 주시는도다(시 127:1-2).

역사상 최고 부자라고 하는 록펠러는 상당히 많은 돈을 가지고도 오랫동안 불면증에 시달렸다고 합니다. 여호와께서 사랑하시면 사업이 잘되거나 아이들이 좋은 학교에 합격할 것이라는 말씀은 성경에 나오지 않습니다. 하지만 여호와께서 사랑하시면 잠을 주신다는 말씀은 있습니다. 불면증의 고통을 알기 전에는 대수롭지 않게 들리겠지만 겪어 본 사람은 압니다. 록펠러처럼 돈을 아무리 많이 벌어도 잠을 못 자는 인생은 지옥이나 마찬가지입니다.

이 구절의 다른 번역이 있습니다. "여호와께서 그 사랑하시는 자에게 잘 때에도 복을 주시는도다"(God provides for those he loves even while they sleep, NIrV)라고 해석합니다. 그렇게 보면 "여호와께서 성을 지키지 아니하시면 파수꾼의 깨어 있음이 헛되도다"라는 말과 통합니다. 우리가 눈을 부릅뜨고 지킨다고 지켜지는 게 아닙니다. 일해 보신 분은 잘 아실 것입니다. 세상에 완벽한 프로젝트는 없습니다. 자신들이 탁월해서 잘 진행되는 줄 알지만, 조금이라도 타이밍이 어그러졌으면 큰일 날 뻔했다는 것을 지나고 나서 깨닫는 경우가 많습니다. 모든 일의 성취는 우리 능력 밖의 일들과 관련되어 있습니다. 하나님이 잘 때에도 복을 주시지 않으면 그 누구도 살아갈 수 없습니다.

농부가 씨를 뿌려서 농사를 짓습니다. 그리고 밤이 되면 잠자리에 듭니다. 농부가 잘 때에도 곡식은 자라야 합니다. 무역업을 하는 사람들은 외국에 물건을 주문하고 송장을 보내고 나서 밤에 잠을 잡니다. 내가 잘 때도 무사히 물건이 오고 있어야 합니다. 나와 관련된 모든 일의 성취를 오롯이 내가 지키려는 것은 어리석은 일입니다. 그런 어리석음이 우리를 잠들지 못하게 합니다.

열심히 일하고 일찍 일어나 수고의 떡을 먹는 것이 필요합니다. 그러나 아무리 열심히 해도 하나님이 허락하시지 않으면 안 되는 것입니다. 하나님께 맡기지 않고 살 수 있는 사람은 아무도 없습니다. 험한 세상에서 부모가 어떻게 아이들을 모든 순간 지킬 수 있습니까? 하나님이 지켜 주셔야 합니다. 우리의 몸뿐 아니라 마음도 마찬가지입니다. 이렇듯 인간의 모든 일에는 하나님이 인도하심과 보호하심이 필요합니다. 그런 맥락에서 하나님이 사랑하시는 자를 쉬게 하실 뿐만 아니라 잘 때에도 복을 주신다는 말씀은 크나큰 은혜입니다.

예수님이 십자가에서 달려 돌아가시기 전 마지막으로 하신 "아버지, 내 영혼을 아버지 손에 부탁하나이다"(눅 23:46)라는 말씀은 시편 31:5 말씀으로("나의 영을 주의 손에 부탁하나이다") 유대인 아이들이 매일 잠자리에 들기 전 하는 기도였습니다. 하루의 마지막을 정리하는 기도, 자신의 생명과 건강과 안위를 온전히 하나님께 맡기는 기도라 할 수 있습니다. 이와 같이 하나님께 온전히 의탁하는 것이 우리 영혼의 습관이 된다면, 우리가 인생의 마지막에 눈을 감는 순간도 매일 저녁 잠자리에 드는 순간과 본질적으로 다르지 않음을 깨닫게 될 것입니다. 하나님께 의탁하고 온전한 쉼을 누리는 모습이 사도행전 12장에도 등장합니다.

> 그때에 헤롯 왕이 손을 들어 교회 중에서 몇 사람을 해하려 하여 요한의 형제 야고보를 칼로 죽이니 유대인들이 이 일을 기뻐하는 것을 보고 베드로도 잡으려 할새 때는 무교절 기간이라. 잡으매 옥에 가두어 군인 넷씩인 네 패에게 맡겨 지키고 유월절 후에 백성 앞에 끌어내고자 하더라. 이에 베드로는 옥에 갇혔고 교회는 그를 위하여 간절히 하나님께 기도하더라. 헤롯이 잡아내려고 하는 그 전날 밤에 베드로가 두 군인 틈에서 두 쇠사슬에 매여 누워 자는데 파수꾼들이 문 밖에서 옥을 지키더니(행 12:1-6).

여기서도 베드로가 자는 장면이 나오는데, 앞서 마가복음에서 베드로가 피곤하여 자던 장면과 비교해 보면 변화된 모습을 발견할 수 있습니다. 베드로는 파수꾼들이 삼엄하게 지키고 있는 가운데 깊은 수면을 취했습니다. 얼마나 깊이 잤는지 "홀연히 주의 사자가 나타나매 옥중에 광채가 빛나며 또 베드로의 옆구리를 쳐 깨워 이르되 급히 일어나라"(행 12:7)고 할 정도였습니다. 베드로의 수면 장애가 완벽하게 치유되었다고 볼 수 있습니다. 내일 당장 죽을지도 모르는 상황에서 보통사람 같으면 잘 수 없습니다. 중요한 시험이나 면접을 앞두고 잠을 못 이루는 사람들도 있고, 목사들은 새벽기도 설교를 맡으면 깊이 못 자는 경우가 많습니다. 그런데 베드로는 흔들어서 깨울 때까지 깊이 잤습니다. 베드로가 본래 이런 사람이 아니라는 것을 우리는 잘 알고 있습니다. 앞서 살펴보았듯이 풍랑이 조금만 일어도 안절부절못하던 사람, 예수님의 간절한 부탁에도 잠을 이기지 못하는 사람이었습니다. 베드로의 신앙 승리는 그가 사람들 앞에서 힘 있게 말씀을 전하고 전도할 때뿐 아니라 잘 자는 것으로도 확인됩니다.

"수고하고 무거운 짐진 자들아, 내게로 오라.……너희 마음이 쉼을 얻으리니"(마 11:28-29)라는 말씀이 베드로뿐 아니라 예수님을 만난 모든 사람의 삶에서 실현되기를 바랍니다. 결국 예수님의 말씀에 대한 가장 좋은 주석은 '변화된 제자들의 삶'입니다. 다윗이 말한 "젖 땐 아기가 어머니의 품에서 안식하는 상태"(시 131:2)입니다. 우리의 삶에서도 동일하게 이루어질 수 있다고 믿습니다. 수면장애는 치료하기 어렵습니다. 처음 감옥에 갇힌 날 밤 베드로의 모습도 그러했을 것입니다. 자신이 죽는 것은 주님을 만나는 일이니 감사할 수 있겠지만 남겨질 교회를 걱정하지 않을 수 없습니다. '지금 교회에 심각한 박해가 있는데 교회의 담임목사인 내가 이 교회를 두고 떠나면 어쩌지' 하는 고민도 있었을 것입니다. 그러나 그 모든 영적 책임감조차도 결국 하나님 뜻에 맡겨야 합니다. 누구에게도 무한 책임이란 것은 없습니다. 하나님이 맡기신 만큼만 최선을 다하면 됩니다. 비록 선한 의도라 할지라도, 하나님이 맡기신 분량을 넘어서는 책임감이 우리의 평안뿐 아니라 하나님과의 교제도 허물어트립니다. 내가 하는 데까지 하고 하나님께 맡기는 훈련이 필요합니다.

그래서 복음은 전인적입니다. 예수를 믿으면 우리의 신앙적인 부분이 성장할 뿐 아니라, 일하는 태도가 바뀌고 쉴 수 있는 능력을 갖추게 됩니다. 잠잘 수 있는 은혜도 임합니다.

### 자유를 위한 복음적 제안

앞서 살펴본 대로, 힐링은 사회정의와 함께 추구되어야 하며 저항이 그 고리 역할을 합니다. 베드로와 바울은 권력의 부당한 요구에 저항했을 뿐 아니라, 그들에게 찾아오는 불안과 싸워 이길 수 있는 힘을 키워 갔습니다. 그들은 과도한 책임감이나 "예수님이 세상에 계실 때는 실수했지만 이제 정신을 차렸으니 성과를 내야지" 하는 욕심으로부터도 자유로웠습니다. 그 모든 것을 주님께 맡기고 잠들 수 있는 은혜를 우리에게도 동일하게 주셨음을 압니다. 그 은혜를 향해 우리 모두가 함께 자라가기를 바랍니다. 이와 관련하여 몇 가지 구체적인 제안을 드립니다.

첫째, 자신을 위한 시간을 마련하십시오. 가능하면 일주일 단위로 자신의 삶을 계획하는 습관을 들이십시오. 일주일이 시간 계획의 가장 좋은 단위입니다. 한 주의 삶을 계획할 때는 시간이 오래 소요되는 굵직한 일들을 먼저 계획하고, 그다음에 짧은 시간에 할 수 있는 것들을 계획하는 것이 좋습니다. 그러면서 자신을 위한 시간, 쉬거나 멍하게 있을 수 있는 시간을 확보해 보십시오. 자신만의 시간을 가지라는 권면을 들은 한 장로님이 바쁜 생활 가운데 오후에 잠시 시간을 내서 15분 정도 공원 산책하는 시간을 꾸준히 가졌다고 합니다. 몇 개월 지나지 않아 정서적 여유와 활기가 생겼고, 퇴근 후 시간을 윤택하게 쓰는 데도 도움이 되었다고 고백하였습니다.

둘째, 매일 15분에서 30분 정도를 할애하여 묵상 시간을 가지십시오. 성경 읽기를 중심으로 조용한 시간(Quiet Time)을 가지는 것이 좋습니다. 때로 신앙서적을 조금씩 읽는 것도 도움이 됩니다. 가볍게 산책하는 것도 좋은 묵상이 될 수 있습니다. 앉아서 시간을 보낼 때 나 자신을 돌볼 수 있는 일, 감사한 일 등을 가만히 적어 보는 것도 좋습니다. 파스칼은 인간의 모든 불행이 조용한 방에 앉아 휴식할 줄 모르는 데서 온다고 했습니다. 묵상 시간이 없기 때문에 인간은 자기가 어디로 가고 있고 어떻게 사는지 모른 채 그저 끌려

가듯 보냅니다.

셋째, 주위 사람들에게 이 시간을 잘 지킬 수 있도록 도와 달라고 부탁하십시오. 특히 가정주부들은 따로 만들지 않으면 쉬는 시간이 전혀 없을 수 있기 때문에 하루에 짧게라도 구별된 시간이 필요합니다. 미국에 있을 때 이웃 사람들이 이것을 지혜롭게 실천하는 것을 보았습니다. 주부들이 목요일 저녁 7시에서 9시 사이에 카페에 함께 모여 차를 마십니다. 두 시간 동안 아무 프로그램 없이 만납니다. 그렇게 하려면 남편에게 양해를 구해야 하는데, 진지하게 말하면 남편들도 그 시간을 위해 그날은 일찍 퇴근하고 들어옵니다. 제가 여기저기서 이 말을 했는데, 한 가정은 남편이 굉장히 바쁜 사람이었습니다. 아내는 그러한 사정을 이해하면서도 자신을 배려해 주지 못하는 남편에 대한 불만이 쌓여 갔고, 어떤 때에는 짜증이 분노로 표출되곤 했습니다. 그러한 상황에서 한 주에 한 번 두 시간을 배려해 줄 수 있는지 진지하게 물었을 때, 남편이 그 정도면 일을 줄여서라도 조율해 보겠다고 약속했고 이후로 잘 지키는 것을 보았습니다.

나에게 필요한 시간을 가족에게 부드러우면서도 분명하게 요청해야 합니다. 그 시간을 존중해 달라고 부탁하십시오. 여기에는 내가 슈퍼맨 혹은 슈퍼우먼이 아니라는 것을 주위 사람들에게 인식시키고 본인에게도 확인시키는 의미가 있습니다. 자녀들도 엄마가 슈퍼우먼이 아님을 알아야 합니다. 해줄 수 있는 일에 한계가 있고, 체력과 인내에 한계가 있으며, 쉼이 필요한 사람임을 인식시켜야 합니다. 남편들도 "어려운 일은 내가 다 책임질게"라는 식은 좋지 않습니다. 자신의 한계를 솔직히 인정하고 고백하며 나누면서 사는 가족이 건강한 가족입니다.

넷째, 자신의 생활에서 '해야 할 일 목록'(to-do list)을 만들었다면, 그에 맞게 '그만두거나 줄여야 할 일 목록'(stop-doing list)도 함께 만들어야 합니다. 우리의 시간은 한정되어 있기 때문에 빼지 않고 계속 끼워 넣기만 하면 어떻게 되겠습니까? 새벽기도에 가기로 하거나, 책을 좀 더 읽거나, 하루 한 시간 운동을 하기로 했는데, 이미 바쁜 내 삶에서 다른 무엇을 빼지 않으면 무너질 수밖에 없습니다. 내일 일찍 일어나서 책을 읽기로 했으면, 밤에 TV를 보지 말아야 합니다. 퇴근 후 운동을 하기로 했으면, 일하는 시간이나 불필요하게 소요되는 시간을 줄여야 합니다. 그것이 반드시 해야 하는 일인지도 스스로에게 자주 물어보시기 바랍니다. 스케줄에서 빼는 일 없이 계속 더하기만 하는 것은 한병철이 말한 성과 사회의 중독적 경향일 수 있습니다. 결국 자기 스스로를 착취하는 일입니다.

다섯째, 성공과 실패를 넘어서서 자신의 가치를 인정하는 법을 배우십시오. 그것이 바로 복음입니다. 내가 보배롭고 존귀하며 사랑받을 만한 존재라는 것(사 43:4)을 진심으로 받아들인다면, 성과 사회의 압박으로부터 조금씩 자유로울 수 있습니다. 지나치게 성공을 구하고 인정받기 위해 노력하는 모습은 결국 스스로 가치 있는 존재라는 느낌을 받기 위한 차원에 불과할 때가 많습니다. 열심히 일하지만 성과가 나지 않을 수도 있고 인정받지 못할 때도 있습니다. 그것이 우리에게 아픔을 주는 것은 어쩔 수 없지만, 그러한 상황 속에서 우리는 필요 이상의 대가를 지불하며 살아갑니다. 실패하거나 거절당할 때마다 내가 가치 없다고 단정지어 버립니다. 허약한 자아상이 우리를 과도한 일 가운데로 몰아가고, 과도한 일이 자아상을 더욱 허약하게 만드는 악순환입니다.

복음은 내가 어떤 사람이든 관계없이, 어떤 성과를 내든 관계없이, 실수하고 넘어지고 또 죄를 짓는다 하더라도 조건 없이 하나님이 우리를 사랑해 주신다는 진리입니다. 예수 그리스도를 십자가에 못 박을 만큼 말입니다. 우리는 열심히 일하지만 사랑받기 위해서 일하지 않습니다. 그 사랑을 우리는 이미 받고 있습니다. 또한 우리는 가치 있는 존재가 되기 위해서 일하지 않습니다. 이미 예수님의 목숨을 지불할 만한 가치가 있는 존재입니다. 이 단순한 복음의 메시지가 우리 안에 깊이 뿌리내릴 때, 쉬지 못하게 만드는 이 사회의 폭력적인 억압에서 해방되는 길을 찾으리라 생각합니다.

## 말씀과 씨름하기

1. 나는 피곤할 때 어떻게 쉼을 누립니까? 내 삶이 얼마나 피곤한지, 혹은 쉼을 누리고 있는지 나누어 봅시다.

2. 우리가 기독교 신앙에 대해 갖는 두 가지 오해는 무엇입니까? 마태복음 11:28-30은 그 오해들을 어떻게 교정해 줍니까?

3. 잠과 관련한 베드로의 변화를 통해 어떤 영적 교훈을 발견할 수 있습니까?

4. 베드로전서 5:7을 읽고, 내가 맡겨야 할 염려가 무엇인지 나누어 봅시다.

5. 풍랑으로 흔들리는 배 위에서 깊은 평안을 누리신 예수님을 묵상하십시오. 쉼을 누리기 위해 나에게 필요한 영적 습관이 있다면 나누어 봅시다.

# 불안 시대의 위안

# 10

## 평등 사회에서 불안이 더 큰 이유

앞에서 언급한 「미생」이라는 드라마를 보면, 주인공 장그래가 직장에서 계속 인정을 받지 못하는 상황에서 다음과 같이 생각합니다. "그래서 난 그냥 열심히 하지 않은 편이어야 한다. 열심히 안 한 것은 아니지만 열심히 하지 않은 것으로 생각하겠다." 노력하고 또 노력했는데 인생이 계속 안 풀리니 거기에 대한 나름의 이유를 찾아야 하지 않겠습니까? 그런데 마땅한 이유가 없습니다. 그래서 "나는 열심히 하지 않았다"고 계속해서 자기암시를 합니다. 그렇게 하지 않으면 자신이 본래 못난 놈이라고 결론 내릴 수밖에 없고, 그런 결론은 견딜 수 없기 때문입니다.

한국 사회에 팽배한 '금수저·흙수저', '헬조선'과 같은 말들에 담긴 생각을 보면, 현실을 바꾸자는 의지가 그리 강한 것 같지는 않습니다. 물론 막연한 불평은 아닙니다. 나름대로 열심히 공부하고 일했지만 신통치 않은 결과에 머물러야 하는 젊은이들이 "우리는 평평한 운동장에서 게임하고 있는 게 아니다"라고 항변하는 맥락입니다. 자기합리화가 되었든, 자기위로가 되었든 말입니다.

알랭 드 보통의 『불안』이라는 책에 따르면,[1] 현대인들은 자신의 사회적 지위에 대한 심각한 불안을 안고 살아갑니다. 근대 이전 사회는 고정된 신분 사회였기 때문에 가난하고 사회적 지위가 낮은 사람들은 자신의 상황에 대한 나름의 변명이 있었습니다. 우리나라의 경우, 전근대 시대에는 사농공상(士農工商)이라는 계급이 있었고 노예제도도 존재했습니다. 똑같이 세상에 태어났는데, 누구는 아버지가 귀족이고 누구는 하인입니다. 아무리 노력해도 개선된 삶을 살 수 없습니다. 기울어진 운동장에서 축구하는 것과 같기 때문에 시합에 져도 변명할 여지가 있었습니다.

하지만 저자는 오늘날 현대인들에게 가난과 낮은 지위는 옛날보다 훨씬 더 무거운 형벌로 다가온다고 주장합니다. 사람들이 우리가 사는 이 사회는 민주화된 사회이고 평등한 세상이라고 믿기 때문입니다. 가수 정수라가 부른 「아! 대한민국」이라는 노래에는 "원하는 것은 무엇이든 얻을 수 있고, 뜻하는 것은 무엇이건 될 수가 있어"라는 가사가 있습니다. 최소한 이론적으로는 그렇습니다. "평평해진 운동장(의 신화)"에서 뛰어야 하는 현대사회의 플레이어들은 패배의 쓰라림뿐 아니라 자신에게 기회가 있었는데도 실패했다는 좌절감까지 함께 짊어져야 한다는 것입니다.

물질적인 조건을 비교해 볼 때, 옛날의 최상층 계급보다 지금의 평범한 사람들이 훨씬 더 윤택하게 삽니다. 요즘 사람들이 가진 냉장고나 세탁기나 에어컨은 조선시대 왕들도 누리지 못하던 혜택들입니다. 집안에 화장실이 있다는 사실만으로 우리의 생활수준은 백 년 전의 귀족보다 훨씬 낫습니다. 그런데 현대인의 행복도가 예전의 귀족도 아닌 평민들보다도 낮다는 분석은 심각한 도전으로 다가옵니다. 물질적 조건이 인간의 행복에 절대적이지 않다는 것입니다.

알랭 드 보통은 불안이 생기는 원인으로 사랑결핍, 속물근성, 기대, 능력주의, 불확실성을 꼽습니다. 여기에 더하여 주목할 만한 내용이 있는데, 불안에 대한 해결책으로 철학, 예술, 정치, 보헤미아와 함께 기독교를 제시한다는 것입니다. 스스로 무신론자임을 공언하는 저자가 불안을 해결하는 데 기독교가 많은 도움을 준다고 하니 귀 기울이지 않을 수 없습니다.[2]

무신론자들이 기독교의 가치에 대하여 높게 평가하는 경우를 종종 봅니다. 리처드 도킨스나 크리스토퍼 히친스 같은 현대 무신론자들에 대한 가장 강력한 비판도 마르크스주의자를 자처하는 영국 랭카스터 대학 교수 테리 이글턴에게서 나왔습니다. 전통적인 구도로 보면 무신론자로 분류될 수 있는 사람입니다. 『신을 옹호하다』라는 책에서 이글턴은 도킨스나 히친스의 기독교 비판이 철학적으로나 논리적으로 심각한 오해에서 비롯되었다고 설득력 있게 주장합니다.[3] 유명한 무신론 철학자들 가운데서 바울의 사상이 갖는 인간 해방의 측면을 높이 사는 예도 많이 생기고 있습니다. 알랭 드 보통은 서구 세계가 완전히 미친 집단이 되지 않은 것은 기독교 덕분이라고 말합니다.

이번 장은 알랭 드 보통이 불안의 원인과 해법으로 제시하는 주요 키워드를 중심으로 한국적 상황과 성경의 원리를 살펴보려고 합니다. 기독교의 장점에 관해 목회자가 아닌 무신론 철학자의 논리구조를 따라가며 들어 보는 것이 의미 있는 경험이 될 것입니다.

### 불안의 원인은 '사랑결핍'

> 다른 사람들의 관심이 중요한 것은 무엇보다도 우리가 날 때부터 자신의 가치에 확신을 갖지 못하고 괴로워할 운명을 타고 났기 때문인지도 모른다. 그 결과 다른 사람이 우리를 바라보는 방식이 우리가 스스로를 바라보는 방식을 결정하게 된다.[4]

미운 오리새끼가 왜 '미운' 걸까요? 주위에서 모두 못났다고 생각하니 자기 스스로 못났다고 여기는 것입니다. 알랭 드 보통에 따르면, 인간은 스스로 건강한 자존감의 토대를 갖지 못하고 태어납니다. 기독교 신학도 이런 시각에 동의합니다. 그리고 그 원인을 인간의 타락에서 찾습니다.

'나는 누구인가'라는 판단이 끊임없이 다른 사람의 영향을 받습니다. 나름대로 자신 있게 살다가도 누군가가 자기를 무시한다는 느낌이 들면 자존감이 흔들립니다. 인간은 다른 사람이 나를 어떻게 생각하는지에 따라 행복의 정도가 오르락내리락할 수밖에 없는 존재라는 것입니다.

우리가 가진 불안의 원인은 '사랑결핍'입니다. 여기서 알랭 드 보통이 말하는 사랑은 남녀 간의 로맨틱한 사랑만이 아니라 긍정적인 감정 전체를 통칭하는 것입니다. 여기에는 '존중' 곧 나를 중요한 사람으로 여겨 주는 것도 포함됩니다. 내가 다가가면 인사해 주고, 아는 척해 주고, 나의 말을 귀담아들으려 하고, 나와 밥이라도 한번 먹고 싶어 하는 모든 관심과 호의를 통틀어 '사랑'이라 표현합니다. 우리 사회에서 지위가 높은 사람은 존중을 받습니다. 사람들이 같이 시간을 보내고 싶어 하고, 알고 싶어 하고, 그 사람하고 엮이고 싶어 합니다. 그렇지만 낮은 지위에 있는 사람들은 무시하는 경향이 있습니다. 이런 태도를 가리켜 알랭 드 보통은 '속물적'이라고 말합니다. 대체로 사람들은 자기보다 낮은 지위의 사람을 의도적으로 무시하기보다는 자기가 가까워지고 싶은 사람에게 에너지를 많이 쓰기 때문에 그렇지 못한 사람에게 관심을 가질 여유가 없다는 말이 맞을 것입니다. 속물(스놉, snob)이라는 단어의 어원은 분분한데, 그 가운데는 'without nobility'라는 의미의 라틴어 '시네 노빌리타테(sine nobilitate)의 약어라는 설이 있습니다. 예전에는 사람을 귀족성(nobility) 곧 작위가 있는 사람과 없는 사람으로 나누었는데, 본래 귀족이 아닌 사람이 스놉이었습니다. 그런데 알랭 드 보통은 현대의 속물은 어느 한 면만 보고 인간 전체를 평가하는 사람이라고 해석합니다.

대부분의 사람은 속물적 성향을 가지고 있습니다. 자신에게 필요하다고 생각하는 한두 면을 보고 그 사람의 가치를 판단합니다. 대체로 지위, 학벌, 연봉, 외모에 집중합니다. 철학자 보통은 "낮은 지위에 대한 무시는 자존심을 건드린다. 물리적 불편보다는 심리적인 문제를 야기한다"고 말합니다. 소형차를 타고 다니거나, 옷이 구식이거나, 핸드백이 명품이 아니어도 그 자체로 불편한 점은 많지 않습니다. 그럼에도 나를 어떻게 포장했느냐를 놓고 힘들어하는 이유는 심리적이며 병적인 상태라고 진단하는 것입니다.

그래서 페라리 자동차를 타고 가는 사람을 보고, "저 사람 능력 있구나!", "돈 많이 벌었구나!", "굉장한 사람이구나!" 하지 말고, "저 사람 굉장히 상처가 많은 사람이구나!"라고 생각하라고 조언합니다. 굳이 고가의 핸드백을 사고 자랑하는 것은 그만큼 그 사람 안에 사랑받고 싶어 하는 욕구가 강렬하다는 방증이며 사랑이 결핍된 상태라는 말입니다.

또한 타인을 무시하는 사람들에 대하여 "자신의 자리에 확신을 가진 사람은 남들을 습관적으로 경시하지 않는다. 오만 뒤에는 공포가 숨어 있다. 괴로운 열등감에 시달리는 사람만이 남에게 당신은 나를 상대할 만한 인물이 못 된다는 느낌을 심어 주려고 기를 쓴다"고 분석합니다.[5] 사치품만이 아니라 학위나 지위 등을 내세우며 다른 사람을 압도하려 하는 사람도 마찬가지로 자존감이 낮기 마련입니다. 내가 원하는 만큼의 가치 있는 존재가 되지 못한다는 열등감이 내재되었기 때문에 다른 것으로 승부하려 듭니다.

## 엄마에 대한 그리움

그러면 속물의 반대는 무엇일까요? 이 철학자는 '엄마'라고 대답합니다. 속물이 사람의 한 면만 보고 전체를 평가하는 사람이라면, 엄마는 우리를 있는 그대로 받아 주기 때문입니다. 이 말은 세상에서 속물주의의 반대에 해당하는 사고나 태도를 발견하기가 그만큼 어려움을 의미합니다. 아기는 태어나서 그저 밥 먹고 똥 싸는 일밖에 할 줄 모릅니다. 그러나 엄마는 아이가 집을 어지럽히고 말썽을 부려도 무조건적으로 받아 줍니다.

그러나 행복한 기간이 오래가지 않습니다. 학교에 가기 시작하면서 아이는 성적에 따라 평가되고, 옆집 아이보다 착하다는 말을 들어야 합니다. 이때부터 성과주의의 세계로 들어섭니다. 우리는 성과로 대접받는 세계를 살아온 것입니다. 중고등학교 다닐 때 성적이 1등급이면 버릇이 없어도 좋게 봐줍니다. 반대로 공부를 못하면, "공부도 못하는 녀석이!"라고 혼냅니다. 사람 자체가 성적으로 평가받는 세월을 오랫동안 거쳐 왔기 때문에 우리 안에는 무조건적인 사랑에 대한 그리움, 인간 그 자체로 인정받고 싶은 '엄마'에 대한 그리움이 남게 됩니다.

사람들이 능력을 인정받으려 하고, 유명해지려 하고, 높은 사람이 되려 하는 동기는 이러한 사랑에 대한 갈망에 있습니다. '영향력 있는 사람이 되면 사람들이 나를 만나고 싶어 하고, 내 이름과 엮이고 싶어 하고, 자신들의 모임에 초대하고 싶어 하겠지' 하는 마음으로 성공을 바란다는 것입니다.

사회생활을 하면서 가까워지고 싶은 사람이 있습니까? 그렇다면 가까워지고 싶은 이유가 그 사람 자신입니까, 아니면 그 사람이 갖고 있는 무엇입니까? 이와 같이 내 마음속 동기를 살펴보면 자신이 속물인지 아닌지 판단할 수 있습니다. 우리가 누군가와 친해지고 싶을 때는 대체로 그 사람 자체를 좋아하기보다 그로부터 무언가를 받고 싶기 때문인 경우가 많습니다. 물론 그것을 솔직하게 말하지는 않고 "교수님을 존경합니다", "부장님과 함께 회사 생활을 하게 되어서 영광입니다" 같은 식으로 말할 뿐입니다. 자신이 얻을 이익에 대한 욕망은 숨긴 채 단지 그 사람 자체가 좋아서 다가가는 것이라고 연극을 하며 살아갑니다. 알랭 드 보통은 이렇게 말합니다. "멍청한 아첨꾼이 아니고서는 아무도 권력이나 명성 때문에 당신을 사귄다고 말하지 않는다. 이것이야말로 우리 밑바닥에 무조건적인 사랑에 대한 욕구가 존재한다는 증거다."[6]

## 그리스도인들이 더 불안한 이유

예전에 사회의 최상위를 차지한 사람들은 우리와 태생이 다르고 출발점부터 다르다고 볼 여지가 있었습니다. 그런데 요즘의 성공 스토리는 다릅니다. 매스 미디어는 어려운 환경에서 자기의 힘으로 성공한 사람들의 이야기를 조명하며 신화로 소비합니다. "누구나 노력하면 이와 같이 될 수 있다"고 희망을 주는 것 같지만, 사실 그런 스토리는 우리를 더욱 좌절하게 만들 뿐입니다. 자기계발 담론의 어두운 면입니다.

한국 교회는 이런 식의 '신화'가 넘쳐나는 곳입니다. 성공 스토리에 '간증'이라는 타이틀을 붙여 신화로 만듭니다. 한국 사회에 자기계발 담론을 본격적으로 가지고 들어온 주체가 기독교였다는 분석이 있습니다. 성인들을 위한 교육이 부재했던 한국 사회에서 교회는 성인들이 자신의 삶을 개선하기 위해 가용할 수 있는 에너지를 집중하여 투자하도록 돕는 열정의 산실이 되었다는 것입니다.[7] 사람들이 다 고만고만한 삶에 만족하며 살아갈 때, 교회는 "여러분, 다르게 살 수 있습니다. 예수 믿고 열심히 일하고 하나님의 복을 받으면 우리 삶은 달라질 수 있습니다"라고 도전했습니다.

가난한 시절 서민들의 삶에 희망을 불어넣었다는 긍정적 측면이 있지만. 이제는 그 부작용이 더 큰 시대가 되었습니다. "당신도 잘될 수 있어. 열심히 해봐"라는 말이, 노력해도 일정 수준을 벗어날 수 없는 사람에게는 스트레스와 불안의 근거가 됩니다. 교회가 세속적 성공을 위한 동기를 부여하는 주체임을 자임하고 나서면서 성공하지 못한 사람들의 열등감의 골을 더 깊게 파는 역할을 하였습니다. 이 책의 서두에서 밝힌 대로 오랫동안 교회가 '가짜 희망'을 팔아 왔던 것입니다.

이러한 가운데 불쑥불쑥 고개를 드는 비교의식은 우리의 영혼을 더욱 짓누릅니다. 철학자 보통은 "부나 존중의 적절한 수준은 독립적으로 결정되지 않는다. 그것은 준거집단, 즉 우리와 같다고 여기는 사람들의 조건과 우리의 조건을 비교하여 결정된다"고 말합니다. 영국의 여왕이 근사한 옷을 차려입고 마차를 타고 눈앞에서 왔다 갔다 해도 사람들은 별로 질투하지 않습니다. 그러나 잘 지내던 부부가 동창회만 다녀오면 싸우는 경우를 볼 수 있습니다. 동창회는 학교 다닐 때 비슷비슷하게 살던 사람들의 모임입니다. "그 친구 부장 승진했더라", "이번에 차 바꾸었다더라", "지난겨울에 유럽여행 갔다 왔다더라." 이렇게 꼬리에 꼬리를 무는 비교의식을 잠재우는 간단하면서도 실질적인 권면이 있습니다. "행복해지고 싶으면, 동창회에 가지 말라!"

## 능력 지배 사회의 명과 암

"왜 능력주의가 유색인종 어린이들에게 상처를 주는가?"(Why the Myth of Meritocracy Hurts Kids of Color?)라는 기사를 읽은 적이 있습니다.[8] "능력이 있는 사람이 잘된다"는 사고가 미국의 흑인 아이들 마음의 상처를 더욱 깊게 만든다는 요지의 기사입니다. '메리토크라시'(Meritocracy)는 능력이 다스린다는 뜻의 단어입니다. '능력주의' 혹은 '능력의 지배'로 번역할 수 있습니다. 참고로 '데모크라시'(Democracy, 민주주의)는 백성(demos)이 다스리는 정치를 말하고, '아리스토크라시'(Aristocracy)는 귀족이 다스리는 정치, 태생에 의한 정치를 말합니다. 민주주의는 이상적으로는 백성이 다스리는 것인데, 백성 모두가 다스림에 능동적으로 참여하기가 어렵습니다. 그래서 대의민주주의의 원리를 따라 대표를 뽑는 선거를 합니다. 대체로 능력이 뛰어난 사람들이 뽑히고 화려한 학력과 경력이 중요하게 작용합니다. 민주주의의 이상을 능력주의의 손을 빌려 작동시키는 형국입니다. 사실 여기에는 집안배경도 영향을 미칩니다. 능력주의를 벗어나는 것입니다. 엄정하게 능력만으로 평가한다 하더라도, 능력을 갖출 출발선 자체가 다르다는 말입니다. 그 출발선의 격차는 더욱 커지고 있습니다.

민주주의는 주로 정치의 영역에 한정되지만, 능력주의는 경제와 사회 각 영역을 지배합니다. 능력 있는 사람들이 직장에서 승진하고, 입사 면접 때도 능력이나 스펙에 따른 결과가 공정하다고 생각합니다. 아이들이 골목놀이를 할 때도 능력에 따라 대장이 됩니다. 민주주의보다 능력주의가 훨씬 더 넓고 조밀하게 영향을 끼칩니다.

좌절하고 있는 아이들에게 "이 사회는 기회가 보장된 평등한 사회야. 열심히 하면 누구든지 잘할 수 있어"라고 말할 수는 있지만, 그런 충고가 잘 통하지 않을 뿐 아니라 더 깊이 좌절하게 만든다는 것이 능력주의 시대의 아픔입니다.

마이클 샌델은 『공정하다는 착각』에서 "메리토크라시의 사고는 불평등을 개선하는 것이 아니라 합리화한다"고 말합니다.[9] 젊은

이들은 한국이 더 이상 기회의 나라가 아니라고 생각합니다. 문제는 기회의 나라였던 기억이 아직 기성세대의 머릿속에 생생히 살아 있다는 것입니다. 어른들은 아직 기회와 적극적 사고방식의 담론 안에서 살고 있습니다. 그러니 열심히 하면 될 텐데 제대로 못하고 있는 젊은이들이 답답하기만 합니다. 젊은이들은 그러한 열린 기회의 담론이 기만적이거나 폭력적이라 생각합니다. '노력'을 넘어 '노오력'을 권하는 어른들을 '꼰대'라고 하며 회피하는 젊은이들의 태도를 탓할 수만은 없는 노릇입니다. 명절마다 많은 가정이 웃으면서 대화를 시작했다가 얼굴을 붉히면서 끝나는 이유도 여기서 찾을 수 있습니다.

### 해법 1. 철학, 타인은 지옥이다?

알랭 드 보통이 불안에 대한 첫 번째 해법으로 제시하는 것은 '철학'입니다. 쇼펜하우어는 "다른 사람들의 머릿속은 진정한 행복이 자리 잡기에는 너무 초라한 곳이다"라고 말했습니다. 우리는 행복을 어디에서 찾습니까? 많은 사람들이 행복하게 사는 것보다 행복하게 보이는 것을 중요하게 여깁니다. 결혼해서 잘사는 것보다 결혼 잘했다는 소리를 듣는 것이 더 중요합니다. 행복이 타인의 머릿속에 있다는 것은 이런 맥락에서 하는 말입니다. 문제는 그곳이 너무 초라하다는 것입니다. 만족하며 살다가도, 누군가의 지나가는 말 한마디에 기분이 상해 행복감이 사라지지 않습니까?

스토아학파나 에피쿠로스학파 같은 고대 철학자들도 진정한 행복을 추구하는 방법들을 진지하게 고민했고, 타인의 평가에 좌우되는 행복의 얄팍함을 지적했습니다. "타인은 지옥이다"라는 사르트르의 말도, '나는 누구인가'라는 물음에 타인의 판단이 개입되는 순간, 나는 대상화되며 나의 실존은 사라진다는 의미를 담고 있습니다. 식당에서 일하는 사람은 손님에게 식당 종업원으로 대상화됩니다. 그 사람이 학생이든, 누군가의 연인이든, 어떤 꿈을 꾸고 사는 사람이든, 식당 종업원이라고 하는 한 기호로만 인식하는 것입니다. 그런 다음 종업원은 종업원답게 행동하기를 요구합니다. 이러한 요구, 여기서 파생되는 기대와 압박, 왜곡되는 욕망들이 '지옥'을 만들어 갑니다.

인간의 사고와 행동이 주위 사람들의 분위기에 좌우되기 쉽다는 것을 우리는 압니다. "친구 따라 강남 간다"는 말처럼, 친구가 간다고 하면 안 갈 곳도 가고 생각을 바꾸기도 합니다. 금연 연구가들이 사람들이 담배를 피우는 이유에 대해 연구하였는데, 그 이유 중 하나가 '담배 피우는 모습이 멋있어 보여서'라고 합니다. 가까운 친구들이나 인기 있는 대중 스타들이 담배 피우는 모습에 자주 노출되면, 그 장면을 본 사람도 담배를 피울 확률이 높아집니다. 청소년들의 비행도 그런 행동이 멋있고 용감하다고 생각하는 문화 속에서 형성되는 예가 많습니다.

다른 사람들의 기준에 따라서 우리가 자기의 삶을 꾸려가는데, 그 다른 사람들의 기준이라는 게 얼마나 객관적이고 보편적인

지 물어보아야 합니다. "여섯 손가락 있는 곳에 다섯 손가락 가진 사람이 장애인이다"라는 말이 있습니다. 철학적인 사고를 통해 한 그룹 안에서만 통용되는 우물 안 개구리 같은 문화를 벗어날 수 있다면, 행복한 마음, 곧 주위에 휘둘리지 않는 자기 가치를 품고 사는 마음을 유지할 수 있습니다. 쇼펜하우어나 사르트르, 스토아학파나 에피쿠로스학파 등의 견해에 따르면, 인문학은 행복하게 살기 위해, 그리고 최소한 남의 의견에 휘둘리지 않고 자신의 삶을 살기 위해 절실합니다.

그런 점에서 개인주의가 어느 정도 도움이 됩니다. 동양 사람들은 서양 사람들에 비해 다른 사람의 의견에 좌우되는 폭이 큽니다. 어느 곳에 여행을 다녀온 뒤 참 좋았다고 말해 놓고도, 그곳에 대한 다른 사람들의 평가가 좋지 않았다는 사실을 알게 되면 자신의 평가를 바꾸는 비율이 높습니다. 식당에 가서도 대세를 따라 주문합니다. 반면 서양 사람들은 타인의 의견에 좌우되는 비율이 현저히 낮습니다. 서구의 오랜 개인주의의 역사가 담긴 결과라 할 수 있습니다.

우리 사회는 눈치를 많이 보는 문화입니다. 솔직한 표현이 억제되고, 스트레스가 큰 사회입니다. 특정 상품에 대한 쏠림이 큰 현상도 이해가 됩니다. 식당도 마찬가지입니다. 최소한 두 시간은 줄을 서야 먹을 수 있는 맛집에 대한 지역민들의 평을 들어 보면, 시큰둥하게 "여기 사람들은 그 식당 안 가요"라고 말하는 경우가 종종 있습니다. 철학도 마찬가지입니다. 철학이란 타인의 의견에 좌우되지 않고 자신의 사고를 하게 하는 '생각의 훈련'임에도 불구하고, 저명한 서양 철학자 몇몇에게만 관심이 집중되는 것은 참으로 아이러니한 현상입니다. 이런 철학은 불안 극복에 그다지 도움이 되지 않습니다.

### 해법 2. 예술, 이야기 안으로 들어가기

보통이 제시하는 두 번째 해법은 '예술'입니다. 인간이 불안으로부터 거리를 두는 데 비극, 희극, 음악 등이 도움을 준다는 것입니다. 셰익스피어의 4대 비극 중 하나인 『오셀로』의 주인공 오셀로는, 흑인이지만 백성들의 존경과 신뢰를 받는 훌륭한 군인입니다. 그러나 교활한 악인 이아고의 농간으로 아내를 의심하게 되고, 결국 질투에 휩싸여 아내와 충직한 부하를 죽이게 됩니다. 열등감과 질투 앞에서 한없이 어리석어지는 인간의 한계를 드러내는 수작으로 꼽힙니다. 그러나 만일 오늘날의 신문이 '오셀로 사건'을 보도한다면 어떤 헤드라인을 뽑을까요? "사랑에 눈이 먼 이민자, 원로원 의원의 딸을 죽이다"라고 표현할 수 있습니다.[10] 우리 사회의 전형적인 신문 헤드라인입니다. 인터넷 시대가 되면서 헤드라인은 보다 선정적이 되었습니다. 우리는 헤드라인만 보고서 사람을 판단하기도 합니다. 한두 마디 말로 사람을 평가하던 데서 돌이켜 그 삶의 이야기에 귀를 기울이는 방향으로 가 볼 수 있다면, 오셀로가 그런 지경까지 이르게 된 상황을 이해할 수 있을 것입니다. 도저히 이해되지 않는 타인의 행동도 당사자의 상황과 내적 심리 변화를 추적해 보면, 신문 표제만 보고는 절대로 이해하지 못할 행동의 동기나 배경이 있더라는 것입니다. 말이 안 되는 이야기도 그 사람의 삶의 결을 따라가다 보면 수긍이 가기도 합니다. 한 인간의 삶 전체의 스토리를 간과하고 한두 면만 보고서 몹쓸 사람으로 배제하고 혐오해 버리는 것이 속물근성입니다. 문학과 예술에는 우리를 속물근성에서 벗어나게 하는 힘이 있습니다. 공감하는 인간의 매력을 불러일으키기 위해서는 문학이 필요하다는 마사 누스바움의 주장을 2장에서 살펴보았습니다. 문학은 인간이 기계처럼 되거나 속물이 되는 경향에 저항할 수 있는 힘을 줍니다.

특히 비극에서 그와 같은 효과가 잘 발견됩니다. 비극과 희극은 주전 5세기에 아테네에서 만개한 문화입니다. 흥미롭게도 당시 희극 중 현재까지 공연되는 것은 거의 없지만, 「오이디푸스 왕」, 「안티고네」와 같은 비극은 2천5백 년 가까이 지난 지금까지도 최고의 문학작품으로 인정받으며 무대에서 많은 대중들을 만나고 있습니다.

개인의 삶, 생각의 흐름, 세세한 이야기들과 같이 시시할 수도 있는 이야기에 우리 하나님은 어떤 반응을 보이실까요? 우리의 머리털까지도 다 세어 놓고 계신다는 말씀(마 10:30)이 하나님의 마음을 단적으로 보여줍니다. 반대로 한두 사건 혹은 한두 마디 말로 사람을 평가하고 규정하는 것은 죄라고 간주할 수 있습니다.

사람은 다면적인 존재입니다. 오셀로의 살인이 용납될 수 있다는 말이 아닙니다. 살인에 이르기까지 삶의 굴곡진 이야기들, 고

뇌로 몸부림치던 밤들, 열등감과 싸워가는 용기 전체를 볼 수 있는 시각과 여유가 우리에게 필요하다는 것입니다. 그런 면에서 작은 한숨조차 놓치지 않고 민감하게 관찰하고 표현하는 예술이 우리 인생의 불안에 대한 하나의 해법이라는 주장은 설득력이 있습니다. 우리가 "나의 작은 신음에도 응답하시는 하나님"이라고 고백하는 분은 진정 예술적인 하나님이실 것입니다. 그리고 그 하나님을 닮은 우리도 이웃의 이야기와 신음에 귀 기울일 줄 알아야 합니다. 문학과 예술은 인생에 대한 감수성의 문을 열어 줍니다.

### 해법 3. 기독교, 죽음을 생각하라

알랭 드 보통이 제시하는 또 한 가지 해법은 '기독교'입니다. 기독교의 가장 중요한 특징 중 하나가 죽음을 기억하게 하고 죽음이라는 현실 앞에서 자기 삶을 돌아보게 하는 것입니다. 물론 죽음에 대한 교훈이 기독교에만 있는 것은 아닙니다. 보통은 『헤로도토스 역사』에 나오는 예를 듭니다. 이집트의 귀족들이 연회를 하면서 식사가 끝나고 본격적으로 술을 마시려고 할 때, 하인들이 나무로 인간의 시체를 본떠 만든 모형을 관에 넣고 돌아다녔다고 합니다. 한마디로 이런 의미입니다. "이것을 보면서 즐겁게 술을 드시기 바랍니다. 당신도 돌아가시면 이와 같은 모습이 될 테니까요"[11]

또한 엄청난 군대를 가진 세계 최고의 페르시아 왕인 크세르크세스의 일화를 소개합니다. 전쟁에서 이기고 성공의 최고 정점에서 이 왕이 눈물을 흘리는 장면입니다.

> 이것을 눈치챈 그의 숙부 아르타바노스가 눈물을 흘리는 크세르크세스를 보고 이렇게 물었다.
> "전하, 조금 전의 행동과 지금의 행동이 어찌 그렇게 다르십니까? 방금 전에는 자신의 행운을 스스로 축복하시는 듯하더니 지금은 눈물을 흘리시다니요."
> 그러자 크세르크세스는 이렇게 말했다.
> "저렇게 사람이 많은데도 누구 한 사람 백 살까지 살 수 없다고 생각하니 절로 슬퍼지는구려. 사람의 목숨이란 얼마나 덧없이 짧은 것이오!"[12]

모든 사람이 부러워하는 인생의 최정점에서도 죽음을 생각하면 허무에 빠질 수밖에 없었습니다.

다음 그림은 카스티안 루익스의 작품으로 두 왕의 초상과 해골입니다. 삽화에 있는 굉장히 근엄하게 자리를 차지하고 있는 사람이 죽어서 해골이 되었다는 의미 같기도 합니다. 이와 같은 형태의 그림은 어느 한 작가만의 스타일이 아니라 16-17세기 네덜란드에서 유행하던 그림으로, 당대에는 거실이나 침실에 두는 것이 유행이었습니다. 이런 풍의 그림을 바니타스(Vanitas)라고 하는데, 허무, 허영, 덧없음을 의미합니다. 왜 귀족들이 자기 침실에 해골 그림을 가져다 놓았을까요? 그것도 해골이 그저 폐허에 뒹구는 것이

**〈그림 9〉 카스티안 루익스, 「바니타스 정물 속의 영국 찰스 1세와 프랑스 헨리에타의 알레고리」, 1670.**

아니라, 아주 잘 꾸며진 멋진 응접실에 놓여 있는 그림을 말입니다. 보통은 "이런 작품들의 목적은 모든 것이 헛되다는 생각으로 그 소유자를 우울하게 하자는 것이 아니었다"고 설명합니다.[13] 반 고흐의 대표작인 「해바라기」를 보면 생생한 꽃뿐 아니라 사그라지고 시들어가는 꽃까지 담고 있는데, 이 또한 바니타스의 그늘이 담겨 있습니다.

교회에 올 때마다 우리가 받는 중요한 도전은 인간은 유한하

**〈그림 10〉 빈센트 반 고흐, 「해바라기」, 1888.**

며 죽는다는 사실입니다. 기독교는 인생의 고난과 죽음에 대해서 진지하게 생각하도록 만듭니다. 전도서는 "헛되고 헛되며 헛되고 헛되니 모든 것이 헛되도다"(전 1:2)라고 말합니다. 인간의 삶은 유한하며, 모든 성취와 쾌락이 그 자체로는 헛되다는 메시지입니다. 그러나 전도서는 헛되기 때문에 인생이 아무 의미 없다고 말하지 않습니다. 마지막 결론으로 죽음이 올 테니 유한한 시간 앞에서 오늘 부여받은 하루를 어떻게 하면 값지게 살지 고민하며 살자는 것입니다.

고린도전서 15장은 부활에 관해 말합니다. '그리스도인은 다

죽어서 썩어질 것이고 언젠가는 부활할 것이다. 모두 새로운 몸을 입을 것이고 새로운 세계를 살아갈 것이다'라는 기독교 소망의 핵심을 설파합니다. 그리고 결론으로 다음과 같이 말합니다.

> 우리 주 예수 그리스도로 말미암아 우리에게 승리를 주시는 하나님께 감사하노니 그러므로 내 사랑하는 형제들아, 견실하며 흔들리지 말고 항상 주의 일에 더욱 힘쓰는 자들이 되라. 이는 너희 수고가 주 안에서 헛되지 않은 줄 앎이라(고전 15:57-58).

사도 바울은 이 세상에서의 삶이 끝나고 난 뒤 부활의 세계를 말하면서도, 지금 이곳에서의 '수고'가 헛되지 않다고 말합니다. 종말론을 잘못 이해하면 "지금 살고 있는 이 집은 곧 허물 집이야!"라고 말하는 것처럼 들립니다. 그러한 생각에 사로잡힌 이에게 이 세상은 어차피 망할 세상이니 아름답게 가꾸고 환경을 보전하며 사회정의를 이루려고 노력해 봐야 별 의미가 없습니다. 그러나 바로 그 대목에서 사도 바울은 "너희 수고가 주 안에서 헛되지 않다"고 말합니다. 여기서 말하는 수고는 새로워질 저 세상에서의 수고가 아니라, 지금 우리가 살아가는 이 세상에서의 수고를 말합니다. 죽은 뒤의 부활과 그 이후의 삶을 소망하지만, 그 소망이 오늘 여기서의 삶을 더욱 값지게 만든다는 것이 기독교 복음의 핵심이며, 해골 그림에 담겨 있는 기독교 정신의 진수입니다.

'메멘토 모리'(*Memento mori*)라는 말이 있습니다. 고대 로마 장군의 개선식 때, 최고의 영예를 얻는 그 순간에 노예가 장군의 귀에 대고 “메멘토 모리”, “죽음을 기억하라”고 속삭였다고 전해져 내려옵니다. 기독교는 죽음을 넘어 예수님을 기억하고 묵상합니다. 예수 그리스도를 기억할 때마다 십자가를 떠올리지 않을 수 없습니다. 그분의 십자가는 부활과 단단히 연결되어 있습니다. 십자가는 삶 속에서 늘 함께하는 그리스도교의 상징입니다. 교회는 처음부터 부활을 기념하여 매 주일 함께 모였습니다. 그리스도인들은 예수 그리스도의 죽음과 부활이 곧 나의 죽음과 부활이라 믿습니다. 그 믿음을 가장 잘 보여주는 것이 바로 세례 예식입니다.

> 무릇 그리스도 예수와 합하여 세례를 받은 우리는 그의 죽으심과 합하여 세례를 받은 줄을 알지 못하느냐. 그러므로 우리가 그의 죽으심과 합하여 세례를 받음으로 그와 함께 장사되었나니 이는 아버지의 영광으로 말미암아 그리스도를 죽은 자 가운데서 살리심과 같이 우리로 또한 새 생명 가운데서 행하게 하려 함이라. 만일 우리가 그의 죽으심과 같은 모양으로 연합한 자가 되었으면 또한 그의 부활과 같은 모양으로 연합한 자도 되리라(롬 6:3-5).

초대교회 교인들은 매주 혹은 매일 함께 성찬을 가지면서 주님의 죽으심을 기억하고 전했습니다. 그리스도교의 죽음 강조는 개선식 때 장군에게 ‘메멘토 모리’라고 말했다는 로마인들보다 훨씬 더 빈번했고 집요했습니다. 그리스도의 죽음과 삶의 의미는 그리스도인들 스스로에 대한 인식에 깊이 뿌리박혀 있었습니다. 그 열매가 바로 평안입니다.

> 내가 그리스도와 함께 십자가에 못 박혔나니 그런즉 이제는 내가 사는 것이 아니요 오직 내 안에 그리스도께서 사시는 것이라. 이제 내가 육체 가운데 사는 것은 나를 사랑하사 나를 위하여 자기 자신을 버리신 하나님의 아들을 믿는 믿음 안에서 사는 것이라(갈 2:20).

### 폐허의 아름다움

로마와 그리스, 튀르키예 등을 여행해 보면 폐허인 곳이 많습니다. 고대의 유적을 무너져 있는 그대로 보존하거나 최소한만 복구해 놓았습니다. 로마에 갔을 때 그 폐허에서 미술작품을 전시하는 것을 보았습니다. 세계에서 가장 잘 지은 미술관 중 하나가 뉴욕의 구겐하임 미술관인데, 이곳에서 전시하는 것을 선호하지 않는 작가들이 많다고 합니다. 화려한 미술관 건물에 시선을 빼앗겨 작품이 돋보이지 않기 때문입니다. 바로 이런 맥락에서 적잖은 작가들이 폐허에서의 전시를 선호하는 것을 이해할 수 있습니다. 19세기 프랑스의 문호 스탕달은 "콜로세움의 거대한 폐허의 구석에서 얼마나 멋진 아침을 보냈던가!"라고 회상하며, "콜로세움을 새로 지었을 때보다 폐허일 때가 더 매력적일 것"이라 했다고 합니다.[14]

건물을 잘 지어서 새집에 입주하여 사는 것에도 기쁨이 있겠지만, 폐허가 주는 아름다움과 도전을 숙고하는 것도 멋진 일입니다. 따지고 보면 '새 건물'이라는 상태는 매우 일시적입니다. 집이 그 의도대로 잘 기능하는 상태, 예를 들어 우리는 수돗물도 잘 나오고, 삐걱거리는 문도 없고, 창문도 잘 열리고, 전깃불도 잘 켜지고, 냉난방 시설도 제대로 작동하는 상태를 정상이라고 생각합니다. 모든 것이 잘 돌아가면 정상이고, 뭔가 이상이 있으면 비정상이라는 것입니다. 여러분이 지금 사는 집에 고장 나서 아쉽거나 손봐야 할 부분이 있지 않습니까?

우리 대부분은 어딘가 한두 부분이 고장 나 있고 삐걱거리는 가운데 인생을 살아갑니다. 인간의 몸도 마찬가지입니다. 대부분 한두 군데 아프거나 아쉬운 상태에 있습니다. 완벽한 경우는 대단히 드뭅니다. 혹 있더라도 지극히 짧고 예외적인 상태일 것입니다. 사실 완벽은 '비정상'이고, 다소 결함이 있는 상태가 '정상'입니다. 완전히 새로운 건물보다 폐허가 인생에게 주는 통찰이 훨씬 더 크다는 것을 감지해 냈으니 스탈당이 위대한 문학가가 될 수 있었겠지요. "폐허는 우리의 노력을, 완전과 완성이라는 이미지를 버리라고 한다. 폐허는 우리가 시간에 도전할 수 없다는 사실, 우리는 파괴라는 힘의 장난감일 뿐이라는 사실을 일깨워 준다"고 보통은 말합니다.[15]

파괴되는 것, 몸이 쇠하는 것, 삐걱거리는 것이 정상입니다. 요즘 화장품을 잘 팔려면 '안티-에이징'(anti-aging)이라는 표현을 사용해야 한다고 합니다. 사실 나이가 드는 것을 막을 수는 없습니다.

그 대신 '우아하게 나이 드는 것'(aging gracefully)을 생각해 볼 수 있습니다. 보통은 "파괴의 힘을 기껏해야 저지하는 정도이지 완전히 정복할 수 없다"고 말합니다.[16] 부분적인 승리는 가능할 수 있고, 몇 년 정도 혼돈에 약간의 질서를 부여할 수 있을지 모릅니다. 그러나 "결국 모든 것이 엉망이 되어 원시의 용액(성경에 나오는 표현입니다)으로 돌아갈 운명"입니다.[17] 그러므로 멋진 프로젝트를 수행하고, 완벽한 기업을 만들어 반석 위에 세워 놓겠다는 생각은 허상입니다. 할 수 있는 만큼 하고 나머지는 하나님께 맡겨야 합니다. 옛 선현들이 '진인사대천명'(盡人事待天命)이라고 한 것처럼 말입니다.

우리는 주어진 조건 속에서 최선을 다할 뿐입니다. 그 과정을 즐길 수 있다면 더욱 좋을 것입니다. 자기의 한계를 인정하지 않으면 우리는 불안을 극복할 수 없습니다. 알랭 드 보통은 바로 이러한 정신이 기독교와 성경에 담겨 있다고 역설합니다. 그리고 공동체에 대해 말합니다. "현대 세속 사회에서 영향력 있는 한 입장에 따르면, 다른 모든 사람처럼 끝나고 마는 것보다 더 창피한 운명은 없다."[18] 평범한 장삼이사(張三李四)로, 고만고만한 동네 사람들처럼 살고 싶어 하지 않습니다. 사람은 누구나 자신이 특별한 존재로 보이기를 원하는데, 그러한 욕망이 불안의 근원이라고 합니다.

### 지극히 작은 자를 존중할 때

이런 불만과 불안을 극복하는 힘이 그리스도교에 있다고 보통은 말합니다.

> 기독교적 사고를 따른다면 다른 모든 사람과 같아지는 것은 전혀 재앙이 아니다. 머리가 둔하고 재능이 없고 미미한 존재들을 포함한 모든 인간이 신의 피조물이며 신의 사랑을 받는다는 것, 따라서 신의 창조물이며 누구나 받을 수 있는 명예를 받을 자격이 있다는 것이 예수의 중심적인 주장의 하나이기 때문이다.[19]

예수님은 "너희가 여기 내 형제 중에 지극히 작은 자 하나에게 한 것이 곧 내게 한 것이니라"(마 25:40)고 말씀하십니다. 가난한 사람이든, 장애인이든, 이민자든, 노숙인이든, 그 사람에게서 하나님의 형상을 볼 수 있다고 성경은 가르칩니다. 높고 존귀하신 하나님의 형상을 그 사람도 담고 있기 때문입니다.

어떤 만화에 나오는 이야기입니다. 딸이 엄마에게, "엄마, 누구누구가 우리하고 엄청 친하고 싶어 해. 우리 집에 놀러 오라고 하면 안 될까?"라고 말하자, 엄마가 대답합니다. "안 돼! 우리는 우리하고 친해지고 싶어 하지 않는 사람들과 친해야 해." 이게 바로 세상이 돌아가는 방식입니다. 나와 친하게 지내고 싶어 하는 사람과 가까이할수록 내 격이 떨어진다는 게 세상의 논리입니다.

복음은 그와 반대입니다. 지극히 작은 자 한 사람을 천하보다 소중하게 여깁니다. 예수님은 잔치를 베풀 때에는 "갚을 것이 없는" 사람들을 청하여 베풀라고 하셨습니다(눅 14:13-14). 가급적이면 자주 다른 사람을 대접하는 것은 좋은 일입니다. 이 말씀을 실천하는 좋은 방법은 일정한 금액을 정해 놓고, 그 이하의 식사에도 감사할 사람들을 대접하는 것입니다. 속칭 '김영란법'이라 불리는 부정청탁금지법에 따르면, 삼만 원 이상의 식사나 다과, 선물을 제공하지 못하게 되어 있습니다. 그 이상 대접받아야 고마워할 사람이라면, 누가복음의 원칙에 따르면 대접할 필요 없습니다. 개인이 처한 상황에 따라 다르겠지만, 그 절반인 만오천 원 정도의 식사로도 기뻐하고 감사할 사람들을 자주 대접하는 것이 자신을 위해서도 좋은 영적 훈련일 수 있습니다.

우리는 「예수 사랑하심을」이라는 찬송을 통해 "내가 연약할수록 더욱 귀히 여기사 높은 보좌 위에서 낮은 나를 보시네"라고 고백합니다. 이것이 복음입니다. 우리가 그저 "착하게 살자", "저 사람을 잘 대해 주자"고 말하는 정도에 그치지 않고, 이러한 말씀과 찬양을 마음과 삶에 깊이 새기면 불안에서 해방될 수 있습니다. 다른 사람을 무시하지 않으면 내가 무시당할 염려에서 자유로워집니다. 노숙인도 하나님의 존귀한 자녀라고 생각하므로, 만에 하나 내가 노숙인이 된다 하더라도 여전히 내 인생의 중요한 가치, 나라는 인간의 의미는 손상되지 않습니다. 이런 건강한 자아상은 다른 사람을 소중하게 대하는 훈련을 통해 형성할 수 있습니다. 외모로 사람을 판단하는 속물근성에서 벗어나, 타인의 삶의 이야기에 귀를 기울이고 깊은 연대와 공감의 사람으로 자라가는 것입니다.

교회의 소그룹에서 다양한 사람들을 만나서 마음을 열고 대화를 나누는 것, '선교적 교회'를 지향하며 가난하고 어려운 사람들과 함께하는 것이 바로 그러한 훈련입니다. 그 만남을 통해 나와는 많이 다른 사람들을 향해 "이들도 참 귀한 사람들이구나" 하는 깨달음을 갖습니다. 단순히 인생의 실패자로 단정 짓는 게 아니라, 성실한 한 아버지, 꿈 많은 소녀, 따뜻한 마음을 가진 우리의 이웃으로 만나는 것입니다. 그럴 때에 자기 자신이 무시당할지도 모른다는 불안감, 사랑받지 못할지도 모른다는 근원적 불안감에서 서서히 해방될 수 있습니다. 이것이 바로 "신성한 성품에 참여하는"(벧후 1:4) 길입니다.

개인적으로 성공하려는 노력은 좋습니다. 그러나 성공해야 한다는 강박이 너무 강한 사람은 불행합니다. 반면 내가 속해 있는 공동체가 든든하면 성공에 대한 압박감을 조절할 수 있습니다. 옛날에는 내가 속한 공동체가 나를 증명했습니다. 똑똑한 아이를 보면 "뉘 집 자식인가?"라고 물었습니다. 박씨네 집, 김씨네 집 아이라는 사실이 자신을 증명해 주었습니다. 요즘은 누구도 그런 식으로 물어보지 않습니다. 어느 대학을 나왔고, 연봉을 얼마나 받고, 어느 회사에 다니는지를 물어봅니다. 민주화된 사회인 동시에 과도한 능력주의의 사회입니다. 공동체가 약해졌다는 사실은 자신의 가치를 증명해야 하는 부담이 오로지 자신의 두 어깨 위에 놓여 있다는 것을 말해 줍니다. 참으로 고달픈 현실입니다.

오늘날 '루저'(loser)가 될지도 모른다는 불안감은 이전 세대가 상상할 수 없을 정도로 커졌습니다. 사회는 평등한데 오로지 내가 못나서 아래로 떨어졌다는 불안감에 시달릴 수밖에 없습니다. 그 불안에서 해방되는 유일한 방법은 모든 사람을 귀하게 여기는 문화와 심성을 만들어 가는 것입니다. 약할수록 귀하게 여기는 마음으로 나와 다른 사람을 함께 포용하는 공동체를 만들어 가야 합니다.

## 높은 나무 아래에 서 보라

2015년에 흥미로운 연구 결과가 발표되었습니다.[20] 90명의 대학생들을 유칼립투스 숲으로 데려갔습니다. 그중 절반의 학생들에게 고개를 들어 1분간 200피트에 이르는 나무를 올려다보게 하고, 나머지 절반에게 멀리 있는 건물들을 바라보게 했습니다. 그리고 일 분 후에 설문조사를 실시합니다. 그 과정에서 설문자가 '실수로' 펜을 떨어트립니다. 이 실험의 포인트는 설문의 내용이 아니라 펜을 떨어트린 사람을 얼마나 도와주는지 관찰하는 것입니다. 결과는 '고개를 들어 높다란 나무를 바라본 경험을 한 학생들이 다른 사람들에 비해 훨씬 더 남을 잘 돕고 친절하다'였습니다. 연구자들은 경이적인 경험을 한 사람들일수록 자신의 중요성에 덜 집착하게 되며 좀 더 관대한 입장으로 바뀌게 된다고 분석했습니다. 알랭 드 보통의 관점대로라면 자신의 중요성에 대한 집착이 불안의 근원인데, 그 불안이 어느 정도 줄어든 상태라 할 수 있습니다.

기독교의 예배도 비슷한 경험일 수 있습니다. 끊임없이 사람들과의 비교에 시달리며 살던 사람이 크신 하나님을 잠시라도 보게 된다면, 우리끼리 서로 도토리 키 재기 하면서 '누가 더 잘났네' 하는 생각이 얼마나 부질없는지 알게 됩니다. 참된 예배는 이렇듯 우리에게 해방감을 줍니다.

사도 바울은 "너희 관용을 모든 사람에게 알게 하라. 주께서 가까우시니라"(빌 4:5)고 말합니다. 모든 사람에게 관용을 베풀기란 쉽지 않지만, 주님께서 가까이 오셨음을 깨달을 때 비로소 다른 시각으로 이웃을 대할 수 있다는 뜻입니다. 바울의 입장을 보며 우리는 그리스도인들이 세속적인 가치를 거스르는 선택을 끊임없이 해왔고 그 가치를 구현해 왔음을 발견합니다.

기독교의 또 다른 중요한 공헌은 예술입니다. 보통은 "기독교에 봉사하던 천재적인 화가와 장인들은 그들이 믿는 종교의 가치에 영속적인 형태를 부여했으며, 돌, 유리, 소리, 말, 이미지를 어루만져서 그 가치들을 현실로 느껴지게 만들었다"고 말합니다.[21] 종교개혁 당시에 면벌부까지 판매하면서 성당을 화려하게 지은 행태는 반성하고 돌아볼 대목입니다. 하지만 중세시대 예배당이 선사하는 아름다움의 가치를 모두 무시할 수는 없습니다. 당시 평민들의 주거환경은 대부분 상당히 조악했습니다. 교회에 가면 하늘의 영광을 상기시키는 지상의 아름다움을 경험하고, 일주일에 한 번이라도 내가 이런 아름다운 공간에 어울리는 사람임을 확인할 수 있었습니다. 하나님의 아름다움을 상상할 수 있다면, 예배당 건물이 깊은 위안의 통로가 될 수 있습니다. 오늘날의 예배당이 기능성과 편리성만 강조하고 영적인 공간의 아름다움을 잃어버린 것은 큰 손실입니다. 그리스도교 역사 2천 년을 돌이켜 보면, 미켈란젤로와 바흐를 비롯한 최고의 예술가들이 하나님의 영광을 드러내고 찬양하는 데 자신들의 재능을 마음껏 사용했습니다.

음악과 미술을 비롯한 예술이 갖는 힘과 영적인 감흥들이 기독교가 인류에게 준 가장 위대한 선물 중 하나였다는 점을 확인하면서 예술의 중요성과 사명을 다시 생각해 봅니다. 인간은 논리적인 설교 메시지에만 움직이는 존재가 아닙니다. 예배음악, 아름다운 찬양, 장식이나 영상 등은 논리적 진술이 전할 수 없는 방법으로 감동과 변화를 줍니다. 참된 아름다움은 인간에게 자신의 가치를 확인하게 해주는 힘이 있습니다. 하나님을 향해, 세계와 이웃을 향해 마음을 열게 하는 힘이 있습니다. 숫자로 표현되는 성공의 증거들을 넘어서는 삶의 의미, 내가 이루어 놓은 것으로 승부해야 하는 고달프고 빡빡한 세계에 균열이 가게 하고 숨 쉴 틈을 만드는 힘이 예술에 있습니다.

## 말씀과 씨름하기

1. '불안'이라는 단어를 들으면 어떤 느낌이 듭니까? 또한 어떤 기억이 떠오릅니까? 지금 나를 불안하게 하는 것이 있다면 나누어 봅시다.

2. 평등해진 사회가 더 큰 불안을 가져온다는 말을 이해한 대로 나누어 봅시다. "평범해도 괜찮아!"라는 말을 친구에게 해준다면 어떻게 해줄 수 있을지 나누어 봅시다.

3. '바니타스' 그림이 주는 느낌에 대해 나누어 봅시다.

4. 시편 131편을 함께 읽고 기도제목을 나누어 봅시다. 이번 장에서 깨달은 바와 관련하여 생각나는 사람이 있다면 그를 위해서 기도하기 바랍니다.

# 시민주권 시대의 참여

# 11

## 공적 신앙으로서의 기독교

> 왕께서는 이 일을 아시기로 내가 왕께 담대히 말하노니 이 일에 하나라도 아시지 못함이 없는 줄 믿나이다. 이 일은 한쪽 구석에서 행한 것이 아니니이다(행 26:26).

이것은 사도 바울이 가이사랴에서 재판을 받는 상황에서 한 말입니다. 예루살렘을 방문했다가, 유대인들의 소란으로 체포되고 가이사랴로 송치되어서 유대 왕과 총독이 함께 있는 자리에서 재판받는 장면에서 했던 변론(apology)입니다. 우리가 보통 'apology'라는 단어를 변명이라고 번역하는데, 『소크라테스의 변론』이라는 플라톤의 책 제목에 나오는 그리스어 '아폴로기아'가 이 단어의 어원입니다.[1] '변명'보다는 '변론' 혹은 '변증'이라고 번역하는 것이 좋습니다. 세상을 소란하게 한다는 죄목으로 기소당한 바울이 왕의 법정에서 스스로를 변호하는 대목입니다.

그런데 바울의 변호를 잘 들어 보면 무죄 방면을 받겠다는 의도가 별로 없고, 자신을 변호할 기회를 빌려 기독교를 변호하고 있습니다. 다시 말해, 기독교 변증을 한 것입니다. "왕께서는 이 일을 아시기로"라고 말할 때 "이 일"은 바로 예수님을 따르는 무리들과 관련된 정치적 사건입니다. 바울이 변론하던 이때에는 '그리스도교'라는 이름이 아직 없는 상태이기에 "이 일"이라고 지칭합니다. 여기서 "담대히 말하노니"와 "한쪽 구석에서 행한 것이 아니니이다"라는 표현은 기독교의 본래 성격이 밀실에서 자신들끼리의 만족을 추구하는 모임이 아니었음을 말해 줍니다.

당시의 종교는 크게 공적 종교(public religion)와 사적 종교(private religion)로 구분할 수 있습니다. 고대 공적 종교의 신전을 생각해 보십시오. 가령 파르테논 신전의 경우, 신전 실내 공간에 제사 참여자가 모두 들어가지 않고 신전 앞 광장에 백성들이 모여 제사를 지냅니다. 광장에 있는 군중 전체가 종교의 참여자가 됩니다. 그래서 참여자와 구경꾼의 경계도 모호합니다. 광장이라는 것이 어디까지라는 경계가 없기 때문입니다. 대체로 이 신전들은 시의 가장 높은 곳이나 중심에 들어서기 때문에 시민 전체를 대상으로 공적 광장(public square)의 종교로 기능합니다. 반면 실내에서 의식을 행하는 종교들은 대부분 사적 종교입니다. 구성원과 비구성원의 차이가 강조되고 친밀감이 중요한 가치로 여겨집니다. 입문 의식도 있어서 비밀스럽고 배타적이라는 비난과 의심을 받습니다.

그렇다면 기독교는 둘 중 어느 쪽에 속할까요? 초대교회는 첫 출발 시기에 주로 가정집에서 모였습니다. 장소만 보면 사적 종교라 할 수 있습니다. 하지만 "이 일은 한쪽 구석에서 행한 것이 아니니이다"라는 바울의 말은 그리스도인들이 무언가 선포하고 믿고 말씀대로 따르는 것이 은밀하고 사적인 일이 될 수 없음을 분명하게 강조합니다. 엠마오 도상에서 부활한 예수님을 만난 글로바는 "당신이 예루살렘에 체류하면서도 요즘 거기서 된 일을 혼자만 알지 못하느냐"(눅 24:18)고 말합니다. 예수님에 관한 일은 예루살렘에 있던 사람이면 모를 수가 없는 '공적 사건'이었던 것입니다.

기독교의 사적이면서 공적이기도 한 복합적인 성격은 사도행전에서 선명히 드러납니다. 바울은 자신의 에베소 사역을 이렇게 정리합니다. "유익한 것은 무엇이든지 공중 앞에서나 각 집에서나 거리낌이 없이 너희에게 전하여 가르치고"(행 20:20). 여기서 '공중'은 그리스어로 '데모시아'이고 '집'은 '오이코스'입니다. 사도행전 초반부에 "날마다 마음을 같이하여 성전에 모이기를 힘쓰고 집에서 떡을 떼며 기쁨과 순전한 마음으로 음식을 먹고"(행 2:46)라는 말씀은, 그들의 모임 장소를 예루살렘의 '성전'과 '집'으로 정리합니다. 셀교회 운동이나 소그룹 운동을 하는 사람들이 이 표현을 차용하여 성전에서 모이는 것은 대그룹, 집에서 모이는 것은 소그룹이라 칭하는데, 이것은 본문을 정확하게 이해한 것이라 볼 수 없습니다. 왜냐하면 당시 성전은 예수 믿는 사람들을 위해 예배드릴 공간을 마련해 주는 곳이 아니었기 때문입니다. 성전에 모였다는 것은 그곳에서 예배를 드렸다는 말이 아닙니다. 그곳은 적대적인 공간이었습니다. 유대인들에게 성전 앞은 공적 광장입니다. 쉽게 말해서, 사람들이 많이 모이는 도시의 중심에서 노방전도 하듯 거리낌 없이 하나님의 말씀을 선포했다는 말로 이해해야 합니다.

그런 점에서 사도 바울이 이방 도시 에베소에서 "공중 앞에서나 각 집에서나"라고 한 말에 정확하게 상응하는 예루살렘의 공간이 성전과 집입니다. 구약성경에서 '성문'은 재판이 일어나는 공적 공간입니다(룻 4:1, 암 5:15, 욥 5:4, 잠 31:23, 사 29:21). 이런 기능을 바벨론으로부터의 귀환 이후에는 성전 앞 광장이 맡게 된 것으로 보입니다.[2] 초대교회 선포가 두 공간 곧 가정과 공적 광장에서 이루어졌다는 사실은 큰 의미가 있습니다. 성도들이 가정집에서 모였음에도 불구하고 추구하는 신앙의 내용은 사적 모임에 머무르지 않고 공적으로 확대되는 것임을 처음부터 분명히 한 것입니다.

그러나 그리스도교의 공적 확장은 자연스러운 일도 쉬운 일도 아니었습니다. 예루살렘 성도들이 성전과 집에서 선포했는데, 성전에서의 선포는 체포와 재판으로의 회부와 구타로 귀결되었습니다. 에베소에서 바울은 공중 앞에서 "거리낌 없이 담대하게" 선포했다고 했습니다. 그리스도인들이 공적 광장에서 자신들의 신앙을 고백하고 선포하는 것은 기존의 기득권 체제와 갈등을 일으키거나 의심을 살 만한 요소가 있었다는 것입니다. 예수님도 정치적인 죄목으로 죽으셨고 바울도 정치권력에 의해 사형을 당했습니다. 이 모두가 공적 사건이었습니다. 기독교 안에 당시 기득권 정치체제가 불편해하는 요소가 있었던 것은 부인할 수 없습니다. 앞에서 살펴본 바울의 변론도 죄수의 몸으로서 한 것이었습니다. 공적 증언을 위해 치러야 하는 대가는 적지 않았습니다. 그럼에도 기독교는 권력의 눈을 피해 안으로 숨어서 자신들만의 종교적 세계를 만드는 것으로 만족할 수 없는 신앙이었습니다.

### 기독교 정치로 세상이 하나님 나라가 되는가

교회는 출발부터 공적인 성격을 지니고 있었기 때문에 제국의 종교가 될 수 있는 자질을 일찌감치 갖추고 있었다고 볼 수 있습니다. 그리스도인의 인내와 신실함, 복음의 능력이 로마 세계를 복음화한 측면뿐 아니라, 제국의 입장에서 그리스도교가 국가 통합 이데올로기로서의 잠재력을 알아보고 활용한 측면을 함께 말할 수 있겠습니다. 만왕의 왕이 온 우주를 다스린다는 메시지, 모든 인종을 포괄하시는 유일신 하나님 신앙은 제국의 필요와 맞아떨어졌습니다. 그와 함께 로마인의 섭리 사상은 하나님이 주관하시는 역사에 대한 고백과 조화를 이루었습니다.

주후 313년에 콘스탄티누스 대제가 그리스도교를 공인하면서 그리스도교는 마치 모든 것을 준비하고 기다린 것처럼 제국의 질서를 바꾸어 갑니다. 박해받던 종교가 사회의 주류가 된 것입니다.

물론 감사한 일입니다. 그러나 안타깝게도 그때부터 기독교에 심각한 문제가 발생했다고 볼 여지도 많습니다. 이전에는 신앙을 지키기 위해서 고난을 감수해야 했다면, 이제는 교회를 다니지 않으면 손해를 각오해야 합니다. 주요 공직에 나서려면 그리스도인이 되어야 했습니다. "출세하고 싶으면 교회로 가라! 성공하고 싶으면 성직자가 되라!" 그리스도인이 되지 않고는 살기 힘든 사회가 된 것입니다. 그로 인해 자연스럽게 타락이 따라오고 가짜가 양산되었습니다. 고위 성직자가 되면 세속 권력자들 못지않게 강한 권력을 가질 수 있는 시대가 되어 버린 것입니다.

교회가 사회의 주류가 되고 정치권력과 문화적 주도권이 교회의 손에 들어와 있는 상황을 '콘스탄틴적 체제' 혹은 '크리스텐덤'(Christendom, 기독교 왕국, 제국적 기독교)이라 말합니다. 기독교 교회의 손에 정치권력이 주어졌을 때 그 권력을 어떻게 사용했는지 돌아보면, 교회가 잘못된 사회 제도를 바로잡은 측면도 있지만 정치권력을 선용했다고만 보기는 힘듭니다. 타락으로 인한 부작용이 매우 컸기 때문입니다. 이후 종교개혁 시대를 거치면서 교회가 직접 세속 권력을 지배하는 양상은 약해지지만, 여전히 기독교가 사회의 주류로서 문화적 주도권을 행사하는 상황이 서구 사회에서 적어도 20세기 중반까지 계속되었다고 볼 수 있습니다. 크리스텐덤을 유지하기 위한 마지막 몸부림은 그리스도인들의 정치 참여를 통해 도덕적 가치를 지켜야 한다고 주장했던 20세기 중반 이후 미국의 '도덕적 다수'(moral majority) 운동 등의 흐름을 꼽을 수 있습니다. 기독교의 문화적 주도권이 약화되어 가는 시기에 정치적인 힘을 모아 다수의 투표로 지켜 내자는 운동이었습니다. 낙태 반대 등 전통적인 윤리와 가정의 가치에 집중하면서 정치의 장에서 상당한 영향력을 행사하기도 하였습니다.

## 축소주의

그런데 여기에 몇 가지 문제가 있습니다. 첫 번째로 기독교의 가치를 몇 가지 정책 중심으로 축소해서 판단하는 환원주의(reductionism) 혹은 축소주의의 문제입니다. 어떤 문제가 너무 중요해서 그 기준으로 모든 것을 평가한다고 해서 "nothing but-ism"이라고도 합니다. 경제가 중요하다는 환원주의는 "nothing but economy" 곧 경제 외에는 아무것도 중요하지 않다는 환원주의가 될 수 있습니다. 어떤 한두 문제로 모든 것을 다 평가하는 시각입니다. 영화 「곡성」에서 주인공의 딸이 "뭣이 중헌디, 뭣이 중허냐고?" 라고 내어 지르는 장면이 화제가 된 적이 있습니다. 저는 이 영화를 보면서 주인공을 가장 크게 혼란에 빠트린 것이 이 말이 아닌가 싶었습니다. 뭔가 중요한 하나를 풀지 않으면 다른 노력이 모두 허사로 돌아간다는 생각에 사로잡힌 주인공은, 그 하나를 찾기 위해 이러저리 동분서주하지만 시간은 속절없이 지나 버립니다. 이 영화 이후에 많은 사람들이 당면한 중요한 문제를 강조하면서 이 대사를 인용하였습니다. 'nothing but-ism'의 한국적 변용은 '뭣이중헌

디즘'이라 할 수 있겠습니다.

종교적 열정이 정치적 목적에 동원될 때 한두 가지 이슈에 과도하게 몰입하고 집중하는 환원주의가 심화되는 경향이 있습니다. 사회적 토론은 막히고, 배타적 태도만 강화됩니다. 미국의 '도덕적 다수' 조직의 경우, 몇몇 문제를 중심에 놓고 이 부분에 의견이 다른 사람들은 비기독교적이라고 못 박았습니다. 그 결과 윤리적으로 심각한 문제가 있는 후보, 다른 정책에서 성경적 가치와 동떨어진 후보를 지원하게 되면서 신앙적 혼란에 빠졌고, 미국 사회에서 그리스도인들이 점점 소외되는 경향으로 흘러갔습니다.

개인윤리 차원의 몇몇 문제로 정치인이나 정당의 정책 전체를 판단하는 경향은 지양해야 합니다. 경제적 양극화를 심화시키는 정책에 반대하고 약한 자를 돌보자는 가치도 중요합니다. 약자를 돌보자는 가치도 구체적인 정책 논의에 들어가면, 성장과 분배 각각의 중요성과 우선성을 섬세하게 따져 보아야 하는 대목이 있습니다. 나그네와 객과 고아와 과부에 대한 하나님의 보호하심도 매우 중요한 성경적 가치입니다. 명분 없는 전쟁을 막는 것, 오늘날 미국에서 심각한 문제가 되고 있는 총기 규제 문제 역시 생명을 소중하게 여기는 성경의 가치관과 관련된 의제입니다. 생명이 귀하다는 명분으로 낙태는 반대하면서도 무분별한 인명살상의 도구가 되는 총기 소유에 찬성한다든지, 나아가 불의한 전쟁을 지지하는 것은 많은 사람들에게 모순으로 받아들여집니다. 정치의 장에서 성경적 가치를 고민하는 것은 포괄적이어야 합니다. 정치는 다양한 의제들이 복합적으로 얽힌 장이기에 어느 한두 기준으로 내 편과 네 편을 가르는 시각은 정치를 황폐화시킬 수 있습니다.

선거에서 기독교인 후보라는 이유로 어떤 정치인을 찍거나 표를 몰아주는 경향도 조심해야 합니다. 기독교인이므로 교회가 합심해서 표를 주자는 말은 경상도 사람이므로 경상도 정치인을, 전라도 사람이므로 전라도 정치인을 찍자는 지역감정과 다를 바 없습니다. 선거에서 우리는 기독교의 대표를 선출하는 것이 아니라 한 나라와 지역의 대표를 선출합니다. 기독교 신자이든 아니든 공적 가치를 실현할 후보를 선출해야 합니다. 물론 무엇이 공적 가치인지를 고민함에 있어서 그리스도인이라면 당연히 성경적 가치가 그 안에 담겨 있을 것입니다. 이 경우에도 교회가 집단적으로 특정 후보를 지지하기보다 성도들이 하나님 나라의 가치관을 가지고 정치에 참여할 수 있도록 도와주어야 합니다. 교회가 정치집단화될 때 사회 갈등을 조장하는 역할을 하게 될 것이며, 사회에든 교회에든 이롭지 못할 것입니다.

### 정치적 메시아니즘

기독교가 정치에 직접적으로 혹은 집단적으로 개입할 때 발생하는 또 하나의 문제는 '정치적 메시아니즘'입니다. 선거에 참여하다 보면 마치 대통령이 모든 사회 문제를 해결해 줄 수 있을 것 같은 착각에 빠집니다. 그것은 환상일 뿐입니다. 국가의 대표자를 잘 선출할 필요는 있지만, 그가 해결할 수 있는 문제는 한정되어 있습니다. 대통령 하나 잘 뽑으면 모든 문제가 해결될 것이라는 기대는 시간이 얼마 지나지 않아 환멸로 끝납니다. 정치적 지도자에게 지나친 기대를 하는 사고를 가리켜 정치적 메시아니즘이라고 합니다. 지식인들도 이 환상에서 벗어나기 힘듭니다.

1806년 헤겔이 예나 대학에서 철학교수로 재직하고 있던 당시, 예나로 진군해 온 나폴레옹이 말을 타고 지나가는 것을 보고 “나는 마상의 세계정신을 보았다”고 말했다고 합니다. 헤겔의 변증법 이론을 보면 얼마나 심오합니까? 역사가 정반합을 이루며 꼭짓점을 찾아가는데 그 핵심을 세계정신이라 했습니다. 그런데 그 세계정신이 바로 나폴레옹이라는 것입니다. 나폴레옹의 위용과 그가 만든 법전을 보고 자유와 평등, 반봉건으로 가는 물결이라 여기며 흠모했는데, 얼마 지나지 않아 나폴레옹은 독재자가 되어 실망스러운 모습을 보이게 됩니다.

헤겔의 나폴레옹 숭앙은 나폴레옹이 가져올 세계에 대한 기대였을 것입니다. 인류 역사에서 지성인들은 가끔씩 자신들이 오랜 역사가 달려온 험난한 길이 마침내 완성되는 특별한 시기에 살고 있다는 오판을 하게 될 때가 있었습니다. 19세기 유럽에서는 이제까지의 독재와 가난과 무질서는 무지의 산물이었으며, 인류가 잠에서 깨어난 이상 미래는 밝을 뿐이라는 분위기가 팽배했습니다. 과학의 발전으로 인한 생활 수준의 향상이 가져온 낙관주의는 이후 세계대전의 포화 속에서 온데간데없이 사라졌습니다.

1989년 현실사회주의가 붕괴된 후 스탠포드의 정치학자 프랜시스 후쿠야마는 "20세기를 지배해 온 자유민주주의와 공산주의의 이데올로기 대결에서 자유민주주의가 최종적으로 승리했다. 자유민주주의와 시장자본주의는 인류의 진화와 정부의 최종 형태이며 역사의 종착점이다"라는 대담한 주장을 했습니다. 『역사의 종말』이라는 자신의 책을 통해 그가 정말 하고 싶었던 말은, 자본주의의 승리가 "역사의 완성"이라는 것입니다.[3] 그러나 그 흥분과 기대는 그리 오래가지 못했습니다. 세계의 정치와 경제 전망은 더욱 혼미한 불확실성으로 빠져 들어가는 중입니다. 성급하게 종말을 선언했던 후쿠야마의 저작은 빛바랜 시대의 기념비 이상의 기능을 하지 못하고 있습니다.

로마제국의 탄생은 이와 비교할 수 없는 강력한 흥분과 기대를 모았었고, 현세계의 체제가 역사의 완성이라는 메시지를 전하던 시대를 열었습니다. 예수께서 태어났던 시기를 누가복음은 이렇게 보도합니다. "그때에 가이사 아구스도가 영을 내려 천하로 다 호적하라 하였으니"(눅 2:1). 한 사람의 명령에 의해 천하(오이쿠메네)가 다 움직이던 때가 역사 속에 있었던가요? 누가복음 2장의 배경은 북아프리카, 서아시아, 유럽을 포함한 엄청난 세계가 완전히 통일되어 한 사람의 명령에 의해 움직이는 '팍스 로마나'(Pax Romana)의 시기였습니다. 그 당시의 문화를 보면, 아우구스투스를 정점으로 하는 정치적 메시아니즘이 강력했습니다. "그가 통치하는 한 우리는 번영을 누릴 것이고 세계는 평화로울 것이다"라는 기대가 팽배했습니다.

로마 중심부에 있는 야누스 신전의 문은 평화로울 때는 닫혀 있고 전쟁 중에는 열려 있었다고 합니다. 그런데 옥타비아누스가 클레오파트라 군에게 이기고 돌아와서 야누스 신전의 문을 닫았습니다. 이것은 500년 만에 처음으로 일어난 사건이었습니다. 주전 27년, 모든 권력을 얻은 옥타비아누스는 로마 원로원으로부터 '아우구스투스'(존엄한 자)라는 칭호를 부여받고 로마의 초대 황제로 등극합니다. 500년 만에 처음으로 전쟁이 없는 해를 가져온 아우구스투스의 탄생을 가리켜 당대 사람들은 '유안겔리아'(복음)라 칭했습니다. 바로 그 시대에 예수님이 오셨습니다.

당시 유대인들 또한 강력한 정치적 메시아니즘을 가졌습니다. 우리가 한 분 왕을 잘 모시면 그분이 우리를 이 모든 질곡에서 벗어나게 할 수 있을 것이라는 기대였습니다. 예수님이 예루살렘에 입성하실 때 "다윗의 자손이여"(마 21:15) 하고 환호하던 군중들의 기대가 그러했습니다. 정치권력을 잡아서 세상을 구원한다는 것은 그 권력자가 예수님이라 하더라도 불가능하다는 것이 성경의 증언입니다. 예수의 한계가 아니라, 세상 정치의 한계입니다.

### 가이사의 것은 없다

예수께서 "가이사의 것은 가이사에게, 하나님의 것은 하나님에게"(마 22:21)라는 잘 알려진 말씀을 하신 것은 예루살렘에 입성하시고 나서 예수님에 대한 정치적 기대가 한창 고조될 때였습니다. 이 말씀이 정교분리의 모토로 자주 인용되지만, 세상의 것과 하나님의 것을 깔끔하게 분리할 수 있다는 말은 아닙니다.[4] 성경은 기본적으로 만물이 다 하나님께 속하였다고 선언합니다(롬 11:36). 하나님의 권세 아래 있지 않은 것은 하나도 없습니다. "각 사람은 위에 있는 권세들에게 복종하라. 권세는 하나님으로부터 나지 않음이 없나니 모든 권세는 다 하나님께서 정하신 바라"(롬 13:1)는 말씀이 전제하고 있는 것도 하나님이 온 세계의 주인이시라는 세계관입니다. 하나님의 세계 안에 가이사의 것이 있습니다. 다시 말해, 단순히 예수님이 가이사에게 세금을 바치라 했다고 읽으면 성경을 잘못 이해하게 됩니다.

일단 "가이사에게 세금을 바치는 것이 옳으니이까"(마 22:17)라는 질문의 상황이 특이합니다. 이 대목에서 바리새인들이 헤롯 당원들과 함께 와서 예수님을 시험했다고 소개합니다(마 22:16). 바리새인과 헤롯 당원이 함께 등장하는 것은 보기 드물고 어색한 조합입니다. 헤롯 당원이 기득권 체제의 핵심인 데 반해, 바리새인들은 개혁적이고 비판적인 그룹으로 헤롯 체제를 비판하는 흐름이 강합니다. 그러므로 두 그룹이 합쳐서 예수님께 물으러 온 상황은 '좌우의 합작'이라 부를 수 있는 현상입니다. 이것은 무엇을 의미할까요? 보수 기득권 세력들은 예수님이 너무나 정치적이어서 불편해했던 반면, 진보 그룹들은 예수님이 자기들이 생각했던 만큼 정치적이지 않았기 때문에 실망했습니다. 예수님에게는 기득권의 정치를 불편하게 하는 정치적 요소가 분명히 있었음에도 불구하고, 헤롯을 타도하고 로마를 몰아내어 해방 사회를 이루어야 한다는 정치적 신념을 가진 사람들 입장에서는 예수님의 비정치적인 태도가 불만스러웠습니다.

예수님의 정치는 보수를 불안하게 하고 진보를 실망시킨 정치입니다. 예수님이 성전에서 채찍질하신 사건은 파란을 불러일으켰고(요 2:15), 당연히 정치적 행동으로 이해되어서 기득권을 언짢게 하였을 것입니다. 그다음에 자연스럽게 따라오는 행동은 군사를 일으키든지 백성들을 선동하여 행동에 나서는 것일 텐데, 예수님은 그렇게 하지 않으셨습니다. 그래서 진보 그룹도 실망을 합니다. 그 결과 보수와 진보가 합작하여 예수님을 죽음으로 몰고 갔다고 볼 수 있습니다.

바리새인과 헤롯 당원의 질문에 예수님이 가이사에게 세금을 바치지 말라고 답했다면, 그들은 그것을 빌미로 정치적 올가미를 씌웠을 것입니다. 또 어떤 사람은 그 말을 기회로 혁명의 가속페달을 밟으려 했을지도 모릅니다. 복합적인 긴장이 노출된 순간입니다. 이때 예수님은 "세금 낼 돈을 내게 보이라"(마 22:19)고 말씀하십니다. 그러자 그들이 데나리온 하나를 예수께 가져왔는데, 이것이 그들의 패착이었습니다. 왜냐하면 그 동전에는 가이사의 두상이 새겨져 있었기 때문입니다.

가이사의 두상이 새겨진 동전은 유대인들 입장에서는 일종의 우상입니다. 엄격한 바리새인의 원칙에 따르면, 동전을 들고만 다녀도 우상숭배입니다. 로마 동전을 성전에 들고 갈 수 없었기 때문에 성전 안에 "돈 바꾸는 사람들"(요 2:14)이 있었던 것입니다. 예수님께 "가이사에게 세금을 바치는 것이 옳으니이까"(마 22:17)라고 묻는 사람들에게 그 동전을 가져와 보라고 하신 것은 비유하자면 이런 상황입니다.

어떤 교회에 새로운 목사가 부임하여 자유롭게 목회를 합니다. 교회에 온 청년들이 교회 뒤뜰에서 담배를 피워도 별로 야단을 치지 않는 것 같습니다. 그러자 보수적인 교회 어른이 그 목사에게 항의를 합니다. "목사님, 청년들이 담배 피우는 것 안 보이십니까? 저렇게 그냥 내버려두실 작정이십니까?" 그때 목사가 "담배요? 그게 무엇인지 한번 가져와 보십시오"라고 말합니다. 그러자 그 어른이 "아, 이거 있잖아요" 하면서 자기 주머니에서 담배를 꺼냅니다. 그러다가 갑자기 상황을 깨닫고 식은땀을 흘립니다. 자기도 가이사의 것을 가지고 다니면서 깨끗한 척 큰소리를 친 것입니다. 예수님의 고도의 해학이 담긴 이야기라 할 수 있습니다.

그렇다면 예수님의 진의는 무엇이었을까요? 예수님이 이 초상은 누구의 것이며 적힌 글자는 누구를 가리키는지 물으시지만(마 22:20), 성경은 만물이 다 하나님의 것이고 하나님에게서 난 것이라고 분명히 말합니다(시 24:1, 롬 11:36). 로마 황제도 하나님이 허락하셨으므로 그 자리에 있는 것입니다(롬 13:1). 가이사의 것을 포함한 모든 것이 하나님의 것이고 하나님의 다스림 안에 있는 이 세상에서 우리가 어떻게 살아야 하는지는 기독교의 가장 중요한 질문입니다.

이 세상에 하나님의 일이 아닌 것은 없습니다. 교회 섬기는 것뿐 아니라 회사에서 일하는 것, 가정에서 아이 키우는 것, 투표소에 가서 투표하는 것도 모두 하나님의 일입니다. 모든 것이 하나님의 일이라면, 정치가 하나님의 다스림에서 제외되어야 된다는 개념은 말이 안 됩니다. 성(聖)과 속(俗)이 따로 분리되었기 때문에 정치와 종교는 분리되어야 한다는 패러다임은 성경적이지 않습니다. 모든 만물을 하나님이 다스린다면, 우리의 경제생활도 하나님이 다스려야 하고 정치 참여의 일환으로 투표하는 것도 기도하면서 해야 합니다.

물론 정교분리의 원리가 중요해지는 맥락이 있습니다. 정치가 너무 강해져서 종교를 통제하려고 한다든지, 반대로 종교가 자신의 이익을 위해 정치를 이용하고 정권에 야합하려고 할 때 정교분리가 필요합니다. 폭력적인 방법으로 부당하게 정권을 잡은 사람에게 가서 기도해 주는 등 밀착 관계를 형성하는 것과 같은 정교유착도 잘못된 것입니다. 시대에 따라 정교분리의 선을 분명히 긋는 것이 유익할 때가 있습니다. 그러나 정치에 대한 무관심은 정치에 대해 과도한 기대를 갖는 정치적 메시아니즘만큼이나 문제입니다.

교회에 와서 예배드리는 것은 거룩하고, 세상에서 먹고살기 위해 장사하는 것은 속되다고 말한다면 성경을 제대로 이해할 수 없습니다. 여호수아서를 읽어 보면, 앞에는 전쟁 이야기가 나오고 뒤에 가면 땅 분배 이야기가 길게 나옵니다. 땅을 공평하게 분배하고 각자의 경제적 권리를 존중해 주고(잠 22:28, 23:10), 가난한 사람들도 먹고살 기회를 제공하는 사회를 만들라고 하나님은 특별히 강조하셨습니다. 룻기도 '기업 무를 자'라는 제도를 통해 본래 분배받았던 땅을 되돌려 주고 가정을 회복시켜 주는 이야기 아닙니까? 이 땅의 부동산 정책, 더 나아가 경제 정책이 공정하게 수행되는 것은 신앙적으로도 중요한 문제입니다.

회사일이나 사업, 땅을 사는 행위 등은 속되므로 개인이 알아서 하고, 하나님께는 예배만 잘 드리면 된다는 것은 잘못된 생각입니다. 신앙을 핑계로 한 정치적 무관심 또한 이런 생각에서 기인합니다. 그리스도의 우주적 주권에서 제외되는 영역은 단 한 군데도 없습니다. 정치적 영역이라고 하나님의 주권을 제한하거나, 정치를 우리 신앙의 영역에서 제외해서도 안 됩니다. 그것은 하나님이 주신 사명과 이웃에 대한 책임을 방기하는 행위이기도 합니다.

교회가 헌금을 모아서 가난한 사람들을 찾아가서 돕는 노력은 소중합니다. 개인적인 삶에서 이웃과 나눔의 삶을 실천하는 것도 필요합니다. 아울러 선한 의지를 가진 이들의 적극적 참여로 정치가 조금만 바뀌어도 사회의 불공정과 반칙이 시정될 수 있고 약한 자들의 삶이 개선될 수 있음을 우리는 잘 알고 있습니다. "네 이웃을 네 자신 같이 사랑하라"(마 22:39)는 말씀은 네 주머니에서 돈을 꺼내 이웃을 도우라는 권면과 함께, 네가 사는 사회를 약자가 살기에 보다 좋은 사회로, 자기 이익만 구하는 것이 아니라 더불어 사는 사회로 만들라는 권면도 포함합니다. 구약의 율법이 떨어진 이

삭을 줍지 말고 남겨 두라는 등 가난한 자들을 배려하는 제도에 관심이 많았고(레 19:9), 그런 정신이 지켜지지 않을 때 선지자들의 질타가 있었다는 점을 기억해야 합니다. 그런 사회를 위한 다각적 노력 가운데 정치적 책임도 일부를 차지합니다. 한 사람의 유권자로서 그리고 한 사람의 시민으로서 하나님 나라를 위해서 할 수 있는 일이 있습니다.

## 도덕적 치유적 이신론

우리의 신앙은 어떤 모습을 갖고 있는지 점검해 봅시다. 2005년 미국에서 청소년들을 대상으로 교회에 왜 다니며 신앙이 무엇이라고 생각하는지에 관한 심층연구를 한 적이 있습니다.[5] 그래서 나온 결론이 '도덕적 치유적 이신론'(moralistic therapeutic deism)입니다. 여기서 이신론은 하나님이 계시지만 그 하나님은 역사에 개입하여 역사를 이끌어 가시는 분이 아니라, 정교하게 움직이는 시계처럼 세상을 만들어 놓고 한 발 뒤로 물러서서 팔짱만 끼고 계시다는 생각입니다. 우리의 기도를 들으시고 역사에 개입하시는 하나님이 아니라, 우리 일상사와는 별로 관계없는 하나님이라는 말입니다. 그러면서 종교의 효용을 치유(therapeutic) 곧 힐링에서 찾습니다. 나에게 좋은 느낌을 주기 때문에 교회도 가고 찬양도 한다는 말입니다. 한마디로 "나도 좋고 너도 좋으니 하나님도 좋다"는 식입니다. 여기에서 진리의 자리는 없습니다. 그리스도인이기 때문에 가져야 하는 세계관이나 가치관은 특별히 중요하지 않습니다. 다만 개인적으로 착하게(moralistic) 살자는 정도가 미국 십대 청소년들이 생각하는 종교의 기능입니다.

한국의 청소년들은 어떠할 것 같습니까? 세부적인 비교 연구가 필요하겠지만, 미국의 청소년들과 크게 다를 것 같지는 않습니다. 아마 이와 같이 말하지 않을까요? "일상적인 생활에서 그리고 내 인생 계획에서 특별히 하나님이 필요한 것은 아닙니다", "내가 간절히 필요할 때 도와주시면 됩니다", "상처받고 힘들 때, 외롭다고 느낄 때, 열등감에 시달릴 때 살짝 만져 주시는 정도의 하나님이 필요합니다." 십대뿐 아니라 기성세대들의 신앙도 이렇게 변해가고 있지 않나 싶습니다. 하나님이 우주와 역사의 주권자이시고 하나님의 나라가 이루어지는 것은 나의 삶과 그다지 관계가 없다고 봅니다. 그러므로 정치와 경제, 사회와 문화에서 하나님이 무엇을 원하시는지 잘 생각하지 않게 됩니다.

### 세속화의 모습

오늘날을 가리켜 세속화(secularization) 시대라고 말합니다. 세속화는 단지 교회에 다니는 사람들의 수가 줄어드는 게 아니라, 자신이 그리스도인이라고 생각하는 사람들의 사고에서 신앙이 차지하는 비중이 줄어드는 현상이라 할 수 있습니다. 성경이 말하는 복음은 삶 전체가 구원을 받아야 하고, 세계 전체의 변화를 포함한 총체적인 변화가 이루어져야 한다는 말입니다. 그런데 오늘날 신앙은 일요일 아침 한두 시간 정도를 어디에서 보내는가 하는 정도의 의미로 축소되었습니다. 교회에 보다 자주 가더라도 그것은 교회 생활일 뿐입니다. 삶의 나머지 부분, 곧 직장생활을 하는 이유, 돈을 버는 방식, 배우자를 선택하는 기준, 아이를 낳아 키우는 방식 등 삶의 목표와 방식이 비신앙인들과 크게 다를 바 없습니다.

기독교는 처음 시작할 당시에는 삶 전체를 바치는 신앙이었습니다. 그런데 현대에 와서는 점점 사소한 것이 되어가고 있습니다. "무슨 음료를 드시겠습니까"라고 물었을 때 "아이스커피 에스프레소 더블샷이요"라고 대답하듯, "당신의 신앙스타일은 어떤 게 좋으세요?", "예배 형식은 현대적인 것과 전통적인 것 중 어떤 게 편하세요?"라는 질문이 들리는 것 같습니다. 에스프레소 더블샷처럼 강렬한 찬양과 기도를 동반한다고 해서, 혹은 적절히 품위 있고 클래식한 신앙이라고 해서 내 삶 전체를 규정하는 모체가 될 수는 없습니다. 세계를 신앙의 눈으로 해석하고 인생의 방향을 설정하는 기능이 점차 약화되거나 소멸되어 가는 모습이 안타깝습니다.

한국 교회의 위기는 교회에 출석하는 사람의 수가 줄어드는 것이 아닙니다. 교회에 와서 예수 믿는다고 하는 사람들의 생각과 삶이 성경적으로 바뀌지 않으면, 교인 수가 만 명이든 이만 명이든 별 소용이 없습니다. 세상과 똑같이 살고, 주일에 와서 좋은 설교와 음악을 듣고, 식사하고 한두 시간 있다가 가는 정도의 교인이 아무리 많은들 그게 하나님 나라와 하나님이 정말 원하시는 세상, 그리고 구원과 무슨 관계가 있겠습니까? 신앙이 삶에서 차지하는 비중이 점차 줄어들고, 기독교가 본래 해야 하는 사회 변혁적 기능이 상실되는 것이 곧 위기입니다. 그러면 교회는 이러한 시대에 무엇을 해야 하고 또한 무엇을 할 수 있을까요?

### 사사화(私事化)된[6] 신앙, 무력한 개인

2016년에 개봉한 켄 로치 감독의 영국 영화 「나, 다니엘 블레이크」는 우리 시대 복지 체계의 문제점을 고발하는 작품입니다. 현대사회의 소외가 얼마나 심각하고, 민주주의가 어떻게 붕괴되고 있으며, 어느 지점에서 희망을 이야기할 수 있는지 보여주는 수작입니다. 평생을 성실한 목수로 살아가던 주인공 다니엘은 아내를 잃고 지병인 심장질환이 악화되어 일터에서 쓰러집니다. 더 이상 일할 수 없게 된 그는 주치의의 조언에 따라 질병수당을 신청하지만, 지급 기준에 부합하지 않아 반려당합니다. 하는 수 없이 실업수당을 신청하지만, 그 또한 갖추어야 할 요건이 한두 가지가 아닙니다. 결국 그는 건강 문제로 수급조건을 이행하지 못해 실업수당마저 받지 못하는 처지에 이릅니다.

그러던 어느 날 다니엘은 비슷한 처지의 싱글맘 케이티를 만납니다. 그가 케이티의 집까지 짐을 들어 주게 되는데, 집에 가보니 여기저기 삐걱거리고 고장 난 부분이 한두 가지가 아닙니다. 다니엘은 그녀의 집을 고쳐 주기도 하고, 공과금을 내지 못해 전기가 끊기게 된 것을 알고 돈을 남겨 놓기도 합니다. 그 이후 생활고에 지친 케이티가 매춘의 유혹을 받는 것을 보고 이렇게 말합니다. "사람은 자신에 대한 존중을 잃으면 모든 것을 잃는 거예요."

인간으로서 기본적인 권리를 보장받지 못하게 된 다니엘은 행정소송을 준비하지만, 결과가 채 나오기 전에 심장마비로 세상을 떠나고 맙니다. 변변한 영정사진 없이 초라하게 마련된 다니엘의 장례식에서 케이티가 조사를 읽습니다. 그것은 다니엘이 법정에서 읽으려고 준비했던 내용입니다.

> 나는 의뢰인도 고객도 사용자도 아닙니다.
> 나는 게으름뱅이도 사기꾼도 거지도 도둑도 아닙니다.
> 나는 보험 번호 숫자도 화면 속 점도 아닙니다.
> 나는 묵묵히 책임을 다해 떳떳하게 살았습니다.
> 나는 굽실대지 않았고 이웃이 어려우면 그들을 도왔습니다.
> 자선을 구걸하거나 기대지도 않았습니다.
> 나는 다니엘 블레이크, 개가 아니라 인간입니다.
> 이에 나는 내 권리를 요구합니다.
> 인간적 존중을 요구합니다.
> 나, 다니엘 블레이크는 한 사람의 시민 그 이상도 그 이하도 아닙니다.

다니엘이 "한 사람의 시민"이라고 하는 말에 얼마나 많은 의미를 담고 있는지 생각해 보십시오. 시민이라는 말에는 인류가 지금까지 쌓아 온 문명, 인권, 인간의 존엄을 침해받지 않기 위한 긴 역사가 담겨 있습니다. 다니엘은 복지를 지향하는 민주사회라고 하는 나라에서 시민으로서 인간 대우를 받지 못하는 자신의 삶을 통해서 인간됨의 의미를 다시 규정합니다.

이 영화의 하이라이트는 다니엘이 거리에 서서 "나는 당당한 시민이다"라고 외치는 장면입니다. 한 연약한 시민의 입장에서 볼 때 복지국가라고 하는 영국 사회가 얼마나 폐쇄적이고 위압적인지 드러납니다. 개인의 선의로 해결하지 못하는 구조적인 문제가 분명히 있습니다. 해결의 출발은 권리를 박탈당한 사람이 스스로 "나도 당당한 한 사람의 시민이다"라고 자의식을 갖고 권리를 주장하는 데 있습니다. 시민들이 깨어 있어 자신의 권리와 의무를 지키며 연대하는 데 사회의 희망이 있습니다. 이 연대는 정치적 구호 혹은 팬클럽화된 대중정치인에 대한 호불호가 아니라, 자신의 삶에서 만나는 이웃에 대한 따뜻한 시선에서 출발해야 합니다. 그런 의미에서 다니엘이 케이티에게 준 사랑이야말로 진정한 시민의식의 모본이라 할 수 있습니다.

### 에클레시아

신약성경은 교회를 '에클레시아'라고 말합니다. 이 단어는 아테네 등 그리스 도시국가들에서 모든 시민이 함께 모여 공동체의 의제를 논하고 결정하는 '시민집회'(민회)를 말합니다. 성도는 "하나님의 에클레시아"를 구성하는 명예로운 시민입니다.

"교회는 그리스도의 몸이다"라는 말 역시 그리스의 정치철학 전통에서 왔습니다. 플라톤을 비롯한 많은 철학자들이 폴리스(도시국가)를 몸에 비유하여 설명했습니다. 몸 전체가 조화를 이루어야 건강하듯이, 폴리스도 조화가 생명이라고 강조했습니다. 그리스의 정치담론에서는 왕이 머리가 되는 체제, 일체성을 강조하지만 귀천의 구분이 명확한 위계적 세계이해가 담겨 있습니다. 바울은 그리스도가 교회의 머리이며 모든 성도가 몸의 지체에 해당한다고 했습니다. 그러면서 서로의 아픔을 함께 나누는 공동체를 주문했습니다. 폴리스를 몸으로 보는 그리스 정치 담론을 수용하면서도, 가장 약한 지체를 가장 귀하게 여기라는 '하나님의 정치'를 교회 내에서 먼저 실현해야 한다고 말합니다. 빌립보서에서는 "너희는 그리스도의 복음에 합당한 시민으로 살아가라"(빌 1:27)고 권면합니다. 여기에 사용된 동사는 '폴리튜오마이'로 당시 폴리스의 시민으로서 책무와 영예를 상기시키는 단어입니다. 먼저 하나님 나라의 시민으로 살아가는 삶을 말합니다(빌 3:20). 또한 가이사의 영역도 하나님 안에 있다는 말처럼, 하나님 나라의 방식으로 살아갈 때 진정으로 이 땅을 축복하며 기여하는 참 시민으로서의 삶을 살아갈 수 있다는 신학적 전제가 담겨 있습니다.

우리가 잘 아는 '코이노니아' 역시 그리스 폴리스의 정치적 용어였습니다. 우리는 '교제', '사귐'이라는 말로 알고 있지만, 아리스토텔레스는 폴리스를 가리켜 '시민의 정치적 코이노니아'라고 했습니다. 정치적 '참여'라고 번역할 수 있습니다. 교제, 사귐, 경제적 나눔, 정치적 참여까지 포괄하는 이 단어를 교회론의 핵심에 사용함으로써 바울과 요한 같은 신약성경 기자들은 세상의 소망이 되는 공동체를 세워가는 소명을 분명히 하고 있습니다. 서로의 삶을 나누고 돌보며 경제적인 부분까지 포함하여 서로 돕고 보살핌으로써 우리는 진정한 공동체의 이상, 그리스의 정치적 공동체인 폴리스와 에클레시아가 목표로 하였으나 이루지 못한 이상을 교회를 통해 실현할 수 있다는 비전이었습니다. 고린도나 빌립보에서 수십 명이 모이는 조그마한 공동체에 인류를 위한 새로운 공동체의 비전을 기대한다는 것은 비현실적으로 보였을 것입니다. 그러나 그 이후 교회의 건강한 성장에서, 교회가 로마 사람들에게 보여준 흡인력에서, 마침내 로마제국조차도 그 활로를 교회의 모델에서 찾고자 했다는 점에서 초기 그리스도인들의 코이노니아 비전의 현실성은 증명되었습니다. 물론 그 구체적인 실현 과정에서 왜곡된 점이 있지만, 신약성경의 코이노니아는 여전히 우리가 돌아가야 할 새로운 세상을 꿈꾸는 노력의 출발점이라는 점은 분명합니다.

### 사회적 자본

사회 전체의 건강성과 공동체 내에서 서로 교제하고 돌보는 관계를 연결시켜 생각해 보려면, 로버트 퍼트넘이라는 사회학자가 말한 사회적 자본(social capital)이라는 개념의 도움을 받을 필요가 있습니다. 퍼트넘의 『나 홀로 볼링』이라는 책은 미국 각 동네에서 남녀들이 모여서 볼링 치는 클럽의 숫자를 조사한 결과를 제시합니다.[7] 1950년대부터 조사를 했는데, 1980-90년대 들면서 그 수치가 뚝 떨어졌습니다. 볼링클럽뿐만 아니라 독서모임, 운동모임, 퀼트모임 등 친교모임의 수치가 눈에 띄게 감소했습니다. 그는 이런 사교 모임의 수가 줄어드는 것과 그 사회의 우울증, 자살, 범죄가 늘어나는 것이 밀접하게 연관되어 있다고 결론을 맺습니다. 어디에도 섞일 데 없는 '외로운 늑대'들이 늘어나면서 사회 전체가 피폐하고 각박하게 된다고 역설합니다. 7장에서 살펴본 『고립의 시대』에서 주장하는 바와 같은 맥락입니다. 정치적 극단주의에서 벗어나는 길은 교회가 직접 정치적이 되는 것도, 정치적 무관심으로 개인의 일에만 관심 갖는 것도 아닙니다. 사회 전체를 향한 하나님의 뜻을 헤아리고 기도하면서 우리 삶의 자리에서 건강한 코이오니아를 이루어 가는 것입니다.

이 책의 영향으로, 혼자서도 잘살 수 있을지 모르겠지만 함께 살면 훨씬 더 좋은 삶을 살 수 있을 것이라는 'Better Together' 운동이 일어나기도 했습니다. 예를 들어, 마을 도서관에 모여서 영화도 보고 책에 관해 토론도 하고 아이들 공작교실도 여는 등 문화적이고 사교적인 다양한 활동들을 통해 사회를 보다 따뜻하게 만들어 보자는 광범위한 운동을 벌이고 있습니다.

이러한 통찰과 교회의 사명이 연결될 수 있을 것 같지 않습니까? 무엇보다 소그룹으로 모이는 것이 건강한 사회를 위해 중요합니다. 밝은 사회를 만들자는 정치의 문제와 우리가 모여서 함께 토론하고 삶을 나누고 밥 먹고 교제하는 것이 결코 떨어져 있지 않습니다. 건강한 사회를 만들기 위해 어떤 정당에 가서 선거운동하고 "기호 몇 번 찍어 주세요" 하자는 말이 아닙니다. 생활의 정치가 중요합니다. 그 생활의 정치는 일상의 문화를 바꾸는 일과 밀접하게 연관되어 있고, 그 일을 들여다보면 교회가 잘할 수 있는 일입니다.

신약성경은 교회가 복음 안에서 먼저 서로 나누고 돌보며 지혜를 모아 공동체를 향한 하나님의 뜻을 분별해 가는 '코이노니아'를 훈련하는 가운데, 그 공동체의 활력이 이 세계의 대안이 될 수 있다는 비전을 제시합니다. 그럴 때에 그 복음이 교회 안에 있는 사람들뿐 아니라 모든 사람에게 기쁜 소식이 될 수 있습니다. 가이사의 것 역시 하나님께 속한 것이라는 예수님의 말씀이 현실이 되는 내일을 바라보며 성경적 코이노니아를 실천해 가기 바랍니다.

## 말씀과 씨름하기

1. 성경은 기독교의 공적 특성에 관해 어떻게 다루고 있습니까?

2. "가이사의 것은 가이사에게, 하나님의 것은 하나님에게"(마 22:21)라는 말씀을 저자는 "가이사의 것은 없다"는 것으로 해석하고 있습니다. 이 두 문장의 관계를 어떻게 이해할 수 있을까요? 교회가 정치에 직접적으로 참여하는 것도, 반대로 정치를 외면하고 무관심한 것도 좋지 않다면, 그리스도인의 적절한 정치 참여의 방향은 무엇일지 나누어 봅시다.

3. 신약성경의 중요한 단어인 '코이노니아'는 정치적 '참여'와 이웃과의 '사귐'이라는 의미를 포괄합니다. 이 두 단어 사이에 어떤 관계가 있다고 생각합니까? 이웃과 함께 활발히 교류하고, 생활 현장에서 공동선을 만들어 가는 삶이 따뜻한 사회를 만드는 데 어떤 도움이 될지 구체적인 예를 들어 나누어 봅시다.

4. 영화 『나, 다니엘 블레이크』에 대한 감상을 나누어 봅시다. 이 영화는 우리 시대에 교회가 해야 할 일과 관련하여 어떤 도전을 줍니까?

# 12 포스트크리스텐덤 시대의 선교

## 선교적 실존, 보냄받은 교회

새로운 질문은 성경을 새롭게 보게 합니다. 이 책의 제목 『시대를 읽다, 성경을 살다』는 우리가 시대의 도전을 안고, 그 고민을 가지고 성경을 볼 때 이전에 알지 못했던 진리를 발견할 것이라는 기대를 담고 있습니다. 그 좋은 예가 바로 선교에 대한 관점의 변화입니다.

전통적으로 선교는 기독교 국가가 비기독교 국가에 선교사를 "보낸다"는 개념 아래 행해졌습니다. 비기독교 사회를 기독교 사회로 변화시킨다는 것이었지요. 한국 교회에 해외 선교의 열정이 불붙으면서 "가든지 보내든지 하라!"는 구호가 큰 도전을 주었습니다. 그러나 20세기 중반에 이르러 서구 국가들은 선교에 관한 새로운 도전을 마주했습니다. '영국이나 미국과 같은 기독교 국가는 충분히 기독교적인가' 하는 질문을 하게 된 것입니다. 앞에서 보았듯이, 교회 다니는 사람들의 숫자, 혹은 자신의 종교가 기독교라고 대답하는 사람들의 비율이 줄어드는 것과는 별개로, 스스로를 그리스도인이라고 생각하는 사람들의 삶에서 신앙의 비중이 현격히 줄어 간다는 의미에서 세속화가 빠르게 진행되고 있다는 자각이 생긴 것입니다. 피선교국뿐 아니라, 전통적으로 선교를 주도하던 국가들도 기독교 사회라 보기 힘들다는 자의식이 생기면서 선교에 대한 근본적인 질문을 하기 시작했습니다. 그러한 질문과 함께 성경을 다시 읽으면서 새로운 통찰들이 생기기 시작했습니다. 대표적으로 다음과 같은 말씀입니다.

> 예수께서 또 이르시되 너희에게 평강이 있을지어다. 아버지께서 나를 보내신 것같이 나도 너희를 보내노라(요 20:21).

예수님이 그리스도인들을 세상에 보내신다고 하셨습니다. 그러므로 교회는 그 자체가 세상에 보냄받은 것이고, 세상 전체가 선교지입니다. 교회는 본질적으로 하나님께 속해 있으며 세상으로 보냄받은 상태에 있습니다. '보냄받은 교회'라는 말이 바로 요즘 유행하는 '선교적 교회'(missional church)라는 뜻입니다. 기독교 국가라고 인식되는 나라들에서도 여전히 선교는 현재진행형이어야 합니다. 해외로 떠난 선교사뿐 아니라, 모든 그리스도인의 일상적 삶이 선교적 삶(missional life)일 수 있습니다.

앞에서 '기독교 국가' 모델이 갖는 정치적 문제에 관해 살펴보았는데, 이것은 선교적으로도 문제가 있습니다. 우리는 기독교 국가이고 피선교지는 비기독교 국가라는 구도를 가지고 선교한다면, 피선교지의 현실과 문화를 존중하지 못한 채 자기 나라의 '우월한 문화'를 이식하는 것을 선교라 착각하기 쉽습니다.

### 선교적 교회와 포스트크리스텐덤

자국 교회의 성공모델을 선교지에 이식하려는 방식이 문제입니다. 어느 한곳에 모델하우스를 만들어 놓고, 입지가 다른 곳에 그 모델과 같이 집을 짓겠다는 것과 비슷합니다. 성경의 선교는 '땅 끝'을 향하면서, 복음이 도달하는 지역의 문화를 존중하며 선교를 진행하는 것입니다. 바울은 유대인에게는 유대인같이, 이방인에게는 이방인같이(고전 9:20-22) 다가간다고 하였습니다. 예수님은 아람어를 사용하셨지만, 그리스도교의 처음 경전은 헬라어로 기록되었습니다. 기독교는 창시자의 언어와 경전이 서로 다른 언어로 기록된 대단히 독특한 역사를 지니고 있습니다. 전해 듣는 쪽의 언어와 문화를 존중하며 대화하는 것이 복음의 시작이었습니다. 사도행전 2장에 기록된 방언의 역사를 흔히 바벨탑의 혼란과 분열이 극복된 사건이라고 말합니다. 그러나 온 세상의 언어가 하나로 통합된 것이 아니라, 모두가 자기의 언어를 가진 채로 소통하게 되었다는 것이 중요합니다. 바벨탑에서 언어가 나뉘고 흩어지게 된 것도 전적으로 형벌이라고 볼 수만은 없습니다. 온 땅에 충만하게 퍼져 살라는(창 1:28) 본래의 명령이 성취된 것으로 보아야 합니다. "각 나라와 족속과 백성과 방언에서"(계 7:9) 구원받은 자들이 나올 것입니다 이러한 다양성의 역사에서 일탈도 있었습니다. 성직자들이 성경을 독점하고 라틴어 성경만을 강요한 것이 대표적인 예입니다. 한 성경을 강요했다가 각 민족들이 각자 자기 나라 말로 성경을 읽게 된 것이 종교개혁입니다. 이것은 근대에 생긴 발전이라기보다는 본래의 정신으로 돌아가는 것이었습니다.

선교적 교회는 이런 자각에서 생긴 방향입니다. 뚜렷한 답이나 모델이 있어서가 아니라, 우리의 고민과 모색이 교회의 본질까지 가야 한다는 각성입니다. 위기는 기회라고 합니다. 위기를 맞아서 본질을 생각하게 될 때 기회가 될 수 있습니다. 위기에 처하지 않으면 사람들은 질문하지 않습니다. 어제 했던 생각 그대로 하고, 이전에 했던 방식 그대로 행동합니다. '어떻게'가 질문이면 '하나의 유력한 모델'을 찾으면 됩니다. 그러나 '왜', '무엇'이 질문이면 유력한 모델이 없는 것이 더 좋습니다. 선교적 교회를 한국적 상황에 적용해 보려는 노력이 '마을 목회'입니다. 영국의 경우에는 '새로운 표현들'(fresh expressions), '선교형 교회'(mission-shaped church)라는 운동이 있습니다.

포스트크리스텐덤은 기독교 왕국 이후의 세계입니다. 사회에서 소수파이자 핍박받는 종교로 출발한 기독교는 주후 313년에 로마 황제 콘스탄티누스가 공인한 이후로 힘을 가진 종교가 되었습니다. 이것을 가리켜 기독교 왕국이라고 표현합니다. 왕을 비롯한 모두가 기독교인인 시대, 기독교가 모든 것의 표준인 시대, 사회의 중요한 문제가 있을 때 교회의 입장이 중요했던 시대였습니다. 근대가 시작되면서 정치적 크리스텐덤은 끝났다고 볼 수 있지만, 문화적인 면에서 미국은 1960년대까지를 크리스텐덤이었다고 볼 수 있습니다.[1]

## 한국에서의 포스트크리스텐덤

우리나라의 경우, '한국 사회에서 포스트크리스텐덤을 말할 수 있는가' 하는 질문부터 해야 할 것입니다. 한국 사회는 기독교 국가였던 적이 없었기 때문에 크리스텐덤을 경험한 적이 없습니다. 그렇기 때문에 포스트크리스텐덤을 논하는 것 자체가 적절하지 않다고 볼 여지도 있습니다. 그러나 몇 가지 면에서 한국 교회는 서구 교회가 겪어야 하는 어려움을 비슷하게 경험할 수 있는 조건 가운데 있습니다.

첫째, 초기 선교사들은 한국의 크리스텐덤을 꿈꾸었습니다. 언더우드는 조선에 "기독교적 가정, 기독교적 촌락, 기독교적 위정자, 기독교적 정부가 나타나기를 희망한다"고 했습니다. 사무엘 마펫은 "한국이 일본이나 중국 등 이웃 나라들과 같이 군사대국이나 통상대국이 되리라고 기대하지는 않는다. 그러나 그 나라가 하나의 기독교 국가, 하나의 영적 강대국이 될 수 있지는 않을까"라는 소망을 피력했습니다. 이러한 소망이 오랫동안 한국 교회의 중요한 비전으로 자리 잡았습니다.

둘째, 문화적 측면에 초점을 맞춘다면, 한국에 유사 크리스텐덤의 시기가 있었던 것은 사실입니다. 한국 선교 과정에서 서구 선교사들을 중심으로 '개화', '현대화', '서구화'가 진행되었기 때문에 기독교화가 서구화와 동일시된 면이 있습니다. 근대 교육과 의료 등은 거의 기독교적인 것과 동일시되었습니다. 제국주의 시대에 기독교가 침략자의 종교로 인식되던 나라들과는 반대로, 한국이 미군을 해방군으로 맞아들였던 것도 선교에 좋은 조건이었습니다. 그 이후의 경제 성장과 향상된 생활문화 이미지의 이점을 기독교가 상당히 누렸던 것은 사실입니다.

옛날 중세의 마을에서 가장 큰 건물이 높이 솟은 교회의 첨탑인 시대가 있었듯이, 한국의 꽤 많은 마을과 도시에서 교회는 눈에 띄는 크고 아름다운 건물이었던 적이 있었습니다. 지금은 서울역에 내려 보면, 대기업의 본사와 쇼핑센터, 관공서들에 비해 교회의 모습은 왜소합니다. 힘겹게 자리를 지키고 있을 뿐입니다. 건물의 크기뿐 아니라 미학적인 면에서도 그렇습니다. 제가 어릴 때를 생각해 보면, 삶의 반경에서 일상적으로 접하는 가장 아름다운 건물은 교회였습니다. 당시 집들이 대부분 조악했고, 학교에 가도 삐걱거리는 의자에 앉아 수업하던 가운데, 교회의 샹들리에 조명, 강대상의 포도나무 조각, 교회의 장의자가 주는 평안함은 컸습니다. 요즘 사람들은 백화점에서 시각적 사치를 경험하고, 인테리어 좋은 카페에 앉아서 평안과 위로를 찾습니다. 한국 사람들의 서양 음악을 듣는 귀도 교회에서 열렸습니다. 조금 과장해서 말하면, 한국 교회는 우리나라 클래식 음악 성장의 모태 역할을 했습니다. 당시 고등학생들의 문학적 소양과 예술적 기량이 최고로 표현된 자리는 마을 교회 문학의 밤이었습니다.

지적인 면에서도 그러했습니다. 한 마을에서 그 교회 목사가 독보적인 지성인인 경우가 많았습니다. 유일하게 대학을 나온 사람, 시대를 앞서가는 사람, 지역을 벗어나는 인맥을 가진 사람이었습니다. 자녀들의 앞날과 집안의 대소사를 목사와 의논하던 시기였습니다.

이와 같이 한국 교회의 성장이 문화적 우위에 상당한 도움을 받았다고 볼 수 있습니다. 지금은 이러한 이점이 사라졌습니다. 사회의 리더나 지성인, 젊은 사람들로 넘쳐나던 교회의 분위기가 바뀌어 가고 있습니다. 인문학을 중심으로 한 지성계에서 기독교 폄하 분위기는 일반화되었고, 과학담론의 대중화로 형성된 지식시장에서도 입지가 좁아져 가고 있습니다. 대중문화에서 기독교 비판은 단골메뉴가 되어 버렸습니다. 크리스텐덤인 적이 없었던 사회라면, 기독교에 대한 대중문화의 관심이 별로 없을 것입니다. 그러나 한국 교회는 대단한 권력집단이며 극복해야 할 구조악의 핵심인 것처럼 취급되고 있습니다. 문화적 세계에서 기독교가 소수파가 되어 가는 현상을 '포스트크리스텐덤'이라 한다면, 한국 교회가 겪고 있는 현실에 대한 적절한 명칭일 수 있습니다.

셋째, 한국에서 포스트크리스텐덤을 말해야 하는 이유는 서구 신학의 영향 때문입니다. 아우구스티누스부터 토마스 아퀴나스는 말할 것도 없고, 마르틴 루터나 장 칼뱅, 칼 바르트, 라인홀드 니부어 등 한국의 신학과 목회에 영향을 끼친 신학자들은 대부분 크리스텐덤 속에서 살아가며 사고한 신학자들입니다. 만인제사장이라는 말이 가능했던 이유는 당시 대다수가 그리스도인인 사회라는 조건이 있었기 때문이었습니다. 한국 사회는 천 년 이상을 기독교 문화 안에서 살아온 서구와는 근본적으로 다릅니다. 신학의 고민과 방향, 언어도 다를 수밖에 없습니다. 그런데 별다른 의식 없이 크리스텐덤의 신학을 수입해서 사용해 왔습니다. 선교 초기에는 서구에 기독교 세계의 분위기가 남아 있었고, 우리도 그렇게 될 수 있을 것이라는 기대가 있었습니다. 그런데 지금은 서구의 현실도, 한국에서의 기대도 무너지고 있습니다. 그러한 상황에서 포스트크리스텐덤이라는 말을 듣는 우리는 씁쓸할 수밖에 없습니다. 크리스텐덤의 열매를 맛보지 못한 가운데 포스트크리스텐덤의 쓴맛을 감당해야 하는 상황입니다.

한국의 크리스텐덤은 해가 수평선에 고개를 내미는 듯하다가 바로 저물어 버린 형국입니다. "일출봉에 해 뜨거든 날 불러 주오. 월출봉에 달 뜨거든 날 불러 주오"라는 가사의 노래가 있습니다. 해가 뜨면 시작될 하루를 기대하는데, 그다음 가사에서 바로 달이 뜹니다. 2004년 당시 장로였던 서울 시장이 한 종교 행사에서 "수도 서울을 하나님께 봉헌한다"는 말을 한 적이 있습니다. 크리스텐덤의 꿈이라 할 수 있습니다. 지금 돌아보면, 그 짧았던 크리스텐덤의 끝자락인 셈이 되었습니다.

## 바벨론 포로 시대의 선교

신학자 월터 브루그만은 포스트크리스텐덤 시대를 가리켜 교회가 바벨론에 포로가 된 시대라고 말합니다.[2] 이스라엘에 살 때는 주위에 모두가 하나님을 예배하고, 학교에 가서 친구들을 만나면 모두가 기도하고 밥 먹고, 신앙이 마치 숨 쉬는 공기와 같았는데, 하나님을 아는 사람들 틈에서 함께 성경 보고 찬양하는 것이 당연한 세계에서 신앙생활을 하다가 이방인의 나라에 가서 살아야 한다면, 그것도 번듯한 지위를 가지고 이민 간 것이 아니라 포로로 잡혀가서 노예로 살아간다면, 그 세계에서 신앙을 유지하는 것이 얼마나 힘들까요?

열왕기하 5장은 이스라엘 땅에서 온 어린 소녀가 아람에 포로로 잡혀가 아람 왕의 군대 장관 나아만에게 하나님을 소개하는 이야기입니다. 예전에는 우리가 이 본문을 나아만이나 엘리사에게 초점을 맞추어 읽었는데, 이제는 문화적 소수자라는 시각에서 이 소녀를 중심으로 읽을 수 있습니다. 이 소녀의 이야기가 오늘날 시대의 그리스도인들에게 주는 교훈을 함께 살펴볼까 합니다.

**포스트모던 시대에도 사람들은 여전히 목마르다**

그는 큰 용사이나 나병환자더라(왕하 5:1).

나아만은 소위 부와 명예를 손에 쥔 사람입니다. 그런데 그에게 한 가지 아픔이 있습니다. 왕의 인정을 받아도, 눈부신 업적을 쌓아도, 보통사람들의 눈에 보이지 않을 만큼 까마득히 위로 올라가도, 사람은 여전히 아프고 목마릅니다. "포스트모던 시대의 사람들은 성숙하므로 자신의 문제를 알아서 해결할 것이다", "이 풍요의 시대에 신앙은 필요 없을 것이다"라고 생각할 수 있는데 그렇지 않습니다. 사람들은 여전히 힘듭니다. 우리 시대에 우울증이나 자살률이 점점 높아지는 것을 보면 예전보다 더 힘들게 살아가는 것 같습니다. 모더니즘의 거대담론을 부정하는 포스트모던 사회가 다양성을 인정하는 사회가 되었는지 돌아보면, 혐오와 배제는 더욱 심각해지고 있습니다. 예전에는 "힘들다", "못 살겠다", "배고프다"라고 겉으로 아우성쳤다면, 지금은 속으로 신음하고 있습니다. 예수님의 선교는 "목자 없는 양과 같이 고생하며 기진"하는 무리를 보시고 "불쌍히" 여기시는 데서 시작되었습니다(마 9:36). 우리 시대 사람들은 여전히 고생하고 있으며, 여전히 목자가 필요합니다.

**우리에게는 복음이 있다**

여주인에게 이르되 우리 주인이 사마리아에 계신 선지자 앞에 계셨으면 좋겠나이다. 그가 그 나병을 고치리이다 하는지라(왕하 5:3).

나아만 아내의 시중을 들고 있던 이 소녀는 여주인에게 자신이 고향에서 믿던 하나님에 대해 말합니다. 한마디로 "그 아픔, 하나님이 해결하실 수 있습니다"라고 고백하는 것입니다. 사람들은 대체로 형편이 궁색하면 자신이 믿는 신앙에 대해서도 자신이 없어집니다. 현대사회에서도 지위가 낮으면 발언권이 없습니다. 발언권을 스스로 제한합니다. '나 같은 사람 말을 누가 듣겠어?' 하는 열등감에 사로잡혀 말을 꺼낼 생각조차 하지 않습니다. 어디 가서 신앙에 대해 말하기 꺼려지는 시대, 이것이 바로 포스트모던 시대 기독교의 자화상입니다.

이 소녀는 패전국 출신입니다. 고대세계의 관점으로 패전국의 신은 무능합니다. 그러나 그는 자신이 믿는 하나님에 대해 떳떳하게 말합니다. 이것은 포스트모던 시대에 지레 기죽어 있는 그리스도인들에게 큰 도전입니다. 이 소녀는 아람에 선교사로 파송받은 것이 아닙니다. 종으로서의 삶을 그저 신실하게 살았을 뿐입니다. 그러다 보니 어느 시기에 이르러 때가 찾아온 것입니다.

### 신실한 현존으로 살아가라

제임스 헌터의 『기독교는 어떻게 세상을 변화시키는가』는[3] 기독교가 세상을 변화시키는 방법에 대해서 말하는 책이 아니라, 세상을 변화시키겠다고 할 때 생길 수 있는 갖가지 부작용에 대해서 말하는 책입니다. 헌터는 세상을 의도적으로 변화시키려 하는 태도는 그리스도인들을 교만하게 만드는 맹점이 있다고 말합니다. “후기 현대사회에서 기독교의 아이러니, 비극, 그리고 가능성”이라는 이 책의 부제가 그것을 잘 설명해 줍니다. 물론 헌터가 대안을 전혀 제시하지 않는 것은 아닙니다. 그는 “신실한 현존”(faithful presence)이라는 패러다임을 제시합니다. 의도적으로 사회를 바꾸려고 하면, 나에게 힘이 있을 때는 교만하게 되고 없으면 낙심하게 됩니다. 선지자 예레미야는 바벨론으로 가서 당장의 해방을 꿈꾸거나 눈에 띄는 변화를 시도하지 말라고 합니다. 심지어 바벨론 성의 평안을 위해서 기도하라는 권면까지 합니다(렘 29:7). 자신이 처한 상황에 뿌리내리고 신실하게 살아가는 것 자체가 하나님 나라를 증거하는 것입니다. 하나님이 세우신 자리에서 신실하게 살아가는 사람을 통해서 하나님이 일하실 것입니다.

물론 말을 해야 될 때가 있습니다. 앞에서 살펴본 말씀을 보건대, 그 순간은 나의 필요가 아니라 상대방의 필요에 의해 찾아옵니다. 교회 성장을 목적으로 전하는 것이 아니라, 이 땅 백성들의 필요에 반응하여 하나님에 대해 말하는 것입니다. 앞에서 살펴본 선교적 교회나 마을 목회는 하나님을 말로 전하지 말고 선한 일과 봉사만 묵묵히 하라는 것이 아닙니다. 크리스텐덤 시대가 교회가 마이크를 독점하고 있던 시대였다면, 포스트크리스텐덤 시대는 마이크를 빼앗긴 시대입니다. 그런 맥락에서 “항상 복음을 전하라! 필요할 때 말을 하라”는 아시시의 프란치스코의 말을 곰곰이 되새길 필요가 있습니다.

사도행전의 마지막 부분은 로마로 호송되는 바울의 행로를 그리고 있습니다. 위험이 예상되므로 무리한 항해를 하지 말자고 바울이 권면하지만 아무도 듣지 않습니다. 바울은 죄수였기 때문입니다. 그러나 풍랑이 심해지고 위기가 닥쳤을 때 바울에게 발언권이 생깁니다.

> 여러 날 동안 해도 별도 보이지 아니하고 큰 풍랑이 그대로 있으매 구원의 여망마저 없어졌더라. 여러 사람이 오래 먹지 못하였으매 바울이 가운데 서서 말하되 여러분이여, 내 말을 듣고 그레데에서 떠나지 아니하여 이 타격과 손상을 면하였더라면 좋을 뻔하였느니라. 내가 너희를 권하노니 이제는 안심하라, 너희 중 아무도 생명에는 아무런 손상이 없겠고 오직 배뿐이리라. 내가 속한 바 곧 내가 섬기는 하나님의 사자가 어제 밤에 내 곁에 서서 말하되 바울아, 두려워하지 말라. 네가 가이사 앞에 서야 하겠고 또 하나님께서 너와 함께 항해하는 자를 다 네게 주셨다 하였으니 그러므로 여러분이여, 안심하라. 나는 내게 말씀하신 그대로 되리라고 하나님을 믿노라(행 27:20-25).

그 이후로 바울의 말에 귀 기울지 않던 사람들이 그의 말을 믿고 따릅니다. 물론 이 순간이 오기까지 바울은 성실한 자세로 존중받을 만한 삶을 살았을 것입니다. 신실한 현존으로 살아갔다고 할 수 있습니다. "내가 속한 바 나의 섬기는 하나님의 사자가 어제 밤에"라고 말할 수 있는 것은 바울의 삶에 하나님이 현존하셨음을 보여줍니다. 죄수 바울의 상황은 문화적 소수자인 오늘날 교회의 중요한 모범입니다. 우리가 하나님과 동행하여 살아간다면, 하나님의 현존이 우리를 통해 나타날 기회가 찾아올 것입니다.

후에 로마 감옥에 갇힌 바울은 감옥의 상황을 다음과 같이 전합니다.

> 형제들아, 내가 당한 일이 도리어 복음 전파에 진전이 된 줄을 너희가 알기를 원하노라. 이러므로 나의 매임이 그리스도 안에서 모든 시위대 안과 그 밖의 모든 사람에게 나타났으니(빌 1:12-13).

바울을 통해 로마제국의 핵심부였던 시위대 안에 하나님의 현존이 전달되었다는 말입니다. 구약성경 창세기에서는 노예로 팔려간 요셉의 예를 들 수 있습니다. 요셉이 보디발의 집에 거하든 감옥에서 지내든, 하나님이 그와 함께하신다는 사실이 주위 사람들에게 나타났습니다(창 39:3, 23). 나아만 집의 여종과 같은 상황이라 볼 수 있습니다. 이집트라는 '세속 사회' 심장부에서 살아가는 요셉은 디아스포라 유대인들에게 큰 영향을 끼쳤습니다. 디아스포라 유대인들이 이방세계에 한편으로는 적응하면서도, 신앙적 정체성을 지키려고 노력하는 가운데 요셉을 한 모델로 삼았던 것입니다.

### 민감성과 예의가 필요하다

너희 마음에 그리스도를 주로 삼아 거룩하게 하고 너희 속에 있는 소망에 관한 이유를 묻는 자에게는 대답할 것을 항상 준비하되 온유와 두려움으로 하고(벧전 3:15).

베드로전서는 '나그네와 행인 같은 그리스도인의 실존으로 어떻게 선교적 삶을 살 수 있는가'라는 주제로 읽을 수 있습니다. 이 말씀은 하나님을 향한 소망을 가지고 살다 보면 복음을 전할 수 있는 순간이 찾아온다고 말합니다. 그 순간을 알아차리는 민감성이 필요합니다. 오늘의 시대는 겉으로 집이 없고 먹을 게 없는 시대가 아니라 속으로 아픈 시대이기 때문에 그 필요를 헤아리는 민감성은 더욱 중요합니다. 요셉을 예로 들면, "아침에 요셉이 들어가 보니 그들에게 근심의 빛이 있는지라"(창 40:6)는 말씀에서 보듯 그는 감옥에서도 타인의 필요에 민감했습니다.

나아만 집의 여종이 여주인에게 말했을 때 당연히 예의를 갖추어 말했을 것입니다. 기독교가 권력을 가지고 있는 시기에는 무례하게 될 가능성이 높습니다. '나는 옳고 너의 생각은 틀렸다'고 하는 전제를 갖기가 쉽습니다. 그러나 우리는 그리스도가 진리라는 복음의 핵심을 위해서 다른 것은 양보할 필요가 있습니다.

리처드 마우는 『무례한 기독교』에서 시민교양이 필요하다고 말합니다.[4] "예의 바른 사람은 종종 강한 신념이 없고, 강한 신념을 가진 사람은 예의가 없다"는 마틴 마티의 말을 인용하면서, 예의를 갖춘 복음전도자가 될 필요가 있으며, 또한 그것이 가능하다고 말합니다. 그러면서 '확신을 갖춘 시민교양'(convicted civility)을 계발해야 한다고 권합니다. 복음을 들어야 할 사회가 갖는 교양의 기준을 존중할 줄 아는 겸손이 우리에게 필요합니다.

#### 넓은 시각을 가지라

아람 왕의 군대 장관 나아만은 그의 주인 앞에서 크고 존귀한 자니 이는 여호와께서 전에 그에게 아람을 구원하게 하셨음이라(왕하 5:1).

이 말씀으로 보건대, 하나님은 이스라엘의 역사만 주관하시는 것이 아닙니다. 아람이 전쟁에서 이긴 것도, 나아만을 키워 준 것도 바로 하나님이십니다. 하나님은 이스라엘만의 하나님이 아닙니다. 세속의 역사, 알렉산더와 시저, 이순신이 이끌어 가는 역사도 하나님이 일하시는 장입니다. 마찬가지로, BTS나 봉준호 감독이 활동하는 문화 영역도 하나님이 사용하시는 역사 안에 있습니다. 하나님은 교회 안에서만 일하시지 않습니다. 우리는 선교의 차원을 폭넓게 규정할 필요가 있습니다. 그런 맥락에서 문화사역 또한 훌륭한 선교일 수 있습니다. 그리고 이 땅의 백성들을 위해 교회 밖의 기관들과 협력할 필요가 있습니다

#### 그들의 언어로 말하라

말하는 방식도 중요합니다. 나아만 집의 여종은 여주인에게 히브리어가 아닌 아람어로 말했을 것입니다. 사도 바울의 원칙을

들어 보십시오.

> 약한 자들에게 내가 약한 자와 같이 된 것은 약한 자들을 얻고자 함이요 내가 여러 사람에게 여러 모습이 된 것은 아무쪼록 몇 사람이라도 구원하고자 함이니(고전 9:22).

나에게 익숙한 언어가 아니라 상대방의 언어로, 교회에 오래 다닌 사람들만 아는 말보다 교회가 익숙하지 않은 이들도 이해 가능한 말로 다가가야 합니다. 젊은이들은 어른들이 계시면 어른이 불편해하는 말은 하지 않는 게 좋습니다. 교회 어른들의 경우, "우리 교회가 젊은 사람들로 북적거렸으면 좋겠다"고 말하면서도, 젊은이들이 부담스러워하는 말을 생각 없이 하는 경우가 종종 있습니다. 그것이 계속 반복되면 교회에 젊은 사람들이 새롭게 정착하는 것이 힘들어집니다. 이러한 노력은 그저 서로의 비위를 맞추는 차원이 아니라, 생명을 구원하고 교회를 살리기 위함입니다. 선교적 교회는 언어에서부터 다릅니다.

경상남도 합천 초계중앙교회의 이진용 목사는 젊은 시절 해외 선교를 준비하다가 이 지역의 복음화율이 5.1퍼센트밖에 안 된다는 말을 듣고, 아무 연고도 없는 이 시골에 가서 교회를 개척했습니다. 보수적인 지역이라 처음에는 텃세가 심했습니다. 십자가를 달고 예배를 드린다는 이유만으로 깨진 유리조각과 담배꽁초 등이 날아왔다고 합니다. 그는 연로하신 어르신의 집에 찾아가 수도를 고치고 등을 달아 드리는 등의 봉사를 하는 한편, 지역 아이들을 위해 도서관과 공부방을 만들었습니다. 그리고 그 산골에 '도토리의 꿈'이라는 카페를 만들었습니다. 메뉴판에 있는 '아메리카노'라는 말이 생소하여 어려워하는 어르신들을 위해 그 이름을 "아 뭐라카노"라고 바꾸고, 에스프레소는 '애써 부렀소'라고 바꾸었습니다. 그렇게 차근차근 노력하다 보니 이 지역에서 그 교회를 점점 인정해 주었습니다. 이제는 동네사람들이 이진용 목사를 '우리 목사님'이라 부르고, 교회 다니지 않는 주민들도 초계중앙교회를 '우리 교회'라 부릅니다. 대한민국에서 가장 보수적이고 복음에 대해 배타적인 곳에서도 마을 속에 녹아드는 목회가 가능하다는 소중한 간증입니다.

### 복음의 중심을 더욱 확고히 하라

나아만이 아람 왕에게 나아가 자신의 여종이 한 말을 전하며 이스라엘에 병을 고치러 가겠다고 하자, 아람 왕은 기꺼이 허락하며 엄청난 선물을 준비해서 보냅니다. 그리고 이스라엘 왕에게 정중하게 편지를 씁니다. "내 신하 나아만을 당신에게 보내오니 이 글이 당신에게 이르거든 당신은 그의 나병을 고쳐 주소서"(왕하 5:6). 이 편지를 읽은 이스라엘 왕의 반응은 다음과 같습니다.

> 이스라엘 왕이 그 글을 읽고 자기 옷을 찢으며 이르되 내가 사람을 죽이고 살리는 하나님이냐. 그가 어찌하여 사람을 내게로 보내 그

의 나병을 고치라 하느냐. 너희는 깊이 생각하고 저 왕이 틈을 타서 나와 더불어 시비하려 함인 줄 알라 하니라(왕하 5:7).

이방인 나아만은 믿음을 가지고 나왔습니다. 최소한 고칠 수도 있지 않을까 하는 기대를 가지고 이스라엘 왕에게 온 것입니다. 아람 왕조차도 그런 믿음과 기대를 가지고 나아만을 보냈을 것입니다. 그런데 이스라엘 왕은 "무슨 소리냐? 어찌 내가 그를 고칠 수 있겠느냐?"라고 단정합니다.

이것이 바로 오늘날 교회와 '기독교 국가'가 가진 문제입니다. 오랫동안 예수를 믿어 온 국가일수록, 그리고 그 핵심에 있는 사람일수록 더 믿음이 약합니다. 이방인들도 믿고, 그 이방나라에 포로로 잡혀간 소녀도 믿음을 잃지 않고 말하는데, 정작 이스라엘 왕은 "무슨 소리냐?"고 말합니다. 오늘날 교회의 문제는 세상이 교회를 인정해 주지 않는 것에 있지 않습니다. 본래 복음의 능력은 세상 사람들의 인정을 받느냐 안 받느냐에 달려 있지 않습니다. 정말 중요한 문제는 우리가 믿지 못하는 것입니다. 여기저기서 이러쿵저러쿵하니 우리가 지레 풀이 죽어 할 말을 하지 못하는 것입니다. 교회가 문제입니다. 오랫동안 믿은 우리가 문제입니다. 교회의 지도자들이 믿음이 없는 것이 문제입니다. 꿈을 꾸어야 할 젊은이들이 꿈꾸지 않으니 문제입니다. 교회가 무너지는 것은 외부의 비판이나 핍박 때문이 아니라, 근본적으로 내부로부터 확신과 헌신이 약해지기 때문입니다. 아무리 시대가 변하여도 말씀의 능력은 변함없습니다. 아무리 포스트모던 시대라 하더라도, 사람들은 여전히 아프고 여전히 목마릅니다. 여전히 하나님을 필요로 합니다.

그래서 우리는 한편으로 선교의 대상을 넓혀서 교회의 문을 열고 세상으로 나가려 노력하는 동시에, 다른 한편으로 더욱더 말씀으로 무장하고 기도하며 복음의 능력을 신뢰해야 합니다. 카페 교회와 같은 다양한 시도들은 좋은데 자칫 이렇게 될 수 있습니다. 커피는 수준급으로 내리는데, 성경 읽고 묵상할 시간이 없어서 복음의 중심이 약해졌다면 결국에는 손해입니다. 마을과 함께하기 위해서 산악회, 바둑교실, 꽃꽂이도 하지만, 그것으로 그친다면 하나님과는 아무 상관없는 일이 되어 버립니다. 물론 이웃을 만나면서 "교회에 오십시오"라는 말만 앞세우는 것은 지혜롭지 못합니다. 먼저 친해져야 하고, 먼저 신뢰를 가져야 합니다. 예수 믿으라고 말할 때도 민감성과 예의를 가지고 말해야 합니다.

그러나 무엇보다 우리의 마음에서 '예수 중심', '복음 중심'이 흐려지면 안 됩니다. 선교의 반경이 넓어질수록 복음의 중심은 확고해야 합니다. 해외 지사에 본사 직원을 파견할 때, 회사의 기본 방향을 제대로 알고 있는 사람을 보내는 것과 같은 이치입니다. 흩어지는 교회로서의 기능이 강화되려면, 기본적으로 모이는 교회로서의 기반이 잘 세워져 있어야 합니다.

"하나님이 세상을 이처럼 사랑하사"(요 3:16)라는 너무도 잘 알려진 말씀에서 하나님의 사랑의 대상은 교회가 아니라 세상이라는 것을 우리는 종종 놓칩니다. 교회는 최종 목적이 아닙니다. 그러나 하나님은 교회를 통해서 세상에 사랑과 구원을 베푸십니다. 그래서 우리는 세상을 사랑하기 위해서라도, 건강한 교회라는 중심을 세우는 일을 보다 열심히 해야 합니다.

선교적 교회나 마을 목회를 지향할수록 교회는 더욱 중요합니다. 예배가 여전히 중심이어야 합니다. 기도해야 합니다. 복음을 알고 복음을 제시할 수 있는 훈련이 필요합니다. 제자훈련은 계속되어야 합니다. 훈련 없는 선교는 불가능합니다. 물론 지금까지 한국교회의 제자훈련은 성도들의 시각을 교회 안에만 머물게 하는 한계가 있었습니다. 교회 안에서는 뜨거운 것 같은데, 교회 밖에 나가면 힘이 없습니다. 나아만 집에 잡혀갔던 여종처럼, 비신앙적 세계에서도 유지될 수 있는 믿음의 중심을 갖추어야 합니다. 교회든 제자훈련이든, 보다 성경의 본질로 돌아가려는 노력이 필요합니다. 요셉은 늘 하나님이 함께하시는 가운데 살았습니다. 바울의 용기와 지혜 역시 하나님과 동행하는 삶에서 나왔습니다(행 27:23).

### 온건한 차별성을 견지하라

신학자 미로슬라브 볼프는 포스트모던 시대를 살아가는 그리스도인들의 삶의 자세를 베드로전서에서 읽어 냅니다. 베드로전서가 세상과의 관계에서 "온건한 차별성"(soft difference)을 권하고 있다고 봅니다.[5] 온건한 차별성이란 약한 차별성, 타협적인 태도를 말하는 것이 아닙니다. 사람이 경직되는 것은 자신이 없기 때문입니다. 동화되어 버릴지도 모른다는 두려움이 있을 때 우리는 상황에 적대적이 됩니다. 선교도 '우리와 똑같아지든지, 아니면 관계를 단절하든지'라는 양자택일을 요구하는 태도가 됩니다. 그러나 실제 문화와 문화의 만남에서는 양자 사이에 수많은 다른 선택지들이 존재할 수 있음을 알아야 합니다. 단순히 사회적 약자이기 때문에 전략적으로 유연해야 한다는 것을 넘어서, 본질적으로 십자가에 달리신 그리스도의 방식을 따르는 선교가 온건한 차별성입니다. 가난한 나라에 가서 쌀을 한 포대씩 나누어 주면 사람들이 몰립니다. 그러면 내 뜻대로 줄을 세우거나 성경공부를 시킬 수 있습니다. 선교에 권력이 작동하는 것입니다. 당장은 효율적으로 보이지만, 이것은 곧 한계를 드러냅니다.

예수님이 사마리아 여인과 대화하실 때, 먹을 것을 주면서 유리한 고지에 서서 시작하신 것이 아닙니다. 먼저 물을 달라고 하면서 요청하는 겸손한 위치에서 대화를 시작하십니다(요 4:7). 요한복음 4장은 신약성경 전체에서 예수님과 한 개인의 대화를 가장 길게 기록한 본문입니다. 가장 깊이 있는 내면의 대화는 예수님이 무언가를 요청하시면서 시작되었습니다. 물론 베풀면서 하는 선교는 여전히 필요합니다. 그러나 반드시 그래야 한다는 고정관념에서 벗어날 필요가 있습니다. 베푸는 가운데 우리가 은연중에 강자의 입장에 서지 않았는지, 받는 사람들을 존중하고 배려하는 민감성을 잃어버리지 않았는지 돌아볼 필요가 있습니다.

온건한 차별성이 가능한 이유는 사람들의 세계관이 생각보다 느슨하고 다면적이라는 데 있습니다. 진보적인 사람이라고 해서 모든 면에서 진보적이지 않고, 보수적인 사람이라고 해서 모든 면에서 보수적이지 않습니다. 어떤 사안에서는 진보와 보수가 엇갈릴 수도 있습니다. 기독교와 비기독교가 콘크리트처럼 단단히 분리된 두 세계관으로 대비되고 있다는 것 역시 환상입니다. 같은 기독교인이라도 서로 생각하는 방식이 다르며, 또 그 생각들이 계속 바뀌고 있다는 것을 우리는 잘 알고 있습니다. 무신론자를 자처하는 사람들과도 영적인 대화를 나눌 여지는 있습니다. 강력한 안티 기독교 입장에 서 있는 분들은 사실 기독교에 대해 관심이 많은 분들입니다.

이미 우리는 세상을 기독교 세계와 비기독교 세계로 나누는 시각이 허구적이라는 사실을 보았습니다. 이것은 곧 위기이자 기회입니다. 특히 오늘날과 같이 변화무쌍한 시대에는 상이한 세계관들이 서로 다양한 접점을 이루면서 교류하고 대화할 기회가 생깁니다. 열린 대화가 가능하려면, 우리 그리스도인들이 다른 문화와 세계관으로부터 배울 수 있다는 열린 자세를 가져야 합니다.

> 오직 한 가지 일이 있사오니 여호와께서 당신의 종을 용서하시기를 원하나이다. 곧 내 주인께서 림몬의 신당에 들어가 거기서 경배하며 그가 내 손을 의지하시매 내가 림몬의 신당에서 몸을 굽히오니 내가 림몬의 신당에서 몸을 굽힐 때에 여호와께서 이 일에 대하여 당신의 종을 용서하시기를 원하나이다 하니 엘리사가 이르되 너는 평안히 가라 하니라(왕하 5:18-19).

엘리사를 찾아가 마침내 나병을 고침받은 나아만은, 마음으로는 여호와를 섬기겠지만 국가의 종교의식에 참여할 수밖에 없는 자신의 상황에 대해 엘리사에게 양해를 구합니다. 이후에 엘리사가 보이는 열린 태도가 온건한 차별성의 예입니다. 이스라엘에 살면서 온전히 하나님만 예배하거나 이방땅에서 이방신을 섬기는 양자택일의 삶 사이에 다른 선택의 가능성이 있다는 것입니다. 복음은 변함이 없지만, 복음을 전하는 방식은 조율과 재조율을 거쳐야 합니다. 자신을 모든 진리를 소유한 사람으로 규정하지 말고, 진리를 찾아가는 한 사람으로서 진리의 여정에 초청하는 자세로 전도할 수 있습니다.

포스트크리스텐덤 시대는 '바벨론 포로 시대'라는 말이 나올 만큼 엄혹한 시절입니다. 그러나 바벨론 포로라는 말은 오랫동안 정치적·문화적 주도권을 가지고 선교해 온 서구 기독교의 엄살이 담긴 표현이기도 합니다. '포로됨'의 잔혹한 의미를 미국인들이 얼마나 알고 있을지 의문입니다. 한국 교회가 크리스텐덤의 유익을 별로 누리지 못한 가운데 포스트크리스텐덤의 부작용을 고스란히 경험해야 하는 상황이 된 것은 크리스텐덤의 신학을 무비판적으로 수용해 왔기 때문입니다.

마르틴 루터나 칼 바르트의 신학은 온통 그리스도인들뿐인 세상, 천 년 이상 기독교 문화에서 살던 사람들 사이에서 생긴 담론입니다. 우리가 그것을 그대로 번역해서 사용하면서 서구 기독교의 지적·문화적 유산을 제대로 상속받지 못한 채 그 부채는 고스란히 떠안아야 하는 신세가 되었습니다. 그런데 이제 포스트크리스텐덤 논의조차 외국 것을 그대로 따라간다면 희망이 없습니다.

희망의 출발점은 우리의 시각으로 성경을 읽는 데 있습니다. 성경이 보여주는 신앙의 본래 자리는 하나님의 백성들이 문화적 소수파였을 때라는 사실을 기억해야 합니다. 힘든 시기였지만, 하나님이 역동적으로 일하시던 때였습니다.

예수님의 선교는 물 한 잔 대접받기를 원하시는 약자와 자신을 동일시하며 시작되었습니다. 의외로 포스트크리스텐덤 시대는 우리가 성경적인 신앙으로 돌아갈 수 있는 기회, 예수님을 보다 잘 본받을 수 있는 기회일 수 있습니다. 이런 소망과 기대가 있다면, 창조적이고 성경적인 선교를 꿈꿀 수 있을 것입니다.

## 말씀과 씨름하기

1. "의외로 포스트크리스텐덤 시대는 우리가 성경적인 신앙으로 돌아갈 수 있는 기회, 예수님을 보다 잘 본받을 수 있는 기회일 수 있습니다"라는 말을 이해한 대로 설명해 봅시다. 어떤 성경적인 근거, 그리고 우리 삶의 어떤 경험들이 이런 상황을 설명해 주는지 나누어 봅시다.

2. 포스트크리스텐덤은 서구 중심의 시대 구분입니다. 그럼에도 한국적인 상황에서 포스트크리스텐덤에 대한 이해가 도움이 된다면 어떤 점에서 그러한지 나누어 봅시다.

3. 포스트크리스텐덤 시대의 선교에 대해 저자가 말하는 요점을 정리해 봅시다. 이 가운데 우리 삶에 적용할 부분을 한 가지씩 나누어 봅시다.

1) 포스트모던 시대에도 사람들은 여전히 _____ 니다(왕하 5:1).
2) 우리에게는 _____ 이 있습니다(왕하 5:3).
3) 신실한 _____ 으로 살아가십시오(골 3:23).
4) 민감성과 _____ 가 필요합니다(벧전 3:15).
5) _____ 시각을 가져야 합니다(왕하 5:1).
6) 그들의 _____ 로 말하십시오(고전 9:22).
7) _____ 의 중심을 더욱 확고히 해야 합니다(왕하 5:7).
8) 온건한 _____ 을 견지하십시오(왕하 5:18-19).

# 냉소 시대의 열정

# 13

## 희망이 사라져 가는 시대

"사랑하라, 한 번도 상처받지 않은 것처럼." 알프레드 디 수자가 지은 시의 한 구절이자, 류시화 시인이 엮은 시집의 제목입니다. 한때 「내 이름은 김삼순」이라는 드라마에서 인용되어 널리 회자되기도 했습니다. 한 시대 사람들에게 많은 공감을 얻는 말에는 나름의 이유가 있습니다. 그 이면을 들여다보면, 시대의 마음을 읽을 수 있습니다. 6장에서 언급했던 『아프니까 청춘이다』라는 책 내용의 적실성 여부와는 별개로, 그 책이 유행하게 된 사회적 맥락을 관찰하는 것은 의미 있는 일입니다. 이 시구가 유행하게 된 사회적 정서는 사랑할 수 있는 사람이, 사랑해야 할 시간에 좀처럼 마음을 열지 못하는 안타까움이 아닐까 싶습니다. 사랑해야 할 순간에 마음을 열지 못하고 싸늘한 표정을 짓는 사람들, 혹은 꿈을 품고 도전해야 할 과제가 있는데 고개를 돌려 버리는 사람들이 늘어나는 현실을 반영한다고 할 수 있습니다. 어렵사리 열었던 마음이 다시 상처를 받거나, 소중히 키워 오던 꿈이 깨어지는 경험이 거듭된 결과입니다. '냉소'라는 마음의 딱지가 앉은 것입니다.

20세기를 통틀어 가장 잘 알려진 설교 중 하나로 폴 틸리히의 '흔들리는 터전'이라는 제목의 설교를 꼽을 수 있습니다. 이 설교에서 틸리히는 땅을 흔들 뿐 아니라 인간의 모든 체제와 사상까지도 흔들고 임하시는 '하나님 나라'에 대해 말하면서, 가장 흔들기 힘든 것이 냉소라는 입장을 취합니다. 싸늘한 얼굴, 냉담한 마음으로 팔짱을 끼고 모든 일을 남의 일 대하듯 하는 사람도, 터전 자체가 흔들릴 때는 그 냉소적 태도를 해체할 수밖에 없을 것이라고 강조합니다. 최후의 원수는 냉소주의입니다.

20세기는 대결의 시대였습니다. 히틀러를 중심으로 한 전체주의와의 싸움이 끝나자마자 공산주의와의 싸움이 시작되었습니다. 많은 나라들이 독재체제와 싸워야 했고, 거대 기업의 기득권 체제, 다양한 형태의 부정의와 싸워야 했습니다. 그 밖에 세계 평화를 위협하는 국가들, 빈곤이나 환경 파괴와도 싸워 왔습니다. 21세기가 되어서도 많은 싸움들이 계속되고 있습니다. 그러나 그 모든 싸움보다 가장 오랜 시간 질긴 싸움을 벌여야 하는 대상은 냉소주의로 보입니다. 한국에서는 특히 더 그렇습니다. 냉소는 사회의 부조리를 개선하려는 의지, 더 나은 세상을 향한 모든 노력, 개인 삶의 향상을 위한 동기를 무참히 차단해 버리기 때문입니다.

예수님은 "불법이 성하므로 많은 사람의 사랑이 식어지리라"(마 24:12)고 말씀하셨습니다. 타락이 깊어지고 구조화된 세상, 해결이나 개선의 기미가 보이지 않는 세상에서 가장 큰 문제는 불법적 행위나 비인간적 문화보다 깨어 있어야 할 사람들, 그 문화에 타협하지 말아야 할 사람들의 마음이 식어지는 것입니다. 우리는 "오소서 진리의 성령님, 이 땅 흔들며 임하소서"라고 찬송하며 우리의 거짓과 탐욕과 죄악을 흔들기를 소망합니다. 저는 성령께서 또한 이 시대의 냉소를 깨뜨리시기를 소망합니다.

제대로 뭔가를 해보자고 할 때 "그래 봐야 별수 없어!", "나도 다 해봤는데 안 되더라", "그런다고 달라질까?"라는 식의 반응이 냉소주의라고 한다면, 오늘날에는 폴 틸리히 때보다도 훨씬 심해졌다고 볼 수 있습니다. 이런 점에서 저는 폴 틸리히의 예언자적 통찰을 높이 삽니다. 한때 대학생들이 모이면 꿈과 이상, 정의와 사회개혁에 대해 많은 이야기를 했습니다. 그리스도인들도 나라와 세계를 위해 무엇을 할 것인지에 관해 많은 고민을 했습니다. 그런데 세월이 지나고 그렇게 고민하던 사람들이 세속의 기득권 문화에 투항하는 현상이 뚜렷이 드러났습니다. "결국 돈이야, 돈! 열심히 돈 벌고 자기 것 챙기는 게 최고더라"고 말합니다. 그러면서 "나도 한때는 그랬지. 너도 자식 낳고 키워 봐", "우리가 이런다고 세상이 바뀔 것 같니? 우리만 고생하지"라는 식의 현실론을 앞세웁니다.

이에 더하여 자기 자신의 발전을 알뜰하게 챙기는 열심조차

퇴색하는 현상이 최근에 관찰됩니다. 역사와 사회에 대한 냉소주의뿐만 아니라 각 개인의 삶에 대한 냉소도 발견되는 것입니다. 사회를 위한 고귀한 이상에 투신하지 않더라도, 개인적으로 안락한 집을 마련하거나 단란한 가정을 꾸리기 위해 열심히 살면서 한 푼이라도 저축하려고 노력하던 모습은 한국인의 중요한 특성이었습니다. 그러나 지금은 "그렇게 아등바등 저축하며 산다고 뭐가 달라지나?"라는 생각이 만연해 있는 것 같습니다. 미래를 위해 오늘을 희생해 봐야 소용없다고 생각합니다. 오늘의 행복을 중요시한다는 점은 긍정적이지만 걱정되는 측면이 있습니다.

더 나은 사회는 그 구성원들이 나라의 발전이든 자신의 행복이든, 뭔가를 위해 쏟는 '열심'이 모여서 이루어집니다. 아직은 한국의 청년과 청소년들이 열심히 살아가고 있습니다. 하지만 언제까지 갈지 모르겠습니다. 대학을 졸업하고 취업하려는 청년들로부터 "노력해도 잘 안 되더라"는 냉소가 시작되었고, 앞으로 냉소의 연령대는 점점 내려갈 것 같습니다. 아직은 고등학생이 부모가 하라는 대로 공부하고 좋은 대학에 들어가기 위해 열심을 내지만, 머지않아 대세가 바뀔 가능성이 높습니다.

좋은 대학 나와 봐야 취직하기가 어렵다는 것을 중고등학생들도 곧 알게 될 것입니다. 지나치게 과열된 경쟁과 오도된 열심이 사라진 자리에 건강한 자기계발의 문화가 들어서면 좋겠지만, 그렇게 될지 의문입니다. 미국 흑인 청소년들 사이에서는 공부를 열심히 하려는 아이들이 오히려 왕따를 당하는 문화가 존재합니다. "그런다고 뭐가 바뀌나? 우리는 흑인이야!" 한국의 "흙수저" 담론이 이런 식의 냉소주의로 갈 가능성이 있습니다. 자신의 미래에 대한 냉소이기도 하지만, 어른 세대들의 탐욕과 무능에 대한 실망이 냉소주의로 굳어지는 것으로도 볼 수 있습니다. 이것이 심해지면 어른 세대 전체를 거부하는 흐름으로 갈 수도 있습니다.

지금까지 청소년들은 열심히 자기계발을 하며 살라고 교육받아 왔습니다. 어느 고등학교 교실의 급훈에 "열심히 공부 안 하면 치킨 배달하고, 조금 공부하면 치킨 튀기고, 더 공부하면 치킨 시켜 먹는다"는 말이 써 있다고 합니다. 심지어 "한 시간 더 공부하면 아내 얼굴이 바뀐다"는 급훈을 쓰는 남학생 반도 있다고 합니다. 이것은 저급한 비교이며 어른들이 해서는 안 되는 말입니다. 매우 자극적이어서 단기적인 효과는 있겠지만, 이런 식의 접근으로는 오래가지 못합니다. 미래를 위해서 오늘을 희생하라는 보상의 구도가 더 이상 작동하지 않음이 분명해질 때, 한국 사회를 지탱할 힘 자체가 사라져 버릴 수 있습니다. 요약하면, 전체 사회의 대의명분을 위한 변화와 헌신의 필요성에 대한 냉소는 이미 팽배했고, 개인적인 삶의 미래에 대해서조차 냉소주의가 수면 아래서 부풀어 오르고 있는 상황입니다.

### 거대담론의 상실

그렇다면 이러한 냉소의 원인은 무엇일까요? 많은 철학자들 가운데서 페터 슬로터다이크의 분석이 주목할 만합니다. 그가 지은 『냉소적 이성 비판』에 따르면, 냉소를 가져오는 첫 번째 원인은 거대담론의 상실입니다.

> 독일 학생 운동의 해체 과정은 우리의 관심사가 될 것임에 틀림없습니다. 이 과정은 희망에서 사실주의로, 반항에서 현명한 우울증으로(옛날에 저항하고 반항하던 사람들이 지금은 우울증에 빠져 있다), 거대한 정치적 부정에서 수천 가지 잡다한 하위 정치적인 긍정으로, 정치의 급진화에서 지적인 생존의 중간노선(자기가 불의한 사회와 타협하는 것을 지적으로 합리화할 수 있는 기제를 갖춘 사람들의 선택)으로 복합적인 변신을 이루는 과정이기 때문이다. 나는 굉장한 구경거리가 끝났다고 해서 계몽도 끝났다고 생각하지 않는다.[1]

거대담론이 무엇입니까? 역사의 방향을 묻고, 사회 문제에 책임감을 갖고, 그 방향을 바꾸자는 생각입니다. 거대담론의 가장 가시적인 표현은 집권자 혹은 집권세력의 교체입니다. 이 세상의 판을 뒤집어야 한다고 주장한다거나 뒤집히는 것을 막아야 한다는 식의 대의명분에 대한 헌신이 거대담론 시대의 특징입니다.

2003년에 개봉한 영화 「황산벌」에는 계백이 백제를 위해서 부인과 자녀의 목을 베고 전장에 나가는 장면이 나옵니다. 이때 계백이 가족들에게 "호랑이는 죽어서 가죽을 남기고 사람은 죽어서 이름을 남긴다"고 말하자, 죽어가는 부인이 이렇게 말합니다. "입은

삐뚤어져도 말은 똑바로 해야지. 호랑이는 가죽 때문에 뒤지고 사람은 이름 때문에 뒤지는 것이여." 이런 냉소는 건강한 면이 있습니다. 백제든 신라든 가족까지 몰살시켜 가면서 충성하는 대상이라면, 과연 그럴 만한 가치가 있느냐는 문제제기입니다. 예전부터 계백은 두말할 필요 없이 훌륭한 인물이었고, 나라가 어려움에 처했을 때 떨쳐 일어나서 개인을 희생하여 나라를 살리는 '멸사봉공' 사상은 매우 중요하게 여겨졌습니다. 지금도 아동도서들은 그를 나라를 위한 숭고한 희생의 모범으로 제시하고 있습니다. 이 영화는 한 백제 병사가 '비겁하게' 전열을 이탈하여 벼가 익어가는 들판을 달려가며 "엄니"라고 소리치는 장면에서 끝이 납니다. 이와 같은 결론은 한국인의 가치관이 변화하고 있다는 것을 보여주는 지점이라 할 수 있습니다.

### 계몽의 달성

냉소를 가져오는 두 번째 원인은 이데올로기의 종언과 계몽의 달성입니다. 현 세계의 냉소주의는 계몽이 어느 정도 이루어졌기 때문에 생기는 현상이라는 것입니다. 계몽이라는 말에는 사람들이 이전까지는 몰라서 그랬을 뿐, 이 세상이 돌아가는 방식에 대한 진실을 알게 되면 다르게 살 것이라는 기대가 담겨 있습니다. 사람들이 일어나서 세상을 바꾸려고 노력할 것이라는 전제를 갖고 본다면, 서구 민주주의의 역사는 계몽의 역사입니다. 우리나라에서도 기존의 부조리한 사회 현실과 역사, 그 모순을 알리려는 노력들이 시민들에게 사회 변화의 핵심으로 이해되어 왔습니다. 그리고 이제 어느 정도 계몽이 달성되었습니다. 지금은 이 사회가 기득권 중심의 구조로 굴러간다는 사실을 모르는 사람이 별로 없습니다. 알고 있으면서도 반응하지 않는 것이 오히려 더 심각한 문제라는 분석입니다. 그 핵심에 냉소라는 태도가 있다고 슬로터다이크는 주장합니다.[2]

시민들이 사회의 정의와 역사의 향방에 대해 눈을 감을 때 결과적으로 이익을 보는 쪽이 있습니다. 예를 들어, 그저 오늘 하루를 즐기고, 좋은 데 가서 식사하고, 여행 다니며 소소한 행복에 만족하며 사는 태도 가운데는 건강한 면이 있지만, 불합리한 사회 구조를 유지하는 데 도움을 주는 측면도 있습니다.

정신분석학의 발달이 냉소주의에 영향을 끼친 부분이 있습니다. 정신분석학은 무의식의 힘을 말했습니다. 지금 내가 가진 꿈과 욕망, 취향 등이 내가 의식하지 못하고 기억하지 못하는 어릴 때의 경험과 그 잔재들, 무의식의 영향을 받고 있다는 것입니다. 인간은 오늘부터 생각을 바꾸고 인생의 방향을 바꾸겠다고 다짐해도 바뀌는 존재가 아니라 할 수 있습니다. 우리는 빙산의 일각처럼 조그마한 의식의 세계에만 개입할 수 있을 뿐, 거대한 무의식 세계 전체가 나를 이끌고 가는 힘이었음을 알게 되었다는 것입니다. 이를 깨닫게 될 때 정신분석학의 방법으로 적극적으로 치유하려는 방향으로 갈 수도 있겠지만, 그저 현재처럼 살아야만 하나 보다 하는 운명론에 빠질 수 있습니다. 운명론에도 냉소주의의 얼굴이 있습니다.

### 자기방어와 냉소주의

사실 냉소주의는 자기방어, 요즘 말로 '쉴드(shield)를 친다'는 태도와 비슷합니다. 취직한 회사의 조직이나 부서의 문화가 불합리하다고 느껴져 열정을 가지고 바꿔 보려 했던 사람이라면 경험해 보았을 일입니다. 쉽게 바꿀 수 있는 일 같은데도 제대로 안 바뀌고 오히려 나에게 상처로 돌아올 수 있습니다. 그럴 경우 우리가 취할 수 있는 태도는 "저 꼰대들은 본래 저런 사람들이야"라고 비판하며 선을 그어 버리는 것입니다. 이런 태도가 나름의 자기방어, 자기합리화의 기재가 됩니다. 행동하지 않는 자신의 비겁함에 대해 면벌부를 발행하는 수단으로 냉소가 사용되는 것입니다. 그래서 냉소는 부조리한 세계의 변혁에 나서지 못하는 이들의 지적 자기방어 기재입니다. 불쌍한 사람을 보면 고민에 빠집니다. 도와주고 싶은 마음과 내 주머니에 있는 돈을 걱정하는 마음이 싸웁니다. 가장 손쉬운 해결책은 저 사람이 사실은 그렇게 불쌍하지 않다고 생각하거나, 그런 일을 하는 기관이 신뢰성이 없다고 생각하는 것입니다.

열정은 위험합니다. 열정을 가지면 대가를 치러야 합니다. 쉬운 예로, 음식에 대해 열정을 가지면 살이 찝니다. 그러나 열정이 아예 없으면, 영양결핍에 시달리거나 거식증으로 고생할 것입니다. 현대문화에는 쿨한 사람을 높이 평가하는 면이 있습니다. 엄밀하게 말해 쿨한 사람은 없습니다. 쿨한 척하는 사람이 있을 뿐입니다. 회사나 공적 영역에서 힘든 일이 있어도 전혀 아무렇지도 않듯이 행동할 것을 요구받고, 그렇게 대응하는 것이 멋있는 것처럼 비추어지는 문화는 냉소주의가 팽배한 결과입니다. 불만이 없는 척, 아쉬움이 없는 척하기 때문에 냉소주의는 변화를 가로막는 장애물입니다.

## 냉소와 기독교

슬로터다이크는 기독교에 대해 재미있는 평가를 합니다. 기독교에는 본래 냉소를 극복할 수 있는 역동성이 있었다는 것입니다. 그 역동성을 "네 눈 속에 있는 들보는 깨닫지 못하느냐"(마 7:3)는 말씀에서 찾습니다. 우리가 누군가를 지적하고 비판할 때 "잘못됐어!" 혹은 "저렇게 살면 안 돼!"라고 하면서 정작 본인은 아무것도 안 하는 것을 냉소라고 한다면, 참된 기독교는 이런 냉소에 빠지지 않습니다. 기독교는 그 출발부터 자기반성의 종교이기 때문입니다. 소크라테스가 이런 말을 했습니다. "성찰 없는 삶은 살 가치가 없다." 인간됨은 성찰에 있습니다. 내가 어떤 사람인지 끊임없이 고민하고 스스로를 들여다볼 수 있어야 인간다운 삶이 가능합니다. 기독교는 처음부터 다른 사람들을 비판하고 냉소하기 전에 자신의 눈 속에 있는 들보를 보라는 자기성찰을 강조합니다. 결론

적으로, 기독교는 냉소에 빠지지 않도록 하는 예방책을 애초부터 가지고 있었다는 것입니다.[3]

기독교의 본질에 대한 가장 심각한 오해는 '율법주의'입니다. "이렇게 해라", "이것은 하지 마라"와 같이 몇몇 행동지침에 따라 그대로 살면 하나님이 기뻐하실 것이라는 생각입니다. 예수님이 네 눈 속에 있는 들보를 보라는 말을 누구에게 자주 하셨습니까? 율법을 잘 지키는 바리새인들입니다. 완벽하게 율법 조항을 준수하는 그들에게조차 "네 눈 속에 들보가 있다"고 말하는 신앙의 특성은, 철저히 자기를 반성할 수 있는 유연성이었습니다. 자기반성과 성찰의 신앙이 후대에 가면서 '규칙의 종교'로 바뀌었고, 안타깝게도 그리스도교가 갖는 독특한 유연성과 역동성을 잃어버렸다고 슬로터다이크는 말합니다.[4]

### 진리가 무엇이냐

성경에서 대표적인 냉소의 예를 요한복음에서 볼 수 있습니다.

빌라도가 이르되 그러면 네가 왕이 아니냐. 예수께서 대답하시되 네 말과 같이 내가 왕이니라. 내가 이를 위하여 태어났으며 이를 위하여 세상에 왔나니 곧 진리에 대하여 증언하려 함이로라. 무릇 진리에 속한 자는 내 음성을 듣느니라 하신대 빌라도가 이르되 진리가 무엇이냐 하더라. 이 말을 하고 다시 유대인들에게 나가서 이르되 나는 그에게서 아무 죄도 찾지 못하였노라(요 18:37-38).

빌라도의 "진리가 무엇이냐"는 말에 냉소의 싸늘한 얼굴이 그려집니다. 권력자들은 냉소적으로 되기가 쉽습니다. 겉으로는 대의명분과 정의를 위해 목소리를 높이지만, 실제로 권력 가까이에 오면 많은 사람들이 약해집니다. 자신에게 아부하는 이중적인 모습을 자주 접하는 사람이 권력자입니다. 한 나라가 다른 나라를 강점하고 있는 상황에서는 더욱 그러합니다. 예를 들어. 유대 민족주의를 외치면, "민족주의? 웃기지마! 너의 나라의 제사장도 유대 민족을 위한다고 하지만 뒤로는 다 나에게 아부하는 인간들이야"라고 말할 것입니다. 당시 제사장들은 통치 권력인 로마의 후견 아래서 제사장 노릇을 하고 있었습니다. 겉으로는 민족을 위해서 하는 일이라고 내세우지만, 뒤에서는 돈과 권력을 탐하고 쉽게 타협하는 유대 특권층의 진상을 빌라도는 잘 알고 있습니다. 이러한 맥락에서 그의 냉소를 이해할 수 있습니다.

빌라도는 그러한 냉소의 얼굴로 예수님을 대합니다. "내 결정에 따라 너는 죽을 수 있는 상황인데, 진리라고? 아직 사태 파악이 안 되느냐?"라는 것입니다. 빌라도의 냉소는 예수님을 죽이라고 목소리를 높이는 민중의 격정보다는 성숙해 보입니다. 백성들의 아우성은 맹목적 감정입니다. 불과 며칠 전에 그들이 예수님의 예루살렘 입성에 환호하며 정치적 기대를 높였기 때문에 빌라도는 치안을 걱정해야 했습니다. 그런데 그 군중들이 돌변하여 예수님을 죽이라고 외치는 모습이 빌라도의 눈에 어떻게 비쳤을까요? 정치가로서 죽이는 것이 가장 편한 선택입니다. 그럼에도 불구하고 "이건 아니다" 싶은, 막연하지만 나름대로의 판단을 하였고 더 나아가 진리에 대한 부담도 어느 정도 있었을 것입니다. 그런데 예수께서 진리를 말씀하시자, "당장 죽게 생겼는데 그 진리가 무슨 의미가 있느냐"고 말합니다. 빌라도의 차가운 태도는 합리적으로 보입니다. 이 사람의 생각은 '계몽'되어 있습니다. 그러나 결과적으로는 차이가 없습니다. 거대한 악의 흐름에 휩쓸려서 결국 맹목적 감정의 군중들과 같은 편에 서게 됩니다.

여기서 '계몽된 사람으로서 왜 사회 변화에 나서지 않는가?'라고 질문한다면, 빌라도 역시 이 체제의 수혜자이기 때문입니다. 피지배 지역 백성들의 요구가 부당해도 적당히 들어주고 타협하는 '로마식 평화'(Pax Romana) 곧 로마식 관용으로 건설된 체제의 수혜자이기 때문입니다.

슬로터다이크도 그와 같은 맥락에서 현대인의 냉소를 분석합니다. 현대인은 자신의 욕망도 세속의 타락한 문화를 유지시키는 범인 중 하나임을 본능적으로 알고 있다는 것입니다. 타락한 상황임을 알지만 이 구조가 바뀌면 자신도 손해 본다는 계산이 교육받은 중산층들의 평균의식입니다. 냉소를 벗고 진리를 직면하며 세상을 바꾸려는 시도는 결국 자기 자신에게 칼끝을 겨누어야 하는 고충이 된다는 것입니다. 이런 상황에서 비굴해 보이지 않으면서 멋있는 척하는 좋은 방법이 냉소입니다. "그래 봐야 다 소용없어.

네가 순진해서 그러는 거야. 너의 말이 맞을 수도 있지만 세상은 그렇게 돌아가지 않아." 예수님을 향한 빌라도의 말이기도 합니다. 결국 냉소는 스스로 상처받지 않으려고 자신을 보호하는 자기보호 장치입니다.

우리가 희망을 갖기 시작하는 순간부터 골치 아픈 일이 생깁니다. 무언가를 이루겠다는 꿈이 생기면 아침 일찍 일어나야 하고 마음대로 놀지도 못합니다. 희망의 대가입니다. 사람이 희망을 가지고 새로운 길을 가려면 두려움과 위기를 끊임없이 맞이할 수밖에 없습니다. 냉소는 자신을 적당한 경계 안에 가두고 그 안에서만 살기로 노력하는 태도에 지적인 합리성을 제공해 줍니다.

### 냉소로 냉소를 넘어서라

대안으로 슬로터다이크는 재미있는 제안을 합니다. "냉소로 냉소를 넘어서라!" 세계의 역사를 보면 조금 다른 종류의 냉소주의가 있는데, 헬레니즘 시대의 철학사조 가운데 하나인 시니시즘(cynicism)입니다. '견유학파'라고 번역하는데, 신약성경이 기록되던 당시의 주요 철학사조 중 하나이기 때문에 신약성경과도 어느 정도 관련이 있습니다. 견유학파의 대표적인 철학자가 디오게네스인데, 그와 관련하여 유명한 일화가 있습니다. 알렉산더 대왕이 고매한 철학자가 있다는 이야기를 듣고 고린도로 디오게네스를 찾아갑니다. 오두막에서 햇볕을 쬐며 쉬고 있던 디오게네스는 알렉산더를 보고는 아는 척도 안 합니다. 알렉산더가 "선생님, 제가 선생님께 무엇이든 해드릴 수 있습니다. 무엇을 원하십니까?"라고 물었을 때, 디오게네스는 "햇빛을 가리지 않게 조금만 비켜서 주십시오"라고 이야기했다고 합니다. 부하들은 이 대답의 황당함과 어리석음에 배를 잡고 웃었습니다. 그들은 디오게네스가 알렉산더를 따라가 궁정철학자가 되면 부귀영화를 누릴 수 있을 것이라 생각하고 있었습니다. 그러나 알렉산더는 그에게 존경을 표하면서 "진실로 말하건대, 내가 알렉산더가 아니었다면 디오게네스가 되었을 것이다"라고 했다고 합니다. 디오게네스는 권력과 재물의 힘에 대해 냉소함으로써, 모든 진리에 대해 냉소에 빠질 수 있는 위험으로부터 철학을 구해 낸 것이라 볼 수 있습니다. 철학 곧 필로소피아(philosophia)는 진리를 사랑하는 열정입니다. 철학자가 철학을 하는 것이 돈과 권력, 안락한 삶의 도구가 된다면, 진리에 대한 사랑은 뒤로 밀려날 것입니다. 권력자의 입장에서 철학자를 곁에 두는 것이 자신의 통치 이데올로기정당화의 도구로 쓰인다면, 그 철학 역시 힘을 잃을 것입니다. 디오게네스의 기괴한 행동, 사회관습에 대한 냉소는 진리의 영역을 수호하여 냉소주의로 가는 길을 차단합니다. 슬로터다이크는 디오게네스의 등장이 초기유럽철학의 진리 과정에서 가장 극적인 순간이라 평가합니다.[5]

마태복음 10장에 보면, 예수님이 제자들을 파송하시면서 "너희 전대에 금이나 은이나 동을 가지지 말고 여행을 위하여 배낭이나 두 벌 옷이나 신이나 지팡이를 가지지 말라. 이는 일꾼이 자기의 먹을 것 받는 것이 마땅함이라"(마 10:9-10)고 말씀하시는데, 이 모습이 바로 당시 견유철학자와 비슷합니다. 견유철학자들에게 냉소는 사회 부조리를 폭로하는 동시에, 인간의 삶에 중요한 것은 다른 곳에 있음을 밝히는 효과적인 무기였습니다. 이 유파의 계보를 거슬러 올라가면 소크라테스에 가닿습니다. 물론 헬라 철학의 많은 유파들이 소크라테스의 계승을 주장하지만, 견유학파와 소크라테스의 연결은 좀 더 선명합니다. 거지 같은 행색으로 대중 앞에서 부끄러운 일을 서슴지 않고 행하는 것을 견유철학자들은 철학자의 담대함 곧 '파레시아'라 보았습니다. 대중 앞에서 방귀를 뀌거나 자위행위 또는 성관계도 서슴지 않는 이들도 있었고, 이런 파격을 사람의 눈에 얽매이지 않는 자유의 표현으로 보았습니다. 또한 주위의 분위기에 압도되지 않고 자신의 의견을 솔직하게 개진하는 표현의 자유를 파레시아라고 했습니다. 신약성경에도 파레시아라는 표현이 몇 번 나오는데 모두 표현의 자유라는 맥락에서 쓰입니다(행 4:11; 23-31; 26:24-26; 28:31, 요일 5:14).

사실 이런 행태의 사람들은 정상적이지 않습니다. 시니시즘이라는 말은 '키니코스'(κυνικός, 개와 같은)에서 나왔는데, 한마디로 개 같은 철학자들이라는 말입니다. 그러나 슬로터다이크는 인생의 본질을 추구하는 고대 견유철학자의 냉소주의가 현대사회의 피상적인 냉소를 극복할 수 있는 힘이 될 수 있지 않을까 하는 희망을 제시합니다. 현대 철학자 가운데 비슷한 계보를 따져 보면 하이데거를 들 수 있는데, 그는 냉소를 통해 자아 해방이나 사회 변화라는 목적을 추구하는 시니시즘을 구축할 수 있을 것이라 생각하였습니다. 그러나 이런 생각은 소망의 피력 정도에 그칠 뿐, 현실적인 대안으로 와 닿지 않습니다.

### 성공한 요셉의 눈물

성경에는 냉소 극복의 모델로 제시할 만한 두 인물이 있는데, 바로 요셉과 바울입니다. 요셉의 일생을 읽어 보면 냉소에 빠지기 쉬운 사람입니다. 형들에 의해 노예상에게 팔리고, 애굽의 보디발의 집에서 종으로 일하면서 약한 자에게 냉혹한 중간 권력자의 행태를 뼈저리게 경험합니다. 이후 총리가 된 요셉 앞에 과거 그를 짓누르고 죽이려 했던 형들이 와 있는 상황을 보면, 빌라도가 예수님을 앞에 두고 있는 상황과 비슷해 보이기도 합니다. 어쩌면 빌라도보다 심각한 냉소에 빠질 수 있었습니다. 요셉 앞에 형들이 머리를 조아리고 납작 엎드릴 때 그의 마음속에 어떤 생각이 오갔을까요? 복수의 염원에 마음이 불타지 않는 길은 냉소뿐이지 않았을까요?

이런 면에서 요셉은 재미있는 캐릭터입니다. 요셉이 총리가 되고 나서 "애굽의 총리가 되다니, 한몫 잡았구나. 복수할 때가 왔다!" 혹은 "내가 마침내 출세했구나. 예전에 경험한 인생의 실패를 모두 회복했다"며 행복해하지 않았던 것 같습니다. 왜냐하면 요셉이 형들을 만나는 과정에서 두드러진 점이 그가 우는 대목들입니다. 형들을 앞에 놓고 대화하다가 자기 감정을 참지 못해서 말을 멈추고 들어가서 울고 나옵니다(창 42:24, 43:30). 결국 자신을 밝힌 것도 계획대로 한 게 아니라 도저히 울음을 참지 못해서 무너지는 상황이었습니다(창 45:1-2). 냉소주의자들은 울지 않습니다. 그러나 요셉에게는 인간적인 감정이 살아 있었습니다. 요셉 입장에서는 권력을 갖고 있기 때문에 형들을 눌러 죽이는 게 그리 어려운 일이 아니었을 것입니다. 그러려면 복수의 필수조건인 자기방어기제와 냉담함이 필요한데, 요셉에게서는 그런 모습을 찾을 수 없었습니다.

요셉은 총리가 되고 난 이후에 유독 눈물을 많이 흘렸습니다. 이 눈물이 요셉이라는 사람에 대해서 많은 것을 말해 줍니다. 요셉은 이전에도 작은 일에 성실한 사람이었습니다. 노예로서 성실했고, 감옥에서도 간수의 일을 돕는 하찮은 일들을 열심히 감당했습니다. 하루아침에 노예가 되고 감옥에 수감되는 일을 당하면, 마음을 닫고 침체나 무기력증에 빠지기 쉽습니다. 냉소로 이어지는 증상입니다. 그런데 요셉은 그렇지 않았던 것 같습니다. 어떻게 이것이 가능했을까요?

요셉의 심리상태를 엿볼 수 있는 하나의 힌트를 러시아 작가 알렉산드르 솔제니친의 『이반 데니소비치의 하루』라는 작품에서 찾을 수 있습니다.[6] 이 소설은 스탈린 치하 구 소련의 참혹한 노동수용소의 삶을 세상에 고발했다고 평가받는데, 그 내용을 찬찬히 살펴보면 또 다른 측면도 보입니다. 수용소의 비인간성을 담담한 필치로 묘사하는 가운데, 그 속에서 주인공 슈호프가 혼신의 노력을 기울여 벽돌 쌓기 작업을 하는 장면이 나옵니다. 이 부분을 읽다 보면 주인공이 혹시 한껏 들떠 있는 것은 아닌가 하고 의심하게 됩니다. 이 소설이 막연한 상상이 아니라 저자의 수용소 경험에서 비롯되었다는 점을 감안할 때, 자신을 잊어버릴 정도의 몰입이 수용소에서도 가능함을 확인하게 됩니다.

요셉이 열악한 근로 조건에서 의미 없어 보이는 일들을 성실히 해낼 수 있었던 힘은 과연 어디서 나왔을까요? 창세기 39:9에서 요셉은 다음과 같이 말합니다.

> 이 집에는 나보다 큰 이가 없으며 주인이 아무것도 내게 금하지 아니하였어도 금한 것은 당신뿐이니 당신은 그의 아내임이라. 그런즉 내가 어찌 이 큰 악을 행하여 하나님께 죄를 지으리이까(창 39:9).

이것은 내가 살아가는 모든 삶의 과정에 하나님이 함께 계시고 보고 계신다는 의식입니다. "하나님이 감시하시니 죄짓지 말아야지"와 같은 율법주의적 부담감은 아니었던 것 같습니다. 8장에서 예배와 관련하여 말했던 것처럼, 하나님이 나를 보시고 미소 짓는 것을 의식할 수 있는 영적 감각이라 볼 수 있겠습니다. 살아 계신 하나님과 살아 있는 관계로서의 신앙이 작은 일에도 최선을 다할 수 있게 했고, 큰 권력을 가져도 냉소에 빠지지 않는 삶을 가능하게 했으리라 생각해 봅니다.

흥미로운 부분은 창세기 40장입니다.

> 아침에 요셉이 들어가 보니 그들에게 근심의 빛이 있는지라. 요셉이 그 주인의 집에 자기와 함께 갇힌 바로의 신하들에게 묻되 어찌하여 오늘 당신들의 얼굴에 근심의 빛이 있나이까(창 40:6-7).

감옥에 갇힌 요셉이 다른 사람들의 얼굴에 근심의 빛이 있는 것을 보고 물어보는 장면입니다. 결코 평범한 장면이 아닙니다. 부부 사이에서도 한쪽이 힘들고 어려운데 배우자가 모를 때가 있습니다. 아이들이 정말로 심각한 고민을 할 때 부모가 잘 모르기도 합니다. 청소년 자살 사건들을 보면, 부모들은 대체로 아이에게 고민이 있는 줄 상상조차 하지 못했다고 합니다. 평범하게 혹은 행복하게 지내는 줄 알고 있다가 갑자기 하늘이 무너지는 소식을 듣기도 합니다. 전문가들은 자살을 결심하기 전에 적어도 몇 번은 "정말 힘들어요" 하는 신호를 누군가에게 보낸다고 말합니다. 그때 "너 요즘 얼굴이 왜 그러니? 아빠와 이야기 좀 해보자"라는 말을 한 번만 해주어도 많은 불행이 예방될 수 있습니다. 그런데 대부분의 부모들은 그렇게 하기가 쉽지 않습니다. 정신없이 바쁘므로, 회사 일과 여러 가지 다른 일로 마음이 복잡하므로, 자녀나 배우자나 가족의 표정을 살피고 평소와 뭔가가 다르다는 것을 감지할 수 있는 여유가 없습니다. 요셉은 말도 안 되는 모함을 당해서 감옥에 갇힌 상황입니다. 분노와 원한 등 복잡한 생각들로 꽉 차 있는 사람은 다른 사람들의 표정을 살필 여유가 없습니다. 그런데도 요셉은 동료 죄수들 안색의 미세한 변화를 감지하는 섬세함을 보입니다. 타인의 고통에 민감하고 공감할 줄 아는 마음은 내가 상처받을 가능성을 원천적으로 차단하려는 냉소와는 반대 지점에 있다고 볼 수 있습니다.

창세기 결말 부분에서 요셉은 이렇게 말합니다.

> 당신들은 나를 해하려 하였으나 하나님은 그것을 선으로 바꾸사 오늘과 같이 많은 백성의 생명을 구원하게 하시려 하셨나니(창 50:20).

우리는 앞에서 거대담론의 상실이 냉소를 가져온다는 사실을 살펴보았습니다. 요셉은 자신의 인생을 향한 하나님의 큰 그림을 말하고 있습니다. 내가 당하는 고생이 내가 누릴 보상이라는 좁은 렌즈로는 설명이 안 될 때가 있습니다. 그러나 하나님의 섭리라는 큰 그림 속에서 내 삶의 의미를 발견합니다. 하나님의 시각에서 자신의 인생의 의미를 묻는 신앙은 거대담론의 회복을 가능하게 합니다.

### 목적성이 경직되지 않으려면

하이데거는 목적을 가진 시니시즘이 중요하다고 했는데, 그 목적성이라는 것 자체가 치명적일 수 있습니다. 강한 목적은 인간을 경직되게 만듭니다. 내 그림이 너무 확고해서 그것을 양보하지 않으면 인생이 힘들어집니다. "내가 결혼을 하면 이런 신혼생활을 하겠지", "내가 승진해서 부장이 되면 이런 식의 회사 생활을 하겠지"와 같은 그림을 그립니다. 그러나 실제로 그 자리에 도달하면 그려 왔던 그림이 틀렸다는 사실을 알게 됩니다. 미래는 내가 생각하는 방식으로 오지 않습니다. 회사에서 부장이 되면 마음대로 심부름도 시키고, "오늘 일찍 퇴근해!"라고 호기도 부릴 것 같지만 사실 더 골치 아픈 일이 많습니다. 사람은 희망하는 바를 실현하지 못할 때뿐 아니라 실현했을 때도 좌절합니다. 그러한 가운데 부드러운 마음이 딱딱해지고 그 위에 냉소의 딱지가 앉습니다. 다시는 기대하지 않고 상처받지 않고 꿈꾸지 않으리라 다짐하며, 지금 나에게 있는 것이라도 잘 지키자고 생각합니다. 그러면서 굳어지는 마음이 냉소로 갑니다. "나도 한때는 그랬어"라는 말만 되풀이할 뿐입니다.

예를 들어 6·25 전쟁 때 많은 군인들이 나라를 살린다는 대의명분을 위해 목숨을 걸고 전쟁터로 향했습니다. 그런데 그들이 제대하고 돌아와서 사람들이 사는 모습을 보고 "내가 이런 모습을 보려고 나라를 위해서 목숨을 바쳤나?"라는 생각이 들었다고 합니다. 미국에서도 제2차 세계대전 후에 퇴역장병들이 돌아와 "내가 목숨을 바치려고 했던 나라는 이런 게 아니었다"고 하면서 심각하게 회의했다고 합니다.

기독교 신앙에는 분명한 목적이 있습니다. 오늘보다 더 나은 미래를 꿈꾸는 힘이 신앙에 있습니다. 그 미래가 하나님의 손에 있음을 믿는 것이 신앙입니다. 참 신앙은 미래에 대한 낙관을 가지되, 그 실현의 구체적인 모습에 대해서 자신의 그림을 고집하지 않습니다. 그리스도인의 목적은 하나님의 것입니다. 일의 시작과 성취가 하나님께 있음을 상기할 때, 목적이 있으나 그 목적 때문에 경직되지 않는 사람이 될 수 있습니다.

미래는 옵니다. 그러나 우리가 그리던 것과는 다른 방식으로 올 것입니다. 하나님의 큰 그림을 신뢰하려면, 나 자신의 그림을 가지되 상대화할 수 있는 유연성을 가져야 합니다. 슬로터다이크가 '내 눈 속에 있는 들보'를 인정하며 자신의 현 상태를 상대화할 수 있는 태도를 기독교의 핵심으로 보았다면, 이에 더하여 자신이 그리는 미래를 상대화할 수 있는 능력 또한 기독교의 독특한 유연성입니다. 성경에 나타나는 개인들의 역사는 그들이 바라는 미래의 그림을 끊임없이 깨뜨려 가는 역사로도 볼 수 있습니다. 한 민족이나 세계 전체의 내일 역시 마찬가지입니다.

요셉은 성공했고 강력한 권력을 가졌지만, 권력으로 할 수 있는 일에는 한계가 있습니다. 형들의 자녀들을 키울 능력은 있었지만 형들의 마음을 얻는 것은 쉽지 않았습니다(창 50:17). 자신을 두려워하고 부담스러워하며 거리를 두는 형들의 마음은 어찌할 수 없었습니다. 그러한 자신의 한계를 깨닫는 것, 이것이 냉소주의라면 또 냉소주의입니다. 권력에 대한 환상을 탈피했다는 점에서 계몽되었다고 표현할 수도 있습니다. 그런 깨달음의 과정에서 요셉은 계속 눈물을 흘립니다. 울지 않으려고 자기 마음을 차갑게 냉각

시키는 냉소적 자기보호 장치를 가동하지 않았습니다. 눈물을 흘렸다는 것은 그만큼 자기 자신을 상처받을 가능성에 노출하면서 살았음을 의미합니다. 신앙인의 이런 태도는 하나님의 성품에서 나옵니다. 하나님은 권력자이시기에 상처받지 않으려면 얼마든지 자신을 보호하실 수 있습니다. 그러나 하나님은 우리와 함께 기뻐하시고, 함께 아파하십니다. 주님께서도 상처받을 가능성에 자신을 노출하십니다. 자기보호를 위한 냉소와는 정반대의 방향으로 움직이십니다. 이런 하나님을 믿으니 그대로 닮아가는 것입니다.

### 열정의 사람 바울

다음으로 신약에 등장하는 바울에 대해 살펴보겠습니다.

> 보라, 이제 나는 성령에 매여 예루살렘으로 가는데 거기서 무슨 일을 당할는지 알지 못하노라. 오직 성령이 각 성에서 내게 증언하여 결박과 환난이 나를 기다린다 하시나 내가 달려갈 길과 주 예수께 받은 사명 곧 하나님의 은혜의 복음을 증언하는 일을 마치려 함에는 나의 생명조차 조금도 귀한 것으로 여기지 아니하노라(행 20:22-24).

바울은 열정의 사람이었습니다. 그리고 우리가 어떻게 평가하든 상관없이 행복한 사람이었습니다. 목숨 바칠 일이 있는 사람은 행복합니다. 바울이 견유철학자들과 비슷하다고 생각하는 학자들이 있는데, 견유철학자에게는 이런 열정이 없으며, 어떤 목적이 있다고 말하기도 쉽지 않습니다. 하이데거가 고대 견유학파들을 이상화하면서 지나치게 많은 기대를 하지 않았나 싶습니다. 자신의 욕망과 야망에 불타지 않으면서도, 열정의 사람으로 살았다는 점에서 바울은 참으로 흥미로운 인물입니다.

> 내가 주 안에서 크게 기뻐함은 너희가 나를 생각했던 것이 이제 다시 싹이 남이니 너희가 또한 이를 위하여 생각은 하였으나 기회가 없었느니라. 내가 궁핍하므로 말하는 것이 아니니라. 어떠한 형편에든지 나는 **자족**하기를 배웠노니 나는 비천에 처할 줄도 알고 풍부에 처할 줄도 알아 모든 일 곧 배부름과 배고픔과 풍부와 궁핍에도 처할 줄 아는 일체의 비결을 배웠노라. 내게 능력 주시는 자 안에서 내가 모든 것을 할 수 있느니라. 그러나 너희가 내 괴로움에 함께 참여하였으니 잘하였도다(빌 4:10-14).

자족 곧 '아우타르케이아'라는 말은 헬레니즘 견유학파의 핵심 가치입니다. 영어로 'self-sufficiency' 곧 자기가 가지고 있는 것에 만족하는 것입니다. 자신의 욕망을 줄이고 현실에 만족해야 진정으로 행복한 삶을 누릴 수 있다고 견유학파 철학자들은 주장합니다. 그런 면에서 사도 바울은 그들과 닮았습니다. "나는 비천에 처할 줄도 알고 풍부에 처할 줄도 알아 모든 일 곧 배부름과 배고픔과 풍부와 궁핍에도 처할 줄 아는 일체의 비결을 배웠노라"는 말씀에서 "배웠노라"는 교실에서 배운 것이 아니라, 배고픈 과정도 거치고 감옥에도 갇혀 보고 총독의 손님으로 융숭한 대접도 받아 보면서 삶에서 체득하였다는 뜻입니다. 이어지는 "내게 능력 주시는 자 안에서 내가 모든 것을 할 수 있느니라"는 말씀은 "하면 된다. 열심히 해보자. 우리도 잘살 수 있다"는 구호가 아니라, "어떤 상황을 만나든 그것이 내 삶의 중심적인 가치를 흔들지 못한다"는 뜻입니다.

그것이 자족이라는 견유학파의 용어로 표현되었지만, 견유철학자와 바울 사이에 결정적으로 다른 점이 있습니다. 빌립보서는 바울이 로마 감옥에 있을 때 빌립보 사람들이 보낸 선물을 받고 기뻐하면서 쓴 편지입니다. 견유철학자라면 이런 선물을 받고 기뻐할 수 없습니다. 그런 기대는 자신을 괴롭힌다고 말할 것입니다. 그런데 바울은 견유철학자들처럼 물질의 욕심을 극복하면서 욕망을 잘 다스리고 거리를 유지하는가 하면, 동시에 빌립보 교인들이 보내 준 조그마한 선물들에 떨 듯이 기뻐합니다. 한 사람에게서 동시에 발견되기 힘든 두 면모입니다. 삶의 크고 작은 욕망으로부터 철저히 거리를 유지하는 견유학파의 면모가 있는가 하면, 친구들끼리 밥 먹고 차 마시며 담소하는 시간이나 가족들끼리 여행하며 사랑을 나누는 시간의 흥겨움도 아는 사람입니다. 인생의 작은 기쁨들의 중요함을 알고 감사를 표현할 줄 아는 사람입니다. 슬로터다이크의 "냉소로 냉소를 넘어서라"는 말이 실현되는 한 방식이라 할 수 있습니다.

현대인들의 냉소에는 욕망이 담겼습니다. 내가 살아가는 이 세계의 악한 구조 속에서 내가 그나마 갖고 누리는 유익들을 버리고 싶지 않은 욕망입니다. 그러나 끊임없이 욕망을 부추기며 극대화하는 사회에서 우리가 과연 행복하게 살 수 있을까요? 진정으로 행복한 삶을 살려면, 시대의 부당한 요구에 저항할 수 있는 힘이 필요합니다. 이 저항은 알렉산더 대왕 앞에 선 디오게네스가 잘 보여주었습니다.

바울은 그와 비슷하면서도 다릅니다. 빌립보 교인들이 가져오는 선물에 냉소적이거나 쿨한 반응을 보이는 대신 어린아이처럼 기뻐했습니다. 진짜 쿨한 척하는 사람들 입장에서 보면 사도 바울은 하찮은 사람입니다. 그러나 성경은 조그마한 기쁨들도 소중히 여기는 삶을 우리에게 제시합니다. 성경적 세계관으로 세상을 변화시키겠다는 의도는 좋습니다. 그러나 큰 목표와 그것의 실현에 집중하면 낙망하기 쉽습니다. 바울은 빌립보 교인들의 선물에서 작은 싹을 보았습니다. "내가 주 안에서 크게 기뻐함은 너희가 나를 생각하던 것이 이제 다시 싹이 남이니"(빌 4:10). 큰 목표의 실현과 오늘 내가 누리는 작은 기쁨, 작은 성취를 연결시킬 수 있었기에 그는 지치지 않을 수 있었습니다.

## 냉소 시대에 열정의 사람으로

고린도전서 15장은 부활장입니다. 13장 사랑장이 더 잘 읽히지만, 사실 그보다 훨씬 더 중요한 장이 바로 15장입니다. 그리스도의 부활이 없으면 우리 신앙의 모든 것이 아무 의미가 없습니다.

> 형제들아, 내가 이것을 말하노니 혈과 육은 하나님 나라를 이어 받을 수 없고 또한 썩는 것은 썩지 아니하는 것을 유업으로 받지 못하느니라. 보라, 내가 너희에게 비밀을 말하노니 우리가 다 잠 잘 것이 아니요 마지막 나팔에 순식간에 홀연히 다 변화되리니(고전 15:50-51).

"썩는 것은 썩지 아니하는 것을 유업으로 받지 못하느니라"는 말은 기독교 소망의 핵심입니다. 하나님이 모든 것을 회복하실 것이라는 종말 신앙이 없으면 기독교 자체가 성립할 수 없습니다. 그런데 이 종말 신앙에는 함정이 있습니다. 고등학생들이 내일모레 예수님이 오신다고 하면 공부할 리가 없습니다. 예전에 이민을 떠난 어느 가정의 이야기를 들었는데, 2년 전부터 이민을 준비하면서도 중고등학생 자녀에게는 떠나기 일주일 전에 알렸다고 합니다. 이민을 간다고 하면 한국에서의 공부를 소홀히 할 것이라 생각했기 때문입니다. 고린도전서 15장을 읽어도 마찬가지 생각을 할 수 있습니다. "어차피 주님 오시면 다 없어질 것인데, 이 세상에서 무언가를 열심히 하는 게 무슨 의미가 있겠는가?", "일하고, 공부하고, 정의로운 사회를 이루고, 지구 환경을 깨끗이 지키는 게 부활 이후의 새로운 세상에서 어떤 의미가 있을까?" 하는 질문이 제기됩니다. 이에 대해 고린도전서 15장은 결론부에서 이렇게 말합니다.

> 그러므로 내 사랑하는 형제들아, 견실하며 흔들리지 말고 항상 주의 일에 더욱 힘쓰는 자들이 되라. 이는 너희 수고가 주 안에서 헛되지 않은 줄 앎이라(고전 15:58).

부활 이전과 이후의 세상이 있는데, 부활 이전을 살아가는 삶의 의미와 수고가 부활 이후의 입장에서 볼 때도 헛되지 않다는 말씀입니다. 이것이 기독교 신앙의 가장 중요한 특징입니다. 이 세상은 다 지나갈 것이기 때문에 지나친 가치를 부여하지 않습니다. 보다 큰 집을 사고 승진하기 위해 노력하지만, 그 자체로 내 존재가 증명되거나 그것 때문에 내 인생이 의미가 있다고 말하지 않습니다. 그렇다고 해서 냉소적으로 모든 게 아무런 가치가 없다고 말하지 않습니다. 우리가 지금 살아가는 삶의 모든 과정을 하나님이 의미 있다고 하시기 때문에 가치 있다고 보는 것입니다. 부활 이후의 삶에서도 이 땅에서 주님의 이름으로 땀방울을 흘린 모든 수고의 의미는 여전히 남을 것입니다. 하나님이 계시기 때문이고, 하나님이 기억하시기 때문입니다. 이것이 성경이 말하는 부활 신앙의 핵심입니다.

언젠가 이 세상은 끝날 것입니다. 비인간적인 구조가 이끌어가는 세상은 영원하지 않습니다. 그러나 우리가 이 세상에서 한 일들, 평범한 일상에서 아이들 키우면서 마음 졸이면서 하는 일들, 직장에서의 일들, 교회를 섬기고 이웃을 돕기 위해서 하는 모든 일이 영원한 의미를 가진 일이라는 믿음이 있었기 때문에 사도 바울은 열정의 사람이 될 수 있었던 것입니다.

열정이 사라진 뒤 남는 냉소는 이 시대의 아픔입니다. 냉소를 극복하지 못하면 아무 일도 일어나지 않을 것입니다. 사회의 변화뿐만 아니라 개인의 발전과 미래도 없습니다. 그리고 그 뒤에서 악의 세력은 보다 음흉하게 창궐할 것입니다. 열정을 가지면 귀찮은 일이 생깁니다. 위험하기까지 합니다. 열정 없이 냉소적으로 살면 편한 삶이 되겠지만, 그런 삶이 갖는 허무를 알아야 합니다. "진리가 무엇이냐?"라는 빌라도의 말에 배어 있는 회의를 생각해 보십시오. 바울처럼 불타는 열정을 가진 사람으로 살 수 있으면 좋겠습니다. 냉소에 빠지기 쉬운 시대를 살면서 복음으로 자신의 삶을 불태운 사도 바울로부터, 끝까지 하나님 앞에서의 유연성과 이웃에 대한 관심을 유지하며 산 요셉으로부터, 냉소를 극복하는 자세를 배울 수 있을 것이라 믿습니다.

## 말씀과 씨름하기

1. 열정을 갖고 어떤 일을 추구하다가 좌절하거나 상처받고 마음을 닫아 버린 경험이 있습니까? 그런 태도는 냉소와 어떤 관련이 있습니까?

2. 예수가 무죄하다는 것을 알면서도 "진리가 무엇이냐?"고 반문하는 빌라도에게서 냉소주의자의 어떤 면모를 읽을 수 있습니까? 그는 예수를 죽이라고 외치는 군중들과 어떤 면에서 달랐고, 어떤 면에서 같은 한계를 벗어나지 못했습니까?

3. "불법이 성하므로 많은 사람의 사랑이 식어지리라"(마 24:12)는 말씀이 냉소 시대를 어떻게 설명해 주고 있습니까?

4. 바울의 기쁨, 요셉의 눈물은 초연하려는 태도와 어떻게 다릅니까? 크고 작은 일에 함께 기뻐하고 눈물지을 줄 아는 감성이 신앙의 열매입니다 이런 태도가 냉소주의 극복에 어떤 도움을 줍니까?

5. 모두가 포기하더라도 마지막까지 희망을 말할 수 있는 힘이 복음에 있습니다. 우리 교회가 희망의 공동체가 될 수 있도록 함께 기도합시다.

# 나가는 말

**"우리가 우물을 깊게 팔 수 있었던 것은
남다른 기술과 지식, 자본이 있었기 때문이 아닙니다.
더 목말랐을 뿐입니다."**

"목마른 사람이 우물 판다"는 옛말은 오늘날에도 끊임없이 재현되고 있습니다. 성경의 역사를 보아도 위대한 신학은 위기의 때에 탄생했습니다. 앗시리아에 의해 온 이스라엘 땅이 초토화되었던 때, 예루살렘이 벼랑 끝에 매달린 시기가 바로 구약 신앙의 틀이 형성된 시기였습니다. 바울이 경험한 다메섹 사건 역시 개인의 삶에서 크나큰 위기였습니다. 지금까지 견지해 오던 세계관을 통째로 수정해야 할지도 모르는 도전이었습니다. 그가 당시 유대 신학의 선두주자였다는 점에서 이 위기는 이스라엘 신앙 전체의 위기였다고 할 수 있습니다. 기독교 신앙의 틀은 그 씨름에서 탄생했습니다. 이스라엘이라는 이름이 얍복 강가에서 위기를 맞은 야곱의 씨름에서 탄생했으니, 그 태생적 맥을 이어간 셈입니다.

그리스도 신앙으로 전향한 이후에도 바울의 삶은 끊임없이 위기를 맞습니다. 유대주의자들과의 대결, 지지부진한 유대인 선교, 개인적인 박해와 투옥과 질병이 그의 삶 가운데 이어집니다. 바울 신학의 가장 예리한 논변들은 모두 그러한 위기에서 유래했습니다. 유대주의자들과의 대결에서 그 유명한 이신칭의 신학이 틀을 잡아 갔고, 개인의 약함을 경험하면서 십자가 신학이 깊이를 더해 갔습니다. 유대인 선교가 난항을 겪는 예상치 못한 신학적 딜레마에 직면하면서 그는 성경을 다시 들여다보기 시작했고, 로마서 9-11장의 '대(大)구원사관'을 정립하게 됩니다.

성경이 전하는 가장 큰 위기는 십자가입니다. 예수께서 십자가에 달려 "나의 하나님, 나의 하나님, 어찌하여 나를 버리셨나이까"(마 27:46)라고 부르짖는 목소리는 인류 역사의 많은 이들의 탄식을 대표하는 항변입니다. 바울이 다메섹에서 경험한 위기가 이스라엘 신앙의 위기였다면, 예수께서 경험하신 위기는 인간성의 위기입니다. 이 절절한 항변에 과연 하나님은 어떻게 대답할 것인지에 초점을 맞춘다면, 이 위기는 하나님의 위기이기도 합니다. 인간이 되신 신의 탄식이었기에 십자가는 인간과 신이 하나가 되어 겪는 위기였다고 할 수 있습니다.

하나님이여, 사슴이 시냇물을 찾기에 갈급함 같이 내 영혼이 주를 찾기에 갈급하니이다. 내 영혼이 하나님 곧 살아 계시는 하나님을 갈망하나니 내가 어느 때에 나아가서 하나님의 얼굴을 뵈올까. 사람들이 종일 내게 하는 말이 네 하나님이 어디 있느뇨 하오니 내 눈물이 주야로 내 음식이 되었도다(시 42:1-3).

타는 목마름으로 하나님을 갈망하던 때는 하나님을 중심에 놓고 사고하던 세계관이 도전받던 시기였습니다. "사람들이 종일 내게 하는 말"은 내가 지금껏 가져왔던 신앙의 틀로서는 설명되지 않는 현실의 도전을 말합니다. 그 도전에 귀를 막지 않고, 신앙의 질문으로 품고 씨름하면서 성경의 신앙이 형성되었습니다.

그런 맥락에서, 모두가 위기라고 하는 오늘날의 시기야말로 우리 신앙이 더욱 깊어질 수 있는 기회입니다. 우리는 위기를 직면해야 합니다. 적당히 비껴가는 여러 방법들이 있습니다. 이를테면 '소확행'이라는 경향을 들 수 있습니다. 욕망의 크기를 줄여 행복감을 달성하려는 시도는 고대 철학에서도 익히 알려진 바입니다. 과도한 욕망에 이끌려 다니는 것보다는 성숙한 태도일 수 있습니다. 하루하루를 충만하게 사는 영성의 열매이기도 합니다.

그러나 목표를 줄이면 성공률이 높아진다는 수학의 공식에 인간의 마음이 늘 따라 주는 것은 아닙니다. 소위 '마음 챙김'은 지난한 수련의 과정입니다. 행복감이란 쉽게 흔들리고 깨어집니다. 혹 어느 정도의 단계에 도달한다고 하더라도, '내 마음 편하자고 이런 저런 책임을 회피하며 살아가고 있는 건 아닐까' 하는 자책을 피하기 힘들 것입니다. 성경이 말하는 '샬롬'은 시대의 고민을 외면하여 내 마음의 평안을 달성하자는 신조가 아닙니다. 그리스도인들이 삶의 목표를 줄이는 것은 하나님의 크기를 줄여야 가능해집니다. 인간 삶의 모든 영역이 하나님의 주권의 자리임을 양보하지 않는다면, 우리 신앙은 결코 개인적인 행복감의 영역으로 축소될 수 없습니다. 소확행이 답이라 여긴다면 각자도생(各自圖生)의 골짜기로 떨어지기 십습니다. 인간의 모든 삶은 깊이 연결되어 있고, 우리가 겪는 대부분의 문제는 사회적 차원을 가지고 있습니다. 각자도생은 각자도망(各自圖亡)으로 이르는 길일 뿐입니다. 하나님 나라의 비전은 욕망을 줄임으로써가 아니라 더 크게 욕망하게 함으로써 함께 잘사는 사회에 참여하게 합니다.

원고를 정리하고 세상에 내놓을 즈음에 이르니 이 책에서 미처 다루지 못한 질문들이 하나둘씩 떠오릅니다. 본문에서 잠시 살펴보았지만, AI와 관련해서는 챗GPT를 포함한 새로운 도전들이 많습니다. 이 책에서 다룬 문제의식이 여전히 유효한 방향이 되리라 생각합니다. 포스트트루스(post-truth) 시대와 미디어 리터러시(media literacy)도 다루어야 할 주제입니다. 너무 많은 그리스도인들이 가짜뉴스의 희생자이자 유포자가 되고 있습니다.

시대의 화두가 된 ESG에 대한 숙고 역시 필요합니다. 이 책에서 다루었다면, 'ESG 시대의 코이노니아'라는 제목으로 다루었을 것입니다. 환경(E)과 사회적 책임(S)은 독립적으로 많이 논의되지만, 거버넌스(G)는 아직까지 교회에서 생소한 주제입니다. 일반적으로 '지배 구조'라고 번역하는데, 자발적인 참여를 통하여 함께 공동체를 세워 가자는 생각을 담기에는 부적절한 어감입니다. 성경에 나오는 '코이노니아'를 강조함으로써 '거버넌스'라는 말이 가진 문제의식을 포괄할 수 있습니다.

성경의 코이노니아는 '나눔'이자 '사귐'이면서 동시에 '역동적 참여'입니다. 고대 그리스 민주정의 이상이 코이노니아라는 말에 담겨 있습니다. 오직 서로의 삶에 참여함으로써 인간이 인간됨을 실현할 수 있다는 것입니다. 그리스인들은 '에클레시아'라는 시민 공동체에 그 염원을 담았지만, 현실정치의 에클레시아는 그 목표를 실현하지 못했습니다. 예수를 따르는 공동체가 자신들의 모임을 '에클레시아'라고 부른 것은, 세속 사회가 목표로 삼았으나 달성하지 못했던 그 이상(理想) 곧 '사람답게' 사는 법을 복음의 코이노니아를 통해서 보여주겠다는 선언이었습니다. 타인의 소망과 고민들을 자신의 것으로 받아들여, 서로 돌보는 공동체를 통해 세상의 빛이 되고자 하는 이들이 에클레시아라는 이름으로 모였습니다. '하나님 나라'의 이상을 '에클레시아'라는 현실의 용어로 표현하고자 했던 것입니다. 고대 그리스의 에클레시아가 참여와 토론의 자리였듯이, 그리스도인들의 에클레시아 역시 활발한 대화의 자리였습니다. 그 대화에서 성경은 늘 중심에 있었고, 성령께서 중요한 안내자가 되어 주셨습니다. 이 책의 내용들도 구체적인 지역교회의 코이노니아 속에서 형성되었습니다. 그 과정에서 성경이 중심이 되고 성령의 인도하심이 있었기를 바랍니다.

그러나 이 책의 내용이 성경만으로 이루어져 있지는 않습니다. 갈급함이 깊을수록 우물을 파면서 사용하는 연장의 범위는 넓어집니다. 제가 성경을 읽는 데 있어서는 역사 비평의 도움이 컸습니다. 성경의 모든 언술이 구체적인 사회적 삶의 자리에서 출발했다는 점에서 그 시대와 사회로 가까이 접근하게 해주는 방법은 꼭 필요합니다. 성경을 교리를 끌어내는 자료집 정도로 취급하면서 성경에 대한 우리의 이해가 납작해져 버렸습니다. 성경이 현실 문제에 대답을 주지 못하는 문서가 되어 버린 것입니다. 현실의 문제를 갖고 성경과 대화하고 싶으나 어디서 시작해야 할지 모르는 이들에게 역사 비평은 큰 도움을 줍니다. 본래 입체적이었던 성경의 다양한 목소리를 살려 우리 시대와의 대화를 매개할 수 있습니다. 특별히 성경 시대의 사회사(social history)에 대한 지식이 긴요합니다. 2021년에 『우리가 몰랐던 1세기 교회』라는 책을 낸 것은 그런 필요에 부응하기 위해서였습니다.

성경 시대의 사회사 못지않게 오늘의 사회를 이해하는 지식도 필요합니다. 이 책에는 우리 시대와 관련하여 다양한 정보와 분석들이 담겨 있습니다. 다양한 정보들을 해석하는 데는 인문학적 통찰이 필요합니다. 인문학에는 인간의 문제에 대한 인류의 고민들이 쌓여 있습니다. 앞서간 사람들이 제시하는 답을 그대로 따르지 않아도 좋습니다. 그 고민들의 자리만 파악해도 유익이 큽니다. 특히 포스트모더니즘 학자들은 하나의 정답만을 강요하던 모더니즘의 교만을 교정해 주기도 합니다. 한편으로는 모더니즘적 합리주의가 성경적 전통을 전근대적인 것으로 치부했다는 점에서 포스트모더니즘은 성경의 증언이 '하나의 다른 목소리'로 들릴 틈새를 만들어 줄 수 있습니다. 다른 편에서는 현대 신학이 합리주의의 틀을 애써 따라가면서 성경의 전통에서 이탈한 점을 지적할 수 있습니다. 모더니즘에 대한 포스트모더니즘의 날선 비판이 건강한 신학을 위해 필요한 수술칼이 될 수도 있습니다.

물론 역사 비평과 포스트모더니즘은 신중히 사용해야 합니다. 역사 비평이 모더니즘적 합리성의 사고를 기반으로 하기 때문에 포스트모더니즘이 교정해 주는 면이 있습니다. 반대로 포스트모더니즘의 무책임한 상대주의는 역사 비평의 엄밀성에 의해 견제될 수 있습니다. 이 책은 이와 같은 해석학적 입장에서 기획되었습니다.

인터넷 시대가 열리면서 지식의 시대가 검색의 시대로 바뀌었다고 합니다. 챗GPT 등 생성형 AI 시대가 되면서 검색의 시대에서 질문의 시대로 옮겨갈 것이라고 합니다. 좋은 질문이 좋은 삶을 가져온다는 인류의 오랜 지혜가 새삼 중요해지는 시기입니다. 존재의 깊은 곳에서 발원하는 갈망에서 나온 질문이 좋은 질문입니다. 생각하는 그리스도인, 질문할 줄 아는 그리스도인에게 성경은 이제까지 우리가 몰랐던 새로운 대답, 이제까지 우리의 관심 밖이었던 새로운 영역으로 우리를 인도할 것이라 기대합니다.

이런 갈망을 자극할 수 있기를 바라는 마음으로 부족한 책을 세상에 내어놓습니다. 목마름으로 성경을 펼치는 모든 현장에 성령께서 그 음성을 들려주시리라 믿습니다.

# 주

## 시작하는 말

1. 존 스토트, 『설교자란 무엇인가』, 채경락 역(서울: IVP, 2010), p. 15-19.
2. 조너선 색스, 『하나님 이름으로 혐오하지 말라』, 김준우 역(서울: 한국기독교연구소, 2022), p. 19.
3. Julian Green, *Diaries*(New York: Macmillan, 1955), p.101; 유진 피터슨, 『이 책을 먹으라』, 양혜원 역(서울: IVP, 2006), p.185에서 재인용.

## 1. 모든 지도는 낡은 지도다

1. 스티브 도나휴, 『사막을 건너는 여섯 가지 방법』, 고상숙 역(서울: 김영사, 2005), pp. 34-57.

## 2. AI 시대의 영성

1. "키오스크서 20분…'딸, 난 끝났나봐' 엄마가 울었다", 「JTBC」(2021.3.12). https://news.jtbc.co.kr/article/article.aspx?news_id=NB11996094
2. 대니얼 카너먼, 올리비에 시보니, 캐스 선스타인, 『노이즈』, 장진영 역(파

주: 김영사, 2022), p. 23-35.
3. Cyrus Adler, Isidore Singer, *The Jewish Encyclopedia* (New York: Funk and Wagnalls, 1906), p. 181.
4. 낸시 폴브레, 『보이지 않는 가슴』, 윤자영 역(서울: 또 하나의 문화, 2007).
5. 아담 스미스, 『도덕감정론』, 박세일, 민경국 역(서울: 비봉출판사, 2009), p. 3.
6. 마사 누스바움, 『시적 정의』, 박용준 역(서울 : 궁리출판, 2013).

### 3. 행복숭배 시대의 기쁨

1. Kevin Loria, "How winning the lottery affects happiness, according to psychology research", *Business Insider*, Aug 25, 2017. https://www.businessinsider.com/winning-powerball-lottery-happiness-2017-8
2. 대니얼 길버트, 『행복에 걸려 비틀거리다』, 김미정 역(서울: 김영사, 2006), pp. 247-274.
3. 피터 스카지로, 워렌 버드, 『정서적으로 건강한 교회』, 최종훈 역(서울: 두란노, 2016).
4. C. S. 루이스, 『예기치 못한 기쁨』, 강유나 역(서울: 홍성사, 2003).

### 4. 긱 경제 시대의 자기경영

1. 새라 케슬러, 『직장이 없는 시대가 온다』, 김고명 역(서울: 길벗, 2019), p. 32.
2. 피터 드러커, 『피터 드러커 자기경영노트』, 조영덕 역(서울: 한국경제신문사, 2020), p. 38.
3. 톰 피터스, 『와우 프로젝트』, 김영선 외 역(서울: 21세기북스, 2011), p. 7.
4. 피터 드러커, 『넥스트 소사이어티』, 이재규 역(서울: 한국경제신문사, 2007).
5. Alan Kantrow, "Why Read Peter Drucker?", *Harvard Business Review*, 2009, p. 11. https://hbr.org/2009/11/why-read-peter-drucker
6. 정진홍, 『완벽에의 충동』(서울: 21세기북스, 2006), p. 6.
7. 문화체육관광부, "2017 국민독서실태조사"(2017.12.29). https://www.korea.kr/archive/expDocView.do?docId=37860
8. 사이먼 시넥, 『인피니트 게임』, 윤혜리 역(서울: 세계사, 2022).

9. 토드 로즈, 『평균의 종말』, 정미나 역(파주: 21세기북스, 2018).
10. 엘리자베스 퀴블러 로스, 데이비드 케슬러, 『인생 수업』, 류시화 역(파주: 이레, 2006), p. 262

## 5. 비정규직 800만 시대의 직장문화

1. 박영호, "신자유주의 시대, 일의 영성은 가능한가?", 『Seize Life』(2019, 제15호), pp. 36-48.
2. "죽음조차 차별…기간제 '슬픈 선생님'", 「한국일보」(2015.7.13).
3. 크세노폰, 『크세노폰의 향연·경영론』, 오유석 역(서울: 작은이야기, 2005).
4. 김성훈, "1%만을 위하는 경제학은 죽었다!", 「프레시안」(2016.2.5). https://www.pressian.com/pages/articles/133110

## 6. 힐링 시대의 신앙

1. 김난도, 『아프니까 청춘이다』(서울: 쌤앤파커스, 2010).
2. 김완, 『죽은 자의 집 청소』(서울: 김영사, 2020), pp.18-19.
3. 정혜신, 이명수, 『홀가분』(서울: 해냄, 2022).
4. 월터 브루그만, 『안식일은 저항이다』, 박규태 역(서울: 복 있는 사람, 2015).
5. 나태주, 『꽃을 보듯 너를 본다』(대전: 지혜, 2015), p. 74.
6. 김수영, 『김수영 전집』, 이영준 엮음(서울: 민음사, 2018), p. 388.

## 7. 혼밥 시대의 품위

1. 노리나 허츠, 『고립의 시대』, 홍정인 역(서울: 웅진지식하우스, 2021), p.202.
2. 같은 책, p. 203.
3. 같은 책, pp. 73-79.
4. 같은 책, pp. 94-95.
5. "[나홀로라이프] 성인 4명 중 3명, '혼자가 더 편한 나홀로족'", 「시사캐스트」(2021.4.23). http://www.sisacast.kr/news/articleView.html?idxno=33238.

6. "혼밥, 피할 수 없다면 건강하게 즐기자", 「의협신문」(2017.5.16). https://www.doctorsnews.co.kr/news/articleView.html?idxno=116866
7. 노리나 허츠, 『고립의 시대』, pp.115-118.
8. 팀 체스터, 『예수님이 차려 주신 밥상』, 홍종락 역(서울: IVP, 2013).
9. 이규리, 『당신은 첫눈입니까』(서울: 문학동네, 2020), p.70-71.
10. 헬렌 브라운, 『나는 초라한 더블보다 화려한 싱글이 좋다』, 손연숙 역(서울: 푸른숲, 1993).

## 8. 엔터테인먼트 시대의 예배

1. 로버트 N. 웬버그, 『기도해 보라는 뻔한 대답 말고』, 임금선 역(서울: 국제제자훈련원, 2012).
2. 같은 책, p.192-193.

## 9. 피로 시대의 쉼

1. 한병철, 『피로 사회』, 김태환 역(서울: 문학과지성사, 2012), p.11.
2. 미셸 푸코, 『감시와 처벌』, 오생근 역(서울: 나남, 2016).
3. 한병철, 『피로 사회』, pp.12-22.
4. "세계곳곳 '대답 없는 절규'…무관심 속 난민참사 진행형", 「연합뉴스」(2021.12.10). https://www.yna.co.kr/view/AKR20211210126500009?input=1195m
5. 한병철, 『피로 사회』, pp.23-24.
6. 미셸 푸코, 『광기의 역사』, 이규현 역(서울: 나남, 2003).
7. 하워드 가드너, 케이티 데이비스, 『앱 제너레이션』, 이수경 역(서울: 미래엔, 2014), pp.22-23.
8. 로버트 라이시, 『부유한 노예들』, 오성호 역(서울: 김영사, 2001).

## 10. 불안 시대의 위안

1. 알랭 드 보통, 『불안』, 정영목 역(서울: 은행나무, 2011).

2. 보통은 『무신론자를 위한 종교』라는 책을 쓰기도 했다. 『무신론자를 위한 종교』, 박중서 역(서울: 청미래, 2011).
3. 테리 이글턴, 『신을 옹호하다』, 강주헌 역(서울: 모멘토, 2010).
4. 알랭 드 보통, 『불안』, p. 21.
5. 같은 책, p. 34.
6. 같은 책, p. 31.
7. 정해윤, 『성공학의 역사』(서울: 살림, 2004), p. 89.
8. Melinda D. Anderson, "Why the Myth of Meritocracy Hurts Kids of Kids of Color", *The Atlantic*, July 27, 2017.
9. 마이클 샌델, 『공정하다는 착각』, 함규진 역(서울: 와이즈베리, 2020).
10. 알랭 드 보통, 『불안』, p. 189.
11. 헤로도토스, 『헤로도토스 역사』, 박현태 역(서울: 동서문화사, 2008) p. 168.
12. 같은 책, p. 557; 알랭 드 보통, 『불안』(은행나무, 2011), p. 278에서 재인용.
13. 알랭 드 보통, 『불안』, p. 282-283.
14. 같은 책, p. 315.
15. 같은 책, p. 292.
16. 같은 책, p. 293.
17. "이 모든 것이 이렇게 풀어지리니"(벧후 3:11)라는 말씀을 암시하는 것으로 보인다.
18. 알랭 드 보통, 『불안』, p. 304.
19. 같은 책, p. 304.
20. P. K. Piff, P. Dietze, M. Feinberg, D. M. Stancato, & D. Keltner (2015), "Awe, the small self, and prosocial behavior", *Journal of Personality and Social Psychology*, 108 (6), pp. 883-899.
21. 알랭 드 보통, 『불안』, p. 322.

**11. 시민주권 시대의 참여**

1. 최근 한국에서 출간된 역본은 대체로 '변론'으로 번역하고 있다. 플라톤, 『소크라테스의 변론/크리톤/파이돈』, 천병희 역(서울: 숲, 2017)을 참고하라.
2. John W. Wright, "A Tale of Three Cities: Urban Gates, Squares, and Power

in Iron Age II, Neo-Babylonian, and Achaemenid Judah", in *Second Temple Studies III*, ed. John M. Halligan and Philip R. Davies (2002), pp. 19-50.

3. 프랜시스 후쿠야마, 『역사의 종말』, 이상훈 역(서울: 한마음사, 1997)
4. 이 부분은 박영호, "성서와 국가권력 (2)가이사의 것은 없다", 『기독교사상』 686(2016.2), pp. 22-31에 수록된 내용을 재정리하였다.
5. Christian Smith and Melinda Lundquist Denton, *Soul Searching: The Religious and Spiritual Lives of American Teenagers*(New York: Oxford University Press, 2005).
6. '공적' 영역에 있어야 할 것이 '사적' 영역이 되는 것을 가리켜 사사화(privatization)라고 한다. 철도나 도로 등 공적 자산이 사기업으로 넘어가는 것을 '민영화'라고 하는데, 'privatization'의 번역이다. 공적 영역에 관심 가져야 할 시민들의 관심이 개인적인 영역에만 머물러서 공동선의 이상이 사라지고 정치 참여가 위축되는 것도 사사화라고 한다. 기독교 신앙이 본래 공적이었는데 개인적인 구원과 안녕에만 집중하는 현상 또한 사사화라 볼 수 있다.
7. 로버트 D. 퍼트넘, 『나 홀로 볼링』, 정승현 역(서울: 페이퍼로드, 2009).

## 12. 포스트크리스텐덤 시대의 선교

1. 미국의 공립학교에서 기도로 수업을 시작하는 것을 위헌이라는 판결을 내린 1965년을 중요한 변곡점으로 볼 수 있다. 영화 「스포트라이트」는 1976년 보스턴 지역에서 일어난 가톨릭 사제들의 아동 성추행 사건의 진상을 밝히고자 노력하는 기자들의 이야기를 다루는데, 이 시기까지 남아 있는 교회의 막강한 사회적 영향력을 실감나게 볼 수 있다.
2. Walter Brueggemann, *Out of Babylon*(Nashville: Abingdon Press, 2010).
3. 제임스 헌터, 『기독교는 어떻게 세상을 변화시키는가』, 배덕만 역(서울: 새물결플러스, 2014).
4. 리처드 마우, 『무례한 기독교』, 홍병룡 역(서울: IVP, 2014), p. 20.
5. 미로슬라브 볼프, 『하나님의 말씀에 사로잡혀』, 홍병룡 역(서울: 국제제자훈련원, 2012), p. 84-119.

## 13. 냉소 시대의 열정

1. 페터 슬로터다이크, 『냉소적 이성 비판』, 이진우, 박미애 역(서울: 에코리브르, 2005), p.183.
2. 같은 책, pp.55-73.
3. 같은 책, pp.104-106.
4. 같은 책, pp.106-110.
5. 같은 책, pp.203-207.
6. 알렉산드르 솔제니친, 『이반 데니소비치의 하루』, 이동현 역(서울: 문예출판사, 2002).